Alfred Schickel

1939
Deutsches Schicksalsjahr

Alfred Schickel

1939
Deutsches Schicksalsjahr

Personen · Ereignisse · Dokumente

MUT-Verlag  ASENDORF

Titelbild:

Was am 1. September 1939 mit Hitlers Angriff auf Polen
seinen furchtbaren Anfang nahm, schlug in schrecklicher Weise
auf Deutschland zurück: Das Foto von der in der Nacht vom
13. zum 14. Februar 1945 durch verheerende Luftangriffe zerstörten
Barockstadt Dresden ist für immer zur Klage gegen den Krieg
und zur eindringlichen Mahnung für den Frieden geworden.

1989
© MUT-Verlag
Postfach 1 * D-2811 Asendorf * Tel.: 04253/566
Alle Rechte vorbehalten
Lektorat: Zeitgeschichtliche Forschungsstelle Ingolstadt
Druck und Bindearbeit:
Adam Prettenhofer GmbH + CoKG, Eystrup/Weser
Printed in Germany
ISBN 3-89182-040-2

Inhalt

Zur Einleitung

Nach weit verbreiteter Geschichtsdarstellung
waren die wichtigsten Daten und Ereignisse
des Jahres 1938 bereits Vorstationen des Zweiten Weltkriegs; also der Anschluß Österreichs eine Etappe in
die Katastrophe und genauso das Münchener Abkommen ein Markstein auf diesem Wege.

Manche rückschauende Geschichtsdeuter inter-
pretieren sogar schon den Austritt Deutschlands aus
dem Völkerbund im Oktober 1933 als ersten Schritt
zum Zweiten Weltkrieg.

Wer freilich den geschichtlichen Hintergrund dieser Ereignisse bedenkt und die überlieferten Dokumente auswertet, kann dieser ausgelegten Spur nicht
folgen. Vielmehr findet er die Bestätigung, daß alle
nennenswerten Vorgänge zwischen 1933 und 1939
nichts anderes als schier unausbleibliche Korrektu-
ren des zweifelhaften Versailler Vertrages waren.

Das sahen auch die Briten so, als sie im Frühsommer 1935 mit dem Deutschen Reich ein Flottenabkommen schlossen und darin die Bestimmungen des

Versailler Diktats über die Stärke der deutschen Kriegsmarine zugunsten Deutschlands abänderten. Und bei der vorletzten Revision des Versailler Friedensvertrags, der Gewährung des Selbstbestimmungsrechts für die Sudetendeutschen, im Münchener Abkommen vom 29. September 1938, haben neben Großbritannien auch die beiden anderen Hauptsignatarstaaten des Versailler Vertrages, die Französische Republik und das Königreich Italien, die Ungerechtigkeiten von Versailles und St. Germain nachträglich aufgehoben.

So war das Münchener Abkommen keine Station auf dem Weg in den Krieg — sondern die Korrektur eines 1918/19 eingeschlagenen Irrweges.

Dasselbe trifft auf die Rückgliederung des Memellandes an das Deutsche Reich zu; wurde doch auch hier eine Fehlentscheidung der Sieger des Ersten Weltkriegs und der Litauer korrigiert und ein weiteres Mal das einst verweigerte Selbstbestimmungsrecht nachträglich gewährt.

Die sieben Tage vorher erfolgte militärische Inbesitznahme Böhmens und Mährens durch die Deutsche Wehrmacht, konnte jedoch nicht mehr als Revision der Siegerdiktate von 1919 angesehen werden, sondern mußte als Expansions- und Gewaltakt einer Großmacht gelten. Unbeschadet der Tatsache, daß das Königreich Böhmen annähernd tausend Jahre Gliedstaat und seit 1356 Kurfürstentum des Heiligen Römischen Reiches Deutscher Nation gewesen ist und bis 1918 zur deutschen Großmacht Österreich gehört hatte.

Nach dem Einzug des Nationalismus in die Geschichte und der Proklamation des Selbstbestimmungsrechtes der Völker waren diese dynastischen Bindungen überholt und spielte das Recht des Volkes auf Selbstregierung die Hauptrolle. Diese Gegebenheit erkannte auch der deutsche Reichskanzler an, als er am 26. September 1938 erklärte, er wolle gar keine Tschechen in seinem Großdeutschen Reich.

Mit der Errichtung des „*Reichsprotektorates Böhmen und Mähren*" übernahm er jedoch die Oberherrschaft über rund 7 Millionen Tschechen und überschritt damit die von ihm bislang respektierte Volkstumsgrenze.

Was lediglich Hitlers „*Weg nach Prag*" noch ein wenig undeutlich erscheinen läßt, ist der Umstand, daß für das am 15. März 1939 faktisch errichtete „*Reichsprotektorat*" bis zum Abend dieses Tages noch keine Rechtsgrundlage geschaffen war. Der Staatssekretär im Reichsinnenministerium, Dr. Wilhelm Stuckart, mußte bekanntlich auf Anordnung Hitlers dieses fehlende Protektoratsstatut in emsiger Nachtarbeit vom 15. auf den 16. März 1939 entwerfen, damit es Reichsaußenminister von Ribbentrop dann am Vormittag des 16. März 1939 in Prag verkünden konnte. Wäre aber die Besetzung der sogenannten „*Rest-Tschechei*" schon vor langer Hand geplant gewesen — wie dies allgemein verbreitet wird — hätte das dazu dringend notwendige politische Konzept kaum gefehlt.

Die Existenz der Weisung Hitlers „*über die Bereitschaftsnahmen der Wehrmacht*" vom 21. Oktober

1938 mit der wörtlichen Anordnung: „*Es muß möglich sein, die Rest-Tschechei jederzeit zerschlagen zu
können, wenn sie etwa eine deutsch-feindliche
Politik betreiben würde*", reicht nicht so ohne weiteres
aus, um sie als überzeugende Langzeitplanung annehmen zu können. Auch die zwei Nachträge General
Keitels vom 24. November und 17. Dezember 1938
„*Betr. Erledigung der Resttschechei*" dokumentieren
den Kriegswillen Berlins nur bedingt. Zumindest kaum
stärker als die Deutschland- und Europa-Pläne der
seinerzeitigen Roosevelt-Administration.

Diese wurden in einem Gespräch deutlich, das der
US-Botschafter in Paris, Christian William Bullitt,
am 19. November 1938 mit dem polnischen Botschafter in Washington, Graf Jerzy Potocki, geführt hatte.
Laut Botschaftsbericht Potockis vom 21. November
1938 „*äußerte sich (Bullitt) über Deutschland und
den Kanzler Hitler mit größter Vehemenz und star-
kem Haß. Er sprach davon, daß nur Stärke, und zwar
am Schluß eines Krieges, der wahnsinnigen Expansion Deutschlands in Zukunft ein Ende machen
könne*".

Auf Graf Potockis Frage, wie sich Botschafter
Bullitt diesen künftigen Krieg vorstelle, antwortete
der Roosevelt-Vertraute, „*daß vor allem die Vereinigten Staaten, Frankreich und England gewaltig aufrü-
sten müßten, um der deutschen Macht die Stirn bieten zu können*". Auf die Nachfrage Potockis, in welcher Weise die Auseinandersetzung erfolgen könne,
„*da Deutschland vermutlich nicht England und
Frankreich als erster angreifen werde*", erwiderte

Bullitt: „*daß die demokratischen Staaten absolut noch zwei Jahre bis zur vollständigen Aufrüstung brauchen würden. In der Zwischenzeit würde Deutschland vermutlich mit seiner Expansion in östlicher Richtung vorwärts schreiten. Es würde der Wunsch der demokratischen Staaten sein, daß es dort im Osten zu kriegerischen Auseinandersetzungen zwischen dem Deutschen Reich und Rußland komme. Da das Kräfte-Potential der Sowjetunion bisher nicht bekannt sei, könne es sein, daß sich Deutschland zu weit von seiner Basis entferne und zu einem langen und schwächenden Krieg verurteilt werde. Dann erst würden die demokratischen Staaten, wie Bullitt meint, Deutschland attackieren und es zu einer Kapitulation zwingen*".

Auf Botschafter Potockis Frage, ob die Vereinigten Staaten an einem solchen Krieg teilnehmen würden, antwortete Bullitt wörtlich: „*Zweifellos ja, aber erst dann, wenn England und Frankreich sich zuerst rührten. Die Stimmung in den Vereinigten Staaten ist gegenüber dem Nazismus und Hitlerismus so gespannt, daß schon heute unter den Amerikanern eine ähnliche Psychose herrscht wie vor der Kriegserklärung an Deutschland im Jahr 1917.*"

Am 14. Januar 1939 fand eine weitere Unterredung zwischen Graf Jerzy Potocki und Christian William Bullitt statt. Der polnische Botschafter berichtete darüber in einem Geheimkabel am 16. Januar 1939 nach Warschau:

„*Aus der Unterredung ... hatte ich den Eindruck, daß er vom Präsidenten Roosevelt eine ganz genaue*

Definition des Standpunktes erhalten hat, den die
Vereinigten Staaten bei der heutigen europäischen
Krise einnehmen. Er soll dieses Material am Quai
d'Orsay vortragen und auch in seinen Unterredun-
gen mit europäischen Staatsmännern davon Gebrauch machen.

Der Inhalt dieser Direktiven, die mir Bullitt im
Laufe seiner halbstündigen Unterhaltung anführte,
ist wie folgt:

1. Eine Belebung der Außenpolitik unter Führung
des Präsidenten Roosevelt, der scharf und unzweideutig die totalitären Staaten verurteilt.

2. Die Kriegsvorbereitungen der Vereinigten Staaten zur See, zu Lande und in der Luft, die in be-
schleunigtem Tempo durchgeführt werden und die
kolossale Summe von 1 250 000 000 Dollar verschlin-
gen.

3. Die entschiedene Ansicht des Präsidenten, daß
Frankreich und England jeder Kompromißpolitik
mit den totalitären Staaten ein Ende machen müssen. Sie sollen auf keine Diskussion mit ihnen eingehen, die irgendwelche Gebietsveränderungen be-
zwecken.

4. Eine moralische Versicherung, daß die Vereinigten Staaten die Isolationspolitik verlassen und bereit
sind, im Falle eines Krieges aktiv auf seiten Englands
und Frankreichs einzugreifen. Amerika ist bereit, sein
ganzes Material an Finanzen und Rohstoffen zu ihrer
Verfügung zu stellen ..."

Dieser Geheimbericht Botschafter Potockis wird
bestätigt durch die „White-House-Papers" aus jenen

Wochen, durch die „*Präsidenten-Papiere*" in der Roosevelt-Forschungsstätte in Hyde Park und durch die Senatsprotokolle vom Januar 1939. Danach hielt sich Anfang des Jahres 1939 nicht nur Botschafter Bullitt in Washington auf, sondern auch der amerikanische Botschafter in London: Joseph Kennedy.

Beide Missionschefs berichteten auf Veranlassung des Präsidenten und seiner Gesinnungsfreunde im Kapitol über den Rüstungsstand der europäischen Großmächte und zeichneten ein düsteres Bild von der militärischen Lage der beiden Westmächte.

Sie stellten dabei besonders die Überlegenheit der deutschen Luftwaffe heraus und bezifferten deren zahlenmäßige Stärke mit „*6 000 modernen Kampfflugzeugen*", zu welchen monatlich jeweils weitere 1 000 kämen. Diese Überlegenheit der deutschen Luftwaffe sei der eigentliche Grund dafür gewesen, daß England und Frankreich das Münchener Abkommen abschlossen.

Vor dem Hintergrund dieses Geheimberichts beantragte Präsident Roosevelt in einer Sonderbotschaft an den Kongreß zusätzliche 525 Millionen Dollar für ein erweitertes Rüstungsprogramm. Durch das zusätzliche Rüstungsprogramm sollte die Stärke der US Air Force um mindestens 3 000 Flugzeuge erhöht werden.

Roosevelt erklärte, daß die Vereinigten Staaten eine Wehrmacht haben müßten, die genüge, um plötzliche Angriffe gegen wesentliche strategische Punkte zurückzuweisen, einen entsprechenden Widerstand zu leisten und um schließlich den Endsieg sicherzustellen. Schließlich sei es immer noch besser, mehr Steuern zu zahlen als die Freiheit zu verlieren.

Von der veröffentlichten Meinung und den europäischen Emigranten nachdrücklich unterstützt — was der polnische Botschafter Potocki auch in einem Geheimtelegramm hervorhob — brachte Roosevelt seine Rüstungsvorlage durch. Er betrat mithin als erster Staatsführer Anfang Januar 1939 den Weg zur schlußendlichen Auseinandersetzung mit Hitler-Deutschland. Und dies ganz bewußt in konsequenter Verwirklichung einer langfristig angelegten Politik. Sie hatte ihre erste öffentliche Definition am 5. Oktober 1937 erhalten, als Roosevelt in Chicago zur Quarantäne und Austilgung der *„politischen Seuchen"* Nationalsozialismus und Faschismus aufrief. Da er durch die Neutralitätsgesetzgebung gehindert war, außenpolitisch aktiv zu werden, reizte er die beiden ihm verbliebenen Möglichkeiten aus: Wirtschaftssanktionen gegen Deutschland und Verstärkung der Militärmacht zur Verteidigung der Vereinigten Staaten und ihrer Lebensinteressen.

Dabei war die Lokalisierung der amerikanischen Interessensgrenzen weitgehend ins Belieben des Präsidenten gestellt. Sie fiel einmal mit dem Rhein, einmal mit dem Ost-Atlantik zusammen. In Wahrheit begannen die US-Interessen für Präsident Roosevelt an der deutschen Westgrenze und wurden nach den Gesprächen Bullitts mit Potocki insgeheim auf die deutsche Ostgrenze erweitert. Wie Roosevelt im Winter 1938/39 seinem persönlichen Freund und wichtigsten außenpolitischen Ratgeber, Christian William Bullitt,

anvertraute, sollte gegen Hitler- Deutschland in einem
Dreier-Schritt vorgegangen werden: Eindämmen —
Einschränken — Einnehmen.

Eingedämmt sollte das deutsche Ausdehnungs-
streben, eingeschränkt die deutsche Wirtschaftskraft
und eingenommen sollte die nationalsozialistische
Großmacht Deutschland werden, um sie auszuschal-
ten. Die Eindämmungs- und Einschränkungs-Schrit-
te leitete Roosevelt bereits 1938/39 mit den erwähnten
Maßnahmen und Erklärungen ein. Da aber das lang-
fristige Programm auch den 3. Schritt beinhaltete,
mußte Roosevelt auch die Möglichkeit und Gelegenheit finden, um Deutschland einzunehmen — und
das ging nur über den Weg zum Krieg.

Folgerichtig trug er nichts Wesentliches zur Beilegung aufgekommener Konflikte in Europa bei, sondern schürte das Entsetzen über völkerrechts-
bedenkliche Aktionen Hitlers. So drückte er sich überaus erbittert und scharf gegen die Errichtung des
„Reichsprotektorates Böhmen und Mähren" aus
und fand in dieser Empörer-Rolle im tschechoslowakischen Ex-Präsidenten Benesch einen Gesinnungs-
genossen. Alliierte Politiker, wie etwa der amtierende
britische Premierminister Chamberlain, der eher
einen Kompromiß als eine Konfrontation mit Deutschland suchte, wurden von Roosevelt in ihrer Stellung
in Frage gestellt, wie die geheime Korrespondenz des
US-Präsidenten mit Winston Churchill in den Jahren 1939/40 beweist und vom amerikanischen Jung-
Diplomaten Tyler Kent beinahe rechtzeitig enthüllt
worden wäre.

Chamberlain war in den Augen Roosevelts ein untauglicher Kompromißler, der alsbald durch den entschiedeneren Winston Churchill ersetzt werden sollte. Ein Wunsch, der durch die Tyler-Kent-Papiere erhärtet und bestätigt wird. Offenbar hegten auch einflußreiche Kreise im Foreign Office einen ähnlichen Wunsch; hatten diese doch die Aktivitäten des Premierministers im vorangegangenen Jahr mit großem Mißvergnügen gesehen, zumal ihnen Chamberlain die Leitung der Außenpolitik zwischen Juli und Oktober 1938 weitgehend aus der Hand genommen hatte. Es schien nicht ausgeschlossen, daß dies der Premierminister auch im angebrochenen Jahr fortsetzen würde, falls sich Notwendigkeiten dafür ergäben; etwa bei einer möglichen zweiten „Tschechen-Krise" oder einem Konflikt um das Memelland.

Hitlers plötzlicher Einmarsch in die CSR im März 1939 bewirkte bei Premierminister Chamberlain dann freilich eine radikale Wende seiner Deutschland-Politik. Begleitet vom Washingtoner Wohlwollen ging der Londoner Regierungschef unverzüglich an den Aufbau einer „Anti-Aggressions-Front" gegen Deutschland. Er gewann Frankreich im Westen Deutschlands für sein neues Konzept — und nahm einseitig Polen im Osten Deutschlands in seine „Anti-Aggressions-Front" auf, obwohl dieses noch zögerte, sich in den Einschließungsring einreihen zu lassen.

So kam auch die von der Londoner Regierung ursprünglich ins Auge gefaßte Vier-Mächte-Erklärung

(Großbritannien, Frankreich, Polen und Sowjetunion) nicht zustande.

Entschiedener Gegner dieser — auch von Bullit eifrig unterstützten — Vier-Mächte-Erklärung war beispielsweise der polnische Botschafter in Paris, Graf Juliusz Lukasiewicz, der in einem Geheimschreiben an sein Außenministerium vor einer solchen Konstellation nachdrücklich warnte.

Während man im Warschauer Außenministerium die Warnungen Graf Lukasiewicz aufmerksam studierte, gab Hitler am 3. April 1939 seine Weisung an die Wehrmacht *„über die Angriffsvorbereitungen gegen Polen"* (Fall Weiß). Zur gleichen Zeit machte der polnische Außenminister Beck in London Staatsbesuch und wurde von Premierminister Chamberlain nachdrücklich zum Beitritt zur *„Anti-Aggressions-Front"* gegen Deutschland eingeladen.

Als sich in den nachfolgenden Wochen weder in der Öffentlichkeit noch hinter diplomatischen Kulissen eine Entspannung der deutsch-polnischen bzw. deutsch-britischen Beziehungen einstellte und am 15. April 1939 US-Präsident Roosevelt einen offenen Brief an Hitler richtete, antwortete dieser in einer Rede vor dem Deutschen Reichstag am 28. April 1939. Darin resümierte er die Entwicklung, wie er sie sah und kündigte die zwischen Deutschland einerseits und Polen sowie England andererseits abgeschlossenen Verträge.

Gleichzeitig notifizierte aber die Deutsche Reichsregierung in einem Memorandum vom gleichen Tage (28. April 1939) der britischen wie der polni-

schen Regierung, erneut in Verhandlungen einzutreten, um alle aufgetretenen Streitpunkte friedlich-
schiedlich beizulegen. Vor dem Hintergrund dieser
deutschen Angebote empfahl der seinerzeitige britische Botschafter in Berlin, Sir Nevile Henderson, am
4. Mai 1939 seiner Regierung, sich aus der *„polnischen Bresche"* zurückzuziehen.

Hatte im März der polnische Botschafter in Paris,
Graf Juliusz Lukasiewicz, vor einer Annahme der
vorgeschlagenen Viermächte-Erklärung gewarnt
und die Engländer verdächtigt, ein durchtriebenes
Spiel zu inszenieren, warnte jetzt der britische
Botschafter in Berlin, sich auf die Polen einzulassen.
Abgesehen von den unfreundlichen Worten, die sie
jeweils über das andere Volk und seine Regierung
gefunden haben, liefen ihre jeweiligen Ratschläge
auf ein und dieselbe Empfehlung hinaus, nämlich
sich nicht gegen Deutschland zu verbünden.

Auf polnischer Seite hatten sich gegen das Chamberlain'sche Konzept der *„Anti-Aggressions-Front"*
neben Botschafter Lukasiewicz auch Graf Potocki
und Graf Raczynski ausgesprochen, wie ihre Bot-
schafts-Kabel vom Frühjahr 1939 ausweisen.

Gleichwohl schwenkte die Warschauer Führung
immer deutlicher auf den britischen Kurs ein und
zeigte sich Deutschland gegenüber zunehmend
unzugänglicher. Außenminister Beck wollte weder
über die Rückkehr Danzigs in das Deutsche Reich
mit sich reden lassen, noch etwas von dem Vorschlag
wissen, Ostpreußen mit dem übrigen Reich durch
eine exterritoriale Autostraße und eine Eisenbahn zu

verbinden. Ebenso ließ man die deutschen Beschwerden über Drangsalierungen Volksdeutscher in Polen nicht gelten.

Vielmehr setzte sich an der Weichsel immer mehr die Erwartung durch, daß es in absehbarer Zeit zu einem Waffengang mit Deutschland kommen werde. In dieser festen Gewißheit hatten die Polen im Frühjahr 1939 auch bereits Vorstellungen über das besiegte Nachkriegsdeutschland entwickelt. Danach sollten Ostpreußen, Danzig und Oberschlesien an Polen fallen, die einheimische deutsche Bevölkerung „transferiert", d. h. ausgewiesen und das restliche Deutschland in einen nord- und süddeutschen Block geteilt werden. Kenner der Lage prophezeiten bei Ausbruch eines deutsch-polnischen Krieges blutige Massaker unter den Volksdeutschen. Eine Schreckensvision, die sich in den ersten September-Tagen bitter bewahrheiten sollte und die von hohen katholischen Geistlichen des Erzbistums Gnesen-Posen in einem Brief vom 29. Januar 1940 bestätigt wurden.

Nachdem sich in den folgenden Wochen die politische Zusammenarbeit zwischen England — Frankreich — Polen immer enger gestaltete und schließlich in britisch-französisch-polnische Militärvereinbarungen mündete, begann sich Hitler nach einem zusätzlichen Partner im Osten umzusehen und entschloß sich, die Sowjetunion in einem Nichtangriffspakt auf Neutralität festzulegen und damit eine Verstärkung der Einkreisung des Reiches zu verhindern. Als es durch Hitlers persönliche Intervention am Abend des 23. August 1939 zur Unterzeichnung des

Molotow-Ribbentrop-Abkommens kam, zeigte sich
die polnische Führung demonstrativ unbeeindruckt.
Was man in Warschau nicht ahnte, war die deutsch-
sowjetische Interessensphären-Aufteilung im *„Geheimen Zusatzprotokoll"* zum Hitler-Stalin-Pakt.

Diese Geheimvereinbarung ging bereits von einem
besiegten Polen aus, von welchem sich die Sowjetunion
die Ostgebiete sicherte. Hätte die polnische Regierung
von der Existenz dieses Geheimprotokolls erfahren,
wäre ein Abrücken von der bisherigen Ablehnungs-
Haltung gegenüber Deutschland wahrscheinlich gewesen, mußte es sich doch zwischen den beiden groß-
mächtigen Nachbarn verloren vorkommen.

Wie ein US-Botschafts-Kabel aus Moskau vom 24.
August 1939 ausweist und zwei Zeitzeugen bestätigten, wäre es den Vereinigten Staaten möglich gewesen, Polen von dieser tödlichen Diktatoren-Allianz
zu informieren und damit eine Wende in den
polnisch-deutschen Beziehungen anzubahnen. Doch
die amerikanische Regierung zog es vor, über ihr
hochbrisantes Wissen zu schweigen.

So hielt sich Polen Ende August 1939 weiterhin für
stark und geschützt genug, um es auf einen Waffengang mit Deutschland ankommen zu lassen, zumal
es aus Rom zuverlässige Kunde hatte, daß Hitlers
Achsenpartner Italien nicht an einem Krieg gegen
Polen und die Westmächte teilnehmen würde. Dazu
kam, daß England als Reaktion auf das Molotow-
Ribbentrop-Abkommen seine Beistandsgarantie bekräftigte und sich die künftigen Kriegsfronten noch
versteiften.

Hitler änderte daraufhin den auf den 26. August 1939 datierten Angriffsbefehl ab und ließ Polen einen Verhandlungsvorschlag mit 16 Punkten in Aussicht stellen. Dieser wurde bis zum 30. August 1939 erarbeitet und sollte mit einem bevollmächtigten Vertreter Warschaus im Laufe des 30. August erörtert werden. Statt eines polnischen Unterhändlers kam jedoch aus Warschau die Nachricht, daß die polnische Führung die Generalmobilmachung angeordnet habe. Daraufhin gab Hitler am 31. August 1939 um 12.40 Uhr Befehl, den Angriff auf Polen am 1. September 1939 um 4.45 Uhr zu beginnen.

Der Weg in den Krieg hatte sein makabres Ziel erreicht.

Auf daß sich ein solcher verhängnisvoller Irrweg nie mehr wiederhole, bemüht sich die vorliegende Untersuchung um eine möglichst unbefangene Darstellung der Ereignisse.

Wie es zum Ausbruch des Zweiten Weltkrieges kam

Deutsch-polnische Wegscheide

Dem deutsch-polnischen Verhältnis stellte die halbamtliche polnische Zeitung „*Gazetta Polska*" am 5. Januar für das Jahr 1939 eine zuversichtliche Prognose. Das inoffizielle Regierungsorgan drückte die Überzeugung aus, „*daß die Beziehungen zwischen den beiden Nationen auch nach Ablauf der zehnjährigen Nichtangriffserklärung weiter gut bleiben*" würden, „*da an die Stelle des Hasses zwischen den beiden Völkern Verständnis und Vertrauen getreten*" seien. Und überaus klug empfahl das Blatt: „*Polen muß auf dem Gebiete der Außenpolitik derart wirken, wie wenn Frankreich keinerlei Verpflichtungen gegenüber Polen hätte.*" Wäre dieser Rat befolgt und dann vielleicht auch noch auf Großbritannien erweitert worden, hätten die Ereignisse des Spätsommers unter Umständen eine ganz andere Wendung genommen und das bislang recht gute deutsch-polnische Verhältnis nicht in eine katastrophale Todfeindschaft gestürzt. Wirklichkeitsnäher nahmen sich allerdings die Kommentare aus, welche die Londoner „*Times*" und die französische Nachrichtenagentur „*Havas*" zu den aktuellen deutsch-polnischen Begegnungen veröffentlichten. Da wurde im britischen Nobelblatt die Vermutung ausgesprochen, daß sich die deutsch-polnischen Verhandlungen „*vornehmlich mit der allgemeinen politischen Lage und nicht so sehr mit den kleineren Problemen wie Danzig oder die ukrainischen Fragen*" beschäftigen würden und daß Deutschland die Mitwirkung Polens bei einer Verstärkung des Antikominternpaktes anstrebe. Die französische Agentur verlautbarte dagegen, „*daß die Besprechungen Danzig, den Bau einer Autostraße durch den Korridor, das Verhältnis Polens zum Völkerbund, die Lage der wechselseitigen Minderheiten in den beiden Staaten und die ukrainischen Fragen zum Gegenstand haben*" würden.

In Wirklichkeit ging es bei der Unterredung Hitlers mit Außenminister Beck am 5. Januar 1939 in Berchtesgaden sowohl um allgemeine politische Fragen als auch um ganz spezielle deutsch-polnische Probleme.

Beide Gesprächspartner bekräftigten zunächst die große und tragende Bedeutung der Vereinbarung vom 26. Januar 1934, wobei der polnische Gast nochmals eigens auf das Wohlverhalten Polens in der

Sudetenkrise hinwies, um den guten Willen seiner Regierung zu unterstreichen. Der Reichskanzler kommentierte dies mit der Feststellung, daß sich *„in dem Verhältnis Deutschlands zu Polen, wie es sich auf Grund der Nichtangriffserklärung vom Jahre 1934 darstelle, gleichfalls nicht das geringste geändert"* habe. Er betonte, daß Deutschland *„unter allen Umständen"* an der Erhaltung *„eines starken und nationalen Polen interessiert"* bleibe, *„ganz unabhängig von der Entwicklung in Rußland".* Denn *„rein militärisch bedeute die Existenz einer starken polnischen Armee für Deutschland eine erhebliche Entlastung",* meinte der deutsche Führer. *„Die Divisionen, die Polen an der russischen Grenze zu stellen hat",* so fuhr er fort, *„ersparen Deutschland eine entsprechende militärische Mehrausgabe".*

Im nächsten Besprechungspunkt dementierte der deutsche Kanzler *„die Deutschland in der Weltpresse unterschobenen Absichten im Zusammenhang mit der Ukraine"* und erklärte, daß Polen *„in dieser Hinsicht von Deutschland nicht das geringste zu befürchten hat".* Deutschland hätte jenseits der Karpathen keine Interessen, und es sei ihm gleichgültig, was die an diesen Gebieten interessierten Länder dort täten. Sodann suchte er seinem polnischen Gast Grund und Anliegen des sogenannten *„Wiener Schiedsspruchs"* zu erläutern, indem er ihn als friedensstiftend und konfliktverhütend hinstellte. Zur Danzig-Frage führte er aus, daß man hier *„von alten Schablonen abweichend Lösungen auf ganz neuen Wegen suchen"* müsse. So könne er, Hitler, sich eine Regelung denken,

„wonach diese Stadt politisch wieder — dem Willen ihrer Bevölkerung entsprechend — der deutschen Gemeinschaft zugeführt würde, wobei selbstverständlich die polnischen Interessen, besonders auf wirtschaftlichem Gebiet, voll und ganz gewahrt werden müßten. Dies sei ja auch Danzigs Interesse, denn Danzig könne auch wirtschaftlich ohne Polen nicht leben" und so dächte er, der Reichskanzler, „an eine Formel, nach der Danzig politisch zur deutschen Gemeinschaft gelange, wirtschaftlich jedoch bei Polen bliebe". Hitler schloß diese Überlegung mit der Feststellung: „Danzig ist deutsch, wird stets deutsch bleiben und wird früher oder später zu Deutschland kommen." Dabei gab er aber die Versicherung ab, daß in Danzig kein „fait accompli" geschaffen würde, wie dies auch schon in bestimmten Zirkeln des Westens behauptet worden sei.

Bezüglich des polnischen Korridors wiederholte der Kanzler die schon oft vorgetragene Feststellung, daß er, der Korridor, „für Deutschland ein schweres psychologisches Problem" darstelle, daß man aber auch hier „durch Verwendung völlig neuer Lösungsmethoden vielleicht beiden Interessen gerecht werden" könnte. Dabei beteuerte er gleichfalls, „daß es selbstverständlich völlig unsinnig wäre, Polen den Zugang zum Meere fortnehmen zu wollen". Wenn Polen derartig eingekapselt würde, räumte er dem polnischen Außenminister gegenüber ein, „so könnte man es im Hinblick auf die daraus entstehende Spannung mit einem geladenen Revolver vergleichen, dessen Abzug sich in jeder Minute lösen kann". Daher sei die Notwendigkeit der Verbindung Polens zum Meer *„absolut anzuerkennen"*, wie auch für Deutschland *„eine Notwendigkeit der Verbindung mit Ostpreußen"* bestehe, betonte der Reichskanzler. — Diese Feststellung wird freilich dann in der Veröffentlichung des deutschen *„Weißbuchs"* zur Vorgeschichte des Krieges fehlen und sich lediglich in der Gegendarstellung der Polen von 1940 finden.

Nach der deutschen, vom Chefdolmetscher Paul Schmidt angefertigten Überlieferung verband Hitler mit der Regelung der Danzig- und Korridorfrage die Möglichkeit, die polnischen Grenzen endgültig anzuerkennen. Wörtlich heißt es im überkommenen Protokoll über Hitlers einschlägige Ausführungen: *„Wenn es gelänge, auf dieser vernünftigen Grundlage eine endgültige Bereinigung der Einzelfragen herbeizuführen, wobei selbstverständlich jeder der beiden Partner zu seinem Recht kommen müsse, dann wäre der Zeitpunkt gekommen, auch Polen gegenüber die mehr negative Erklärung von 1934 in einem positiven Sinne ähnlich den Abmachungen mit Frankreich dadurch zu ergänzen, daß nunmehr von deutscher Seite eine klare, vertraglich festgelegte Grenzgarantie an Polen gegeben würde. Polen würde dann den großen Vorteil erhalten, seine Grenze mit Deutschland einschließlich des Korridors —* der Führer unterstrich noch einmal die psychologische Schwierigkeit dieses Problems und die Tatsache, daß nur er es einer solchen Lösung zuführen könne — *vertraglich gesichert zu bekommen. Es sei für ihn, den Führer, nicht ganz einfach, eine derartige Ga-*

rantie des Korridors zu geben, und er würde deshalb sicherlich, besonders von der bürgerlichen Seite ziemlich kritisiert werden. Aber als Realpolitiker glaube er doch, daß eine derartige Lösung die beste wäre. Genau so wenig wie man heute von Südtirol oder von Elsaß-Lothringen spreche, würde man dann vom polnischen Korridor hören, wenn Deutschland einmal seine Garantie gegeben hätte."

Beck, der wie die anderen anwesenden Teilnehmer von Ribbentrop, Moltke, Lipski und der polnische Ministerialdirektor, Graf Lubienski, geduldig zugehört hatte, dankte dem Reichskanzler für seine Darlegungen und erklärte seinerseits, *„daß auch Polen absolut an seiner bisherigen Einstellung gegenüber Deutschland"* festhalte. Polen . . . würde die Linie der unabhängigen Politik weiter verfolgen, die es bereits in früheren Jahren geübt hätte, als man Polen dazu veranlassen wollte, sich auf dem Wege über einen Ostpakt näher mit Rußland zu verbinden. Polen sei zwar in bezug auf die Erhöhung seiner Sicherheit nicht so nervös wie Frankreich und halte nichts von den sogenannten *„Sicherheitssystemen"*, die nach der September-Krise (= Sudetenkrise) endgültig abgewirtschaftet hätten, was einen Wendepunkt der Geschichte bedeute. Er wisse aber die in der vom Reichskanzler *„soeben abgegebenen Erklärung erneut zum Ausdruck gebrachte deutsche Einstellung sehr wohl zu würdigen"*. Polen halte auch seinerseits an der alten Linie gegenüber dem Deutschen Reich fest.

In seinen Ausführungen über die Ukraine korrigierte Beck indirekt die Darstellung des deutschen Gewährsmannes über die polnischen Freischärler und erläuterte zugleich die polnischen Truppenbewegungen an der Grenze, wenn er ausführte: „*Bezüglich der Ukraine erinnere ich an ein Wort Marschall Pilsudskis, der von der ‚Balkanisierung Mitteleuropas' sprach. Polen erkennt in den Agitatoren, die sich auf dem jetzigen karpatho-ukrainischen Territorium betätigen, alte Feinde wieder und fürchtet, daß die Karpatho-Ukraine sich möglicherweise einmal zu einem Herd derartiger Beunruhigung für Polen entwickelt, daß sich die polnische Regierung zu einem Eingreifen veranlaßt sehen könnte, aus dem sich dann weitere Komplikationen ergeben könnten. Das war auch der hauptsächlichste Grund für das Streben Polens nach einer gemeinsamen Grenze mit Ungarn.*"

Auf die deutsch-polnischen Beziehungen nochmals zurückkommend, so erklärte der polnische Außenminister, die vom Reichskanzler ausgesprochenen Wünsche zur Kenntnis genommen zu haben. Dabei betonte er nochmals, daß ihm die Danziger Frage „*außerordentlich schwierig*" erscheine, da er bei ihr auch die öffentliche Meinung in Polen berücksichtigen müsse. Gleichwohl versprach er, „*sich das Problem gern einmal in Ruhe zu überlegen*". Paul Schmidts Protokoll schließt dann mit dem Satz: „*Auf die übrigen vom Führer aufgeworfenen deutsch-polnischen Fragen ging Oberst Beck nicht näher ein, sondern beschloß seine Ausführungen mit der erneuten Bekräftigung, daß in der allgemeinen Einstellung Polen nach wie vor der seit 1934 befolgten Linie treu bleiben würde.*"

Der deutschen Öffentlichkeit wurden diese bei der Unterredung aufgetretenen Meinungsverschiedenheiten verschwiegen. Ihr wurde nur der lapidare Satz mitgeteilt: *„Berchtesgaden, 5. Januar 1939: Der Führer und Reichskanzler empfing am Donnerstag nachmittag um 15.00 Uhr auf dem Obersalzberg in Gegenwart des Reichsministers des Auswärtigen, von Ribbentrop, den polnischen Außenminister Beck, der auf seiner Rückreise von Monte Carlo nach Warschau einen zweitägigen Aufenthalt in München genommen hat."* Wie richtig vermutet wurde, konnte man aus der ungewöhnlichen Kürze dieser Mitteilung entnehmen, daß die Unterhaltung nicht ganz den Vorstellungen des Reichskanzlers entsprochen hatte. Gleichwohl behielt man in Deutschland von Außenminister Josef Beck den Eindruck, daß er es gut mit dem deutsch-polnischen Verhältnis meine und weiterhin wohlwollende Aufmerksamkeit im Reich verdiene.

Dies geht nicht nur aus dem Umstand hervor, daß sich von Ribbentrop im Anschluß an die Unterredung bei Hitler auch noch zu einem ausführlichen Gespräch mit seinem Warschauer Amtskollegen in München traf und von diesem dann auch zu einem Gegenbesuch nach Warschau eingeladen wurde, sondern auch im Jahre 1939 in der *„Essener Verlagsanstalt"* ein überaus freundliches Buch über den polnischen Außenminister erschien, in welchem Beck als großer Staatsmann und Freund Deutschlands herausgestellt wurde.

Der positive Eindruck von Beck und seiner Haltung gegenüber Deutschland wäre vielleicht etwas getrübt worden, hätte die Öffentlichkeit Näheres über das Gespräch des polnischen Außenministers mit Joachim von Ribbentrop am 6. Januar 1939 in München erfahren. Da beschwerte sich nämlich der Warschauer Gast über die Politik der Danziger NS-Regierung und nannte sie eine *„Taktik der kleinen faits accomplis, die heute schon anfingen, die polnischen Rechte dort zu berühren"*. Er habe dies dem Kanzler nicht *„so gerade heraus"* sagen wollen, mochte es aber Ribbentrop nicht verhehlen. Überhaupt zeigte er sich über die Danzig-Frage besorgt und erwähnte dem Reichsaußenminister gegenüber zwei denkbare Möglichkeiten: *„1. daß der Völkerbund sich vielleicht an der Danziger Frage desinteressieren und das Kommissariat aufgeben würde; dann müßten Deutschland und Polen sich selbst mit der Frage auseinandersetzen. 2. daß durch die erwähnte Taktik der faits accomplis die Polen gezwungen würden, Stellung zu nehmen."*

Dabei wiederholte Beck nochmals, *„daß Danzig in der Mentalität des ganzen polnischen Volkes einen Prüfstein für die deutsch-polnischen Beziehungen"* darstelle, und daß es *„sehr schwer sein würde, dies irgendwie zu ändern"*. Er habe sich schon oft den Kopf darüber zerbrochen, wie man eine beiderseits befriedigende Lösung finden könne, *„aber bisher ohne Resultat"*. Dagegen zeigte sich der Warschauer Außenamtschef über Hitlers Versicherung, daß Deutschland an der großukrainischen Frage desinteressiert sei, *„sehr befriedigt"* und nahm *„die klare und konstante Linie des Führers einer freundschaftlichen*

Verständigung mit Polen mit aufrichtiger Freude zur Kenntnis".

Dieser Passus der Beck'schen Darlegungen fehlt freilich auch im deutschen „*Weißbuch*" zur Vorgeschichte des Krieges, das nach Abschluß des deutschen Polenfeldzugs im Herbst 1939 in Berlin erschien. Dagegen finden sich diese Feststellungen Becks im polnischen „*Weißbuch*", das wenige Monate später, 1940 in Basel veröffentlicht wurde. In ihm ist die Formulierung des deutschen Weißbuchs, „*daß* er (Beck) *die Lage mit einer gewissen Unruhe betrachte*", ebenfalls ungleich ausführlicher und dramatischer überliefert, nämlich mit den Sätzen: „*Herr Beck bat Herrn von Ribbentrop, dem Reichskanzler zu wiederholen, daß — wenn er bisher nach jeder Besprechung und Fühlungnahme, welche er mit den deutschen Staatsmännern gehabt habe, stets optimistisch gewesen, er diesmal zum erstenmal von Pessimismus befallen sei. Besonders was die Danziger Fragen anbetrifft, wie sie durch den Reichskanzler gestellt wurden, sieht der Minister keine Möglichkeit einer Verständigung.*"

Unterstellt man der polnischen Version die größere Authentizität, wofür neben anderen Zeugnissen besonders die Meldungen der polnischen Botschaften im Westen und des amerikanischen Missionschefs in Warschau sprechen, dann löste sich die polnische Außenpolitik damals bereits von der bisherigen engen Verbindung mit Berlin und sah sich nach weiteren außenpolitischen Feldern um.

Zu diesen gehörte in erster Linie das Verhältnis zur Sowjetunion, wo ein Außenminister amtierte, nämlich

Maxim Wallach-Finkelstein, genannt Litwinow, der die reichsdeutsche Ostpolitik überaus kritisch beurteilte und von einer späteren Expansion Hitler-Deutschlands nach dem Osten fest überzeugt war. Mit diesem *„Volkskommissar für Auswärtiges der UdSSR"* hatte die polnische Regierung bereits im Herbst 1938 in Moskau politische Gespräche geführt und dann am 26. November 1938 ein gemeinsames Kommuniqué über die wechselseitigen Beziehungen veröffentlicht. In dieser Verlautbarung Außenminister Litwinows und Botschafter Waclaw Grzybowskis hieß es:

„1. Die Beziehungen zwischen der Republik Polen und der Union der Sozialistischen Sowjetrepubliken beruhen weiterhin völlig auf den bestehenden Abkommen, inbegriffen der polnisch-sowjetische Nichtangriffspakt vom 25. Juli 1932, der — für fünf Jahre abgeschlossen und am 5. Mai 1934 bis zum 31. Dezember 1945 verlängert — eine genügend breite, die Aufrechterhaltung friedlicher Beziehungen zwischen den beiden Staaten gewährleistende Grundlage besitzt.

2. Die beiden Regierungen betrachten die Erweiterung ihres gegenseitigen Handelsaustausches mit Wohlwollen.

3. Die beiden Regierungen sind sich in der Erkenntnis einig, daß es nötig ist, die anhängigen Fragen, welche sich aus den gegenseitigen vertraglichen Beziehungen und besonders aus den im Rückstand gebliebenen Arbeiten ergeben, positiv zu regeln und die Grenzzwischenfälle, welche sich in der letzten Zeit ereigneten, zu erledigen."

Mit dieser Verabredung hatte sich Polen zum einen aus dem reichsdeutschen Sog zu einer gemeinsamen Aktion gegen Rußland weitgehend freigeschwommen und sich damit auch gleichzeitig neue Optionen freigehalten. Zum andern spürte man an der Weichsel das zunehmende Interesse Washingtons an Polen als künftigem Bündnispartner gegen die totalitären Staaten Deutschland und Italien; schmiedete man doch am Potomac bereits seit Herbst 1938 an einer Allianz gegen das nationalsozialistische Reich, um dessen Regime und Revisionspolitik bei sich bietender Gelegenheit zu beenden.

Von diesen polnischen Möglichkeiten schien Außenminister Ribbentrop bei seinem Münchener Gespräch mit Beck wenig oder gar nichts gehalten zu haben, bemühte er sich doch immer noch, seinem Gast die Vorstellungen des Kanzlers schmackhaft zu machen und für eine *„endgültige und umfassende sowie großzügige Konsolidierung des gegenseitigen Verhältnisses"* zu werben. Mehr noch: Ribbentrop fragte Beck in München, *„ob er nicht eines Tages dem Antikomintern-Abkommen beitreten wolle"*, als ob sich seit dem polnisch-russischen Krieg im Sommer 1920 nichts mehr bewegt hätte und das Kommuniqué vom 26. November 1938 gar nicht existierte.

Becks Antwort auf diese blauäugige Frage des Reichsaußenministers fiel entsprechend aus. Der langjährige polnische Außenamtschef meinte, daß für die Komintern (= *„Kommunistische Internationale"*, 1919 von Lenin gegründet) *„in Polen die Gerichte da seien und man diese Frage immer streng* von den staatlichen Beziehungen zu Rußland getrennt habe". Polen täte alles, um mit dem Reich gegen die Komintern auf polizeilichem Gebiete zusammenzuarbeiten, wenn es aber einen politischen Vertrag mit Deutschland hierüber abschlösse, könnte es eine friedliche Nachbarschaft mit Rußland, die es zu seiner Ruhe benötige, nicht aufrechterhalten. Und als Ribbentrop insistierte und seinen polnischen Gesprächspartner fragte, ob Polen denn die „Aspirationen des Marschalls Pilsudski in dieser Richtung", also nach der Ukraine, aufgegeben hätte, wimmelte dieser mit der ironischen Bemerkung ab, daß er ja selbst mit Pilsudski (im polnisch-russischen Krieg 1920) in Kiew gewesen sei und es wohl solche Wünsche auch heute noch vereinzelt gäbe.

Nachdem sich dieses Liebeswerben um Polen als vergeblich erwiesen hatte, versuchte Ribbentrop aber wenigstens das Danzig- und Korridor-Problem im deutschen Sinne zu lösen und trug Beck nochmals die Berliner Vorschläge, das heißt Hitlers Anregungen dazu, vor. Das bedeutete konkret: „Rückgliederung Danzigs an Deutschland. Dagegen Sicherstellung aller wirtschaftlichen Interessen Polens in dieser Gegend, und zwar in großzügigster Weise. Verbindung Deutschlands zu seiner Provinz Ostpreußen durch eine exterritoriale Auto- und Eisenbahn. Hierfür als Gegenleistung seitens Deutschlands Garantierung des Korridors und des gesamten polnischen Besitzstandes, also endgültige und dauernde Anerkennung der gegenseitigen Grenzen," wie Ribbentrop im deutschen Weißbuch später festhalten ließ.

Beck hörte sich diese Vorschläge — zum wiederholten Male — geduldig an, ohne von seinem bereits
geäußerten Standpunkt abzugehen. Ohne die erwünschte Resonanz blieb auch Ribbentrops Offerte,
Polen in der ukrainischen Frage gegen die Sowjetunion zu unterstützen. Darüber brachte der Reichsaußenminister folgende Sätze zu Papier: *„Ich habe
Beck versichert, daß wir an der sowjetrussischen
Ukraine nur insofern Interesse hätten, als wir überall
da, wo wir könnten, den Russen Schaden zufügten,
genau wie sie es uns gegenüber täten; daher hätten
wir natürlich laufend Beziehungen zu der russischen
Ukraine. Niemals aber hätten wir irgendwie mit den
polnischen Ukrainern operiert, sondern dies sei
strengstens vermieden worden. Der Führer habe ja
unsere negative Einstellung zur Großukraine dargelegt. Das Übel schiene mir darin zu liegen, daß natürlich eine antirussische Agitation immer gewisse
Rückwirkungen auf die polnische Minderheit und
die Ukrainer in Karpathorußland habe. Dies sei aber
meiner Ansicht nach nur zu ändern, wenn Polen und
wir in der ukrainischen Frage in jeder Beziehung
zusammenarbeiteten."*
Mit diesen Worten erneuerte Ribbentrop seine bereits im November 1938 angedeutete Offerte einer
deutsch-polnischen Zusammenarbeit gegen Rußland
und wiederholte sie bei gleicher Gelegenheit nochmals mit dem Bemerken: *„Ich könnte mir vorstellen,
daß bei einer allgemeinen großzügigen Regelung aller
Probleme zwischen Polen und uns, wir durchaus dafür zu haben seien, die ukrainische Frage als ein Pri-*

vilegium *Polens zu betrachten und Polen in jeder Beziehung bei der Behandlung dieser Frage zu unterstützen"*, um dann freilich eine — wenig diplomatische — Bedingung zu stellen: *„Dies wiederum setze
allerdings auch eine immer klarere antirussische Einstellung Polens voraus, da sonst das gemeinsame Interesse kaum gegeben sei."*

Beck schien sich auch diese Vorstellungen nur höf-
lich angehört zu haben, ohne auf sie näher einzugehen oder gar seine eigene Position in Frage zu stellen.

Sei es aus Enttäuschung über die Vergeblich-
keit seiner Bemühungen, sei es, weil die aus dem
Olsagebiet eingelaufenen Beschwerden allmählich
nicht mehr zu übergehen war, kam der Reichsaußenminister gegen Schluß der Unterredung noch auf die
Lage der Volksdeutschen in Polen, besonders in
Schlesien, zu sprechen und beschwerte sich namentlich über den ebenso intoleranten wie deutschfeindlichen Wojwoden Grazynski. Laut Bericht Ribbentrops, hat Beck *„dieser Frage bereits ernste Aufmerksamkeit geschenkt"* und werde seinerseits alles
tun, *„um diese Dinge in eine ruhige Bahn zu bringen"*. Der schier einzige positive Aspekt der Münchener Unterhaltung schien lediglich in der Einladung
Becks an Ribbentrop gelegen zu haben sowie in der
Vereinbarung, *„daß Herr Beck und ich uns den Kom-
plex eines möglichen Vertragswerks zwischen Polen
und uns noch einmal eingehend durch den Kopf gehen lassen wollen"*, wie der Reichsaußenminister in
seinem Bericht abschließend vermerkte.

Beginn der gegenseitigen Abkehr

Nach Verhandlungen der beiden Botschafter mit den Regierungen wurde der Besuch Ribbentrops dann auf den 25./27. Januar 1939 festgelegt. Mochte dieser vereinbarte Staatsbesuch des Außenministers in Warschau in der deutschen Führung noch den Rest einer Illusion über eine doch noch mögliche deutsch-polnische Kooperation gegen Rußland und eine prodeutsche Regelung des Danzig- und Korridorproblems genährt haben, waren bei Beck die Entscheidungen über Danzig, den Korridor und die angebotene deutsch-polnische Allianz gegen die Sowjetunion schon halbwegs gegen Berlin gefallen.

Das geht besonders deutlich aus einem Gespräch hervor, das der polnische Außenminister bereits kurz nach Rückkehr aus München mit dem amerikanischen Botschafter Drexel Biddle in Warschau führte. Darin berichtete er dem US-Missionschef von seiner Unterhaltung mit Hitler und nannte dessen Ausführungen eine *„prahlerische Rückschau"* auf die Erfolge des vergangenen Jahres. Dabei erzählte er Drexel Biddle auch, daß sich der deutsche Führer sehr über Roosevelts Botschaft an den Kongreß vom 4. Januar 1938 geärgert habe, weil er sich insbesondere durch die Sätze getroffen fühlte: *„Worte können wertlos sein, aber der Krieg ist nicht das einzige Mittel, um der Auffassung der Menschlichkeit die gemäße Achtung zu verschaffen. Es gibt viele Methoden, auch abgesehen vom Krieg, die viel stärker und wirksamer* sind als bloße Redensarten. Es gibt viele Methoden, um den Angreifer-Regierungen die unseren Völkern gemeinsamen Gefühle verständlich zu machen. Das wenigste, das wir tun können, ist, jede Handlung und jede Unterlassung zu vermeiden, die einen Angreifer ermutigen, helfen oder stärken könnte." Zum einen sah sich Hitler durch diese Bemerkungen Roosevelts als „Angreifer-Regierung" angeprangert, zum andern verspürte er die Drohung, die aus den Worten des amerikanischen Staatschefs sprach. Denn unter den „vielen Methoden, die viel stärker und wirksamer sind als bloße Redensarten", war auch der Handelsboykott möglich. Diesen konnte die US-Regierung verhängen, ohne gegen die gesetzlich vorgeschriebene Neutralität des Landes zu verstoßen, wie der Historiker Dirk Bavendamm in einem wissenschaftlichen Beitrag für die Zeitgeschichtliche Forschungsstelle Ingolstadt vor kurzem feststellte.

Die Waffe der Wirtschaftssanktionen meinte Roosevelt im übrigen schon im Jahre 1937, als er in seiner als „Quarantäne-Rede" in die Geschichte eingegangenen Chicagoer Ansprache vom 5. Oktober zur Isolierung bestimmter politischer Seuchen in Europa aufforderte und damit den italienischen Faschismus und den deutschen Nationalsozialismus — jedoch nicht den russischen Bolschewismus! — im Auge hatte.

Im Gegensatz zum deutschen Kanzler waren — nach dem Geheimbericht Botschafter Biddles — der polnische Außenminister Beck und seine Kabinettskollegen von den Ausführungen Roosevelts „tief be-

eindruckt" und zogen daraus die Folgerung, daß sich
Polen und Frankreich alsbald über ihre Position gegenüber Deutschland einigen und schlüssig werden
sollten, *„da man schließlich im gleichen Boot sitze".*
Näheres wollten Beck und der amerikanische Missionschef *„in aller Ruhe"* am Abend mit dem polnischen Generalstabschef besprechen.

Bei dem vertraulichen Abendgespräch zwischen
Beck, Biddle und dem polnischen Generalstabschef
Waclaw Stachiewicz am 10. Januar 1939 in Warschau
dürfte auch die antideutsche Stimmung unter dem
polnischen Offizierskorps nicht unbeachtet geblieben
sein, die sich in den nachfolgenden Wochen noch bemerkenswert steigerte. Sie fand der amerikanische
Botschafter immerhin so wichtig, daß er sie in einem
ausführlichen Kabel vom 20. Februar 1939 nach
Washington meldete. Gewährsleute seiner Mitteilung
waren der amerikanische Militärattaché in Warschau,
Major Colbern, und der rumänische Botschafter in
Polen. Beide konstatierten besonders bei den polnischen Grenztruppen zu Deutschland eine *„wach-
sende Antipathie"* gegenüber dem deutschen Nachbarn. Die Anfang Januar 1939 gerade zu beobach-
tende Beruhigung in den deutsch-polnischen Beziehungen betrachteten die polnischen Offizierskreise
nach Mitteilung Biddles und seiner Informanten als
eine *„vorübergehende Atempause, der auf kurz oder
lang neue deutsche Anschläge folgen würden, die
unter Umständen zu einer gewaltsamen Auseinandersetzung zwischen Polen und Deutschland führen könnten".*

Aus einem anderen Vorkommnis, von dem Drexel Biddle erfahren hatte, ging darüber hinaus hervor, daß auch die polnische Regierung von „*dezidierter Antipathie gegenüber den Deutschen*" erfüllt war. Lediglich der polnische Justizminister Grabowski, der bekanntlich enge Verbindung mit dem „*Präsidenten der Akademie für Deutsches Recht*" und späteren „*Generalgouverneur für Polen*", Hans Frank, hielt, galt noch als deutschfreundlich. Außenminister Beck, von dem man in Berlin den festen Eindruck hatte, daß er Deutschland gegenüber wohlwollend eingestellt sei, schien nach dieser amerikanischen Interndarstellung kein großer Freund des Reiches mehr zu sein, auch wenn er sich bei seinem letzten Deutschland-Besuch noch zugänglich und aufgeschlossen gegeben habe.

Mochte Josef Beck in seiner Haltung noch nicht ganz zu durchschauen und vielleicht auch letztlich noch unentschieden gewesen sein, so waren andere Zeichen, die Polen setzten und von denen der amerikanische Botschafter nach Washington berichtete, unzweideutig und nicht zu übersehen, nämlich antideutsche Studentendemonstrationen vor dem Kriegsministerium in Warschau und dem deutschen Generalkonsulat in Posen. Sie wurden durch ein Schild ausgelöst, das nationalistische deutsche Studenten am Eingang der Danziger „*Polytechnischen Hochschule*" angebracht hatten und das die provozierendgehässige Aufschrift trug: „*Für Hunde und Polen Zutritt verboten!*" Die daraufhin von polnischen Studenten gefaßte Resolution mit der Forderung,

Deutschland „*wirtschaftlich, kulturell und sozial zu boykottieren*", schien ihren Kommilitonen in Warschau und in anderen Städten Polens nicht zu genügen, so daß sie sich dort zu eigenen Protestzügen gegen Deutschland zusammenfanden. In der Hauptstadt Warschau sollen es nach Angaben eines US-Botschaftsberichts rund 500 Studenten gewesen sein, die vor dem Kriegsministerium „*Nieder mit Hitler!*" und „*Nieder mit Becks prodeutscher Politik!*" riefen. Danach verlangten sie nach Marschall Rydz-Smigly und forderten ihn auf, Truppen nach Danzig marschieren zu lassen. Die Warschauer Polizei machte keinerlei Anstalten einzuschreiten, wodurch nach der Interpretation Drexel Biddles klar wurde, „*daß die Regierung Sympathie mit der Demonstration hegte*". Versuche, die Deutsche Botschaft zu erreichen, waren freilich vergebens. Laut amerikanischem Botschaftskabel trugen die polnischen Studenten in Posen die gleichen Forderungen vor und konnten eine Reihe von Fensterscheiben in der deutschen Bibliothek und den Büros einer deutschen Zeitung einschlagen. Wie Botschafter von Moltke nach Berlin meldete, brachte die polnische Regierung danach ihr Bedauern über diese Vorkommnisse zum Ausdruck und sagte „*stenge Bestrafung der Schuldigen*" zu.

So schien auf hoher offizieller Ebene das deutsch-polnische Verhältnis noch herkömmlich freundlich und offen.

Das galt auch für den Tenor einer Erklärung, die Außenminister Beck am 25. Januar 1939 in einem Interview mit der Vertreterin der „*North American News*

Paper Alliance" und des „Daily Telegraph", Frau
Pauly Le Cler, abgab. Da meinte der Warschauer
Außenamtschef auf die Frage nach den Grundsätzen
seiner Außenpolitik: „Der Hauptgrundsatz der polnischen Politik ist die Aufrechterhaltung guter Beziehungen zu den Nachbarn. Deshalb legt die polnische
Regierung so großen Wert auf ihre Beziehungen zu
Deutschland und zur Union der Sozialistischen Räterepubliken. Ein zweiter Grundsatz ist die loyale Einhaltung der Bündnisse, die Polen mit Rumänien und
mit Frankreich eingegangen ist. Ein dritter Grundsatz
ist, sich jeglichen Entscheidungen zu widersetzen, die
Polen interessierende Fragen betreffen, aber ohne seine
Mitwirkung getroffen wurden. Das Interesse Polens
wird in hohem Maße durch die Entfernung des betreffenden Problems von Polens Grenzen bestimmt." Die
als „dritter Grundsatz" ausgegebene Bemerkung hätte
ein wichtiger Fingerzeig für Deutschland sein können,
um davor gewarnt zu sein, Warschau vor vollendete
Tatsachen zu stellen oder wichtige Weichenstellungen
ohne Konsultationen mit Polen vorzunehmen, wie es
in den späten August-Tagen den Anschein hatte, als
sich Berlin in seiner Kontroverse mit Warschau, zunächst an London hielt und an der Weichsel den Eindruck erwecken mußte, als hätte die polnische Regierung nur noch deutsch-britische Verabredungen zu
befolgen. Ein Gefühl, das Beck unerträglich erschien
und zu seiner folgenreichen Nicht-Reaktion am 30.
August 1939 führte.
   Auch die persönliche Frage der Journalistin nach
Becks Bewertung der eigenen Person, hätte sensiblen

Polen-Kennern im Auswärtigen Amt einigen Aufschluß über diesen wichtigen Mann und seine Politik vermitteln können; sagte doch der polnische Außenminister: „... *Ich meine jedoch, daß die aus der Kriegszeit gewonnene Erfahrung für jedermann wertvoll sein muß. Ich persönlich habe eine aus der Felddienstordnung stammende Richtlinie des Vorgehens als Grundsatz übernommen, daß man vor allem die Lage genau prüfen, dann aber rasch entscheiden und den Entschluß bei der Ausführung nicht mehr ändern soll.*"

Genau nach diesen Maximen ist Josef Beck dann in den späten August-Tagen vorgegangen und hat die deutschen Vorstellungen enttäuscht, er wäre eine ähnlich leicht beeindruckbare Persönlichkeit wie der tschechoslowakische Staatspräsident Emil Hacha, der sich in der Nacht vom 14. auf den 15. März 1939 die Zusage zum deutschen Einmarsch in die sogenannte „*Rest-Tschechei*" durch Drohungen abnötigen ließ. Ein Oberst Beck war da aus anderem Holz geschnitzt. Dies schien man in Berlin nicht genügend bedacht zu haben. Stattdessen hing man an der Wilhelmstraße den alten Vorstellungen von der Rückgliederung Danzigs an das Deutsche Reich, einer exterritorialen Auto- und Eisenbahn durch den Korridor und einer deutsch-polnischen Unternehmung gegen die Sowjetunion nach.

Eben dies brachte Reichsaußenminister von Ribbentrop bei seinem Gegenbesuch am 25./27. Januar 1939 in seinem Gespräch mit Beck vor. Laut eigener Aufzeichnung hat der deutsche Außenamtschef seinem Gastgeber dargelegt: „*Herr Beck müsse verstehen, daß die deutschen Wünsche außerordentlich maßvoll seien; denn die Abtrennung wertvollster deutscher Landesteile durch den Versailler Vertrag zugunsten Polens werde noch heute von jedem Deutschen als ein großes Unrecht empfunden, das nur in einer Zeit tiefster deutscher Ohnmacht möglich gewesen sei. Wenn man 100 Engländer oder Franzosen fragen würde, so würden 99 ohne weiteres zugeben, daß die Rückgliederung Danzigs und zum mindesten auch des Korridors eine selbstverständliche deutsche Forderung sei.*" Angeblich habe sich Beck von diesen Darlegungen „*beeindruckt*" gezeigt, sich aber gleichzeitig wieder darauf berufen, „*daß innerpolitische Widerstände in Polen gegen eine Rückgliederung an das Deutsche Reich*" zu erwarten seien „*immerhin wolle er* (Beck) *sich unsere Anregung weiterhin reiflich überlegen*". Vergebens warb von Ribbentrop wiederum um die polnische Bundesgenossenschaft gegen die Sowjetunion und hielt Beck dessen „*Passivität*" gegenüber Rußland vor, statt propagandistisch gegen die UdSSR vorzugehen. Von Ribbentrop wörtlich zu seinem Amtskollegen: „*Meiner Auffassung nach könnten für Polen aus einem Anschluß an die Antikominternmächte keine Gefahren entstehen, im Gegenteil, wenn Polen mit uns in demselben Boot säße, könnte es für seine Sicherheit nur gewinnen*", um sich dann selbst zu bestätigen: „*Auch in dieser Frage stellte Herr Beck reifliche Überlegungen in Aussicht.*"

Zuvor mußte er aber registrieren, daß der polnische Außenminister einen gegen die Sowjetunion gerichteten Vertrag als für Polen gefährlich erachte und von ihm hören, daß seiner (Becks) Ansicht nach *„die Sowjetunion entweder infolge innerer Zersetzung auseinanderfallen oder, um diesem Schicksal zu entgehen, vorher alle Kräfte zusammenballen und zum Angriff vorgehen würde".* Eine Einschätzung, welche die deutsche Entscheidung vom Juni 1941 beeinflußt haben könnte und die neuerdings auch von Militärhistorikern auf Grund der 1941 feststellbaren Kräfteverhältnisse in Erwägung gezogen wird. Wie schon bei der Münchener Besprechung vor drei Wochen beanstandete von Ribbentrop auch bei diesem Gespräch die Behandlung der deutschen Minderheit in Polen und vereinbarte mit ihm, *„daß die seit langem geplanten Besprechungen zwischen leitenden Beamten der beiden Innenministerien sofort aufgenommen werden".*

Letztere Vereinbarung wurde in Berlin besonders herausgestellt und als ein *„sehr wesentliches Ergebnis der Besprechung der beiden Außenminister"* bezeichnet; und statt *„Besprechungen"* war in der deutschen Verlautbarung von *„Arbeit aufnehmen"* die Rede. Ansonsten waren die Texte der Kommuniqués in Berlin und Warschau wortgleich. Es hieß am 27. Januar 1939: *„Der Staatsbesuch des Reichsministers des Auswärtigen von Ribbentrop bei der polnischen Regierung in Warschau, den er in Erwiderung des seinerzeitigen Besuches des polnischen Außenministers J. Beck in Berlin (!) am 5. Jahrestag des deutschpolnischen Abkommens abgestattet hat, hat heute seinen Abschluß gefunden. Der Reichsaußenminister*

*von Ribbentrop hatte während seiner Anwesenheit
in der polnischen Hauptstadt Gelegenheit, mit den
leitenden Staatsmännern der Republik Polen eingehende Unterhaltungen zu führen."*

Mit diesem Hinweis war gemeint, daß der deutsche
Außenminister am 26. Januar vom polnischen Staatspräsidenten Moscicki und Ministerpräsident Sklad-
kowski sowie Marschall Rydz-Smigly zu Unterredun-
gen bzw. Höflichkeitsbesuchen empfangen wurde.
Dann hieß es weiter in der deutsch-polnischen Ab-
schlußerklärung vom 27. Januar 1939: *„Mit dem
Außenminister Beck hatte der Reichsaußenminister
am gestrigen Nachmittag eine ausführliche Aussprache über alle die beiden Nachbarländer unmittelbar
berührenden Fragen. Darüber hinaus wurde die allgemeine internationale Lage erörtert. Die in Aufrichtigkeit und Offenheit geführten Unterhaltungen fanden auf der Grundlage der mit dem deutsch-polnischen Abkommen vom 26. Januar 1934 begonnenen
Politik statt und ergaben Übereinstimmung darin,
daß sowohl die gegenwärtigen wie die zukünftigen
Fragen, die beide Staaten gemeinsam angehen, unter
Wahrung der berechtigten Interessen beider Nationen
geprüft und gelöst werden sollen. Der Besuch des
Reichsministers von Ribbentrop in Warschau verlief
in einer Atmosphäre freundschaftlichen Einverneh-
mens, und die Ergebnisse der Besprechungen zeigen
erneut, daß die in fünf Jahren erprobte Zusammenarbeit zwischen Deutschland und Polen nicht nur
die deutsch-polnischen Beziehungen fortschreitend
zu entwickeln vermochte, sondern auch einen wert-*

vollen Beitrag für die entsprechend der neuen Lage sich stetig vollziehende Befriedigung Europas darstellt."

Die wohlformulierten Worthülsen konnten dem Kenner der diplomatischen Bühne kaum verheimlichen, daß die Besprechungen letztlich ergebnislos verlaufen sind, da sie zu den drei akuten deutsch-polnischen Fragen, nämlich dem Danzig- und Korridor-Problem, der Minderheitenfrage und dem Verhältnis zu Rußland keine einzige Silbe verlauten ließen.

Auch in der Tischrede, die Außenminister Beck beim Dinner zu Ehren Joachim von Ribbentrops am 25. Januar hielt, vermied der Gastgeber jeden Hinweis auf die drei deutsch-polnischen Differenzpunkte und meinte genauso nebulös wie das Abschlußkommuniqué: *"... Ihr Besuch in Warschau fällt auf den Vorabend des 5. Jahrestages der freundschaftlichen Friedenserklärung, die am 26. Januar 1934 beiderseits unterzeichnet wurde. Es ist dies eines der kürzesten und einfachsten internationalen Abkommen, die jemals geschlossen worden sind. Dennoch waren diese wenigen Zeilen ein Ausdruck der Kühnheit, der Voraussicht und des Willens des Reichskanzlers Adolf Hitler und des Marschalls Josef Pilsudski, eines Willens von geschichtlicher Bedeutung und geschichtlichem Ausmaß. Es genügt, alle Veränderungen und Erschütterungen, alle Hoffnungen und Enttäuschungen, die verwickelten und wenig erfolgreichen Bemühungen der europäischen Politik der letzten fünf Jahre zu überblicken, um den Wert der* damals getroffenen Vereinbarung richtig zu würdigen. *Weder die Alltagssorgen noch die größten Spannungen der europäischen Lage vermochten jene Grundlagen zu erschüttern, die gemäß dem Wunsch der großen Führer unserer Völker in so einfache Sätze gefaßt wurden . . .*"

Und weiterhin unverbindlich fuhr Beck fort: „*Gewiß können uns viele Regierungen auf der Welt um diese Tatsache beneiden, daß wir nach Verlauf von fünf Jahren auf den gleichen Grundlagen miteinander reden. Den Gedanken an die Zukunft unserer Völker möchte ich auf diese Erfahrungen der Vergangenheit stützen. Ich hoffe, daß jene aus der großen Entscheidung des Jahres 1933 sich ergebende Richtlinie unseren beiden Völkern ermöglichen wird, ihre lebendigen Kräfte auf eine produktive Arbeit zu konzentrieren, die für sie selbst und für die gesamte europäische Gemeinschaft erforderlich ist; daß sie ferner dadurch eben einen festen Stützpunkt für künftige Geschlechter schafft und heute bereits der jungen Generation die Möglichkeit bietet, im Geiste freundschaftlichen Verstehens für das Nachbarvolk aufzuwachsen. Die gesunden Grundsätze, von denen sich die Politik unserer beiden Regierungen in den polnisch-deutschen Beziehungen wechselseitig leiten ließ, werden — so möchte ich wünschen —es stets erlauben, alle auftauchenden Probleme im Geiste gegenseitiger Achtung und des Verständnisses für die gerechtfertigten Interessen beider Länder zu erwägen . . .*"

Von ähnlicher Unverbindlichkeit waren schließlich dann noch die Antwortsätze, die Josef Beck sei-

nem Kollegen von Ribbentrop auf dessen protokol-
larisches Abschiedstelegramm ins Flugzeug kabeln
ließ und die von der Überzeugung sprachen, daß sich
die in Warschau geführten Besprechungen günstig
auf die „guten Nachbarbeziehungen" auswirken
werden, um dann in den Wunsch zu münden: „Dank
diesem Umstand werden diese Besprechungen einen
wertvollen Beitrag zu dem großen Werk bilden, das
der Reichskanzler und Marschall Pilsudski verwirk-
licht haben, und sie werden es ermöglichen, daß die
Beziehungen unserer beiden Länder sich im freund-
schaftlichsten Geiste weiterentwickeln." — Wenn
diese Worte eine historische Bedeutung hatten, dann
nur die, daß sie die letzten waren, die zwischen Josef
Beck und Joachim von Ribbentrop direkt ausgetauscht
wurden, denn von nun an verkehrten das Reich und
Polen nur noch auf Ministerialen- und Botschafts-
ebene beziehungsweise über den Umweg Dritter miteinander, bis sie sich dann ab 1. September als Feinde
mit der Waffe in der Hand gegenüberstanden und in
die schlimmste Katastrophe ihrer nationalen Geschichte stürzten.

Hitlers Reichstagsrede
vom 30. Januar 1939

Dies mochte man aber in Berlin zu dieser Zeit
wohl ebenso wenig als unumgänglich gesehen
haben wie in Warschau. Zumindest ließen dies die Be-

merkungen des Reichskanzlers in seiner Rede vor dem Deutschen Reichstag am 30. Januar 1939 annehmen. Da meinte der Berliner Regierungschef zum Verhältnis des Reiches zu Polen: *„In diesen Tagen jährt sich zum fünften Mal der Abschluß des Nichtangriffspaktes mit Polen. Über den Wert dieser Vereinbarung gibt es heute unter allen wirklichen Friedensfreunden wohl kaum eine Meinungsverschiedenheit. Man brauchte sich nur die Frage vorlegen, wohin vielleicht Europa gekommen sein würde, wenn diese wahrhaft erlösende Abmachung vor fünf Jahren unterblieben wäre. Der große polnische Marschall und Patriot hat seinem Volke damit einen genau so großen Dienst erwiesen wie die nationalsozialistische Staatsführung dem deutschen. Auch in den unruhigen Monaten des vergangenen Jahres war die deutsch-polnische Freundschaft eine der beruhigenden Erscheinungen des europäischen politischen Lebens."*

An diesen fünf Sätzen, die Hitler den deutsch-polnischen Beziehungen widmete, fiel auf, daß er einerseits das Selbstlob Josef Becks über das Wohlverhalten Polens bei der Sudetenkrise übernommen und zu seiner eigenen Einschätzung gemacht hatte, daß er aber andererseits kein einziges Wort über den gerade abgestatteten Staatsbesuch von Ribbentrops in Warschau verlor bzw. nichts sonderlich Positives von den Gesprächen seines Außenministers mit dessen polnischem Kollegen zu vermelden wußte, was er sicher getan hätte, um sein *„gemeinsames Werk mit dem polnischen Marschall"* noch mit einem aktuellen Erfolg zu feiern. Es sei denn, der Kanzler hatte seine Regierungserklärung bereits verfaßt, als Ribbentrop aus Warschau zurückkam und war nicht mehr in der Lage, sie in dieser Passage umzuarbeiten. Für diese Erklärung sprächen die knappe Zeit zwischen Ribbentrops Rückkehr aus Warschau am Samstag, dem 28. Januar 1939, und der Reichstagsrede Hitlers sowie das dichtgedrängte Tagesprogramm des Regierungschefs in jenen Tagen. Zumindest konnte Hitler am 30. Januar kaum mehr Zeit finden, sein Redemanuskript nochmals durchzugehen bzw. umzuformulieren, denn da hatte er anläßlich des 6. Jahrestags der „*Machtergreifung*" am Vormittag zunächst ein Ständchen vor der Reichskanzlei anzuhören, das die Wehrmacht ihrem Obersten Befehlshaber darbrachte, und anschließend um 11.00 Uhr die Träger des Deutschen Nationalpreises, darunter die Flugzeugkonstrukteure Heinel und Messerschmitt sowie Dr. Porsche und Dr. Todt, in seinem Amtssitz zu empfangen. Am Nachmittag standen Beförderungen und Ernennungen bei Wehrmacht und Verwaltung auf dem Programm und schließlich noch die Auszeichnung von 233 Parteigenossen mit dem „*Goldenen Parteiabzeichen*".

Für den Abend war dann die Rede vor dem am 10. April 1938 „*gewählten*" Großdeutschen Reichstag in der Krolloper angesetzt und hatten sich die nunmehr 885 Abgeordneten die Erklärungen ihres Führers anzuhören, die im übrigen auch als Replik auf die Äußerungen Roosevelts vor dem amerikanischen Kongreß gedacht waren und sich mit besonderer Schärfe der englischen Politiker Duff Cooper, Winston Churchill, Anthony Eden und „*Mr. Ickes*" annahmen. Dabei rasselte Hitler auch gehörig mit dem Säbel, wenn er in derselben Reichstagsrede ausführte: „*Ich betrachte es daher als die höchste Aufgabe der nationalsozialistischen Staatsführung, auf dem Gebiet der Stärkung unserer Wehrkraft alles zu tun, was überhaupt menschenmöglich ist*", um dies mit den Worten zu begründen: „*Denn die Zeit der deutschen Wehrlosigkeit war nicht identisch mit höchster internationaler, politischer oder auch nur wirtschaftlicher Gleichberechtigung, sondern im Gegenteil: es war die Zeit der demütigsten Behandlung, die je einem großen Volk zuteil wurde.*"

Trotz dieser scharfen Töne und Formulierungen meinte der britische Premierminister Chamberlain am 31. Januar 1939 vor dem britischen Unterhaus, daß er aus der Hitler-Rede „*den endgültigen Eindruck gewonnen*" habe, „*daß dies nicht die Rede eines Mannes war, der Vorbereitungen trifft, Europa in eine neue Krise zu stürzen*". Vielmehr vertrat der Londoner Regierungschef die Meinung, „*daß in der Rede viele Stellen enthalten sind, welche die Notwendigkeit des Friedens für Deutschland, ebenso wie für andere Länder, aufzeigen*". Freilich hätte sich Chamberlain auch ein positives Wort zu einem Abrüstungsabkommen aus dem Munde des Kanzlers gewünscht. Er wäre dann auch eher geneigt gewesen, „*dem deutschen Anspruch auf Rückgabe seiner Kolonien entgegenzukommen*". — Überlegungen und Bereitschaften, die an Chamberlains friedensstiftende

Aktivitäten im Sommer und Herbst des Jahres 1938 erinnerten, und die vielleicht auch 1939 hätten wirksam werden können, wenn das Foreign Office dem Premierminister weiterhin seine persönliche Außenpolitik und Reisediplomatie ermöglicht und nicht den Regierungschef von wichtigen nachrichtendienstlichen Informationen ferngehalten hätte, wie der Historiker Dietrich Aigner in einer Untersuchung der britischen Außenpolitik richtig vermerkt.

Diese vom westlichen Ausland stark beachtete Hitler-Rede, die nach Ton und Inhalt auch die Westmächte als Hauptadressaten hatte, dürfte vom Kanzler am Vortag, Sonntag, dem 29. Januar 1939, entworfen und niedergeschrieben worden sein. Da trotz umfangreicher Hitler-Literatur von den zahllosen Biographen immer noch kein Ghostwrighter ausgemacht werden konnte, muß davon ausgegangen werden, daß der Regierungschef seine Reden selbst verfaßte und sich dazu die erforderliche Vorbereitungszeit nehmen mußte, wenn es sich nicht um spontane Ansprachen zu unvorhergesehenen Gelegenheiten handelte. Freilich hätte ein Mann vom Redetalent eines Adolf Hitler wichtige zusätzliche Informationen wohl noch ohne große Mühe in sein Konzept aufnehmen oder diese Mitteilungen auch extemporieren können: So ist für den mageren Inhalt der fünf Sätze über Polen wohl letztlich die Ergebnislosigkeit des Ribbentrop-Besuches in Warschau verantwortlich.

Gleichwohl waren die deutsch-polnischen Kontakte in jenen Wochen noch nicht völlig eingestellt oder nur noch auf die diplomatische Routine reduziert,

sondern sie erfolgten auf bestimmten Ebenen ganz
normal. So kam es am 7. Februar 1939 nach verhältnismäßig kurzen Verhandlungen zwischen Deutschland und Polen zu der Übereinkunft, *„daß im Jahr
1939 eine größere Zahl polnischer Landarbeiter in
die deutsche Landwirtschaft eingesetzt wird".* Eine
Vereinbarung, die das Reich auch mit dem verbündeten Italien getroffen hatte und eigentlich von
einem gutnachbarlichen Verhältnis zeugte.

Rom und Washington zum deutsch-polnischen Verhältnis

Einen ausgesprochenen gegenteiligen Eindruck
nahm der italienische Außenminister Graf Ciano
von seinem Staatsbesuch in Warschau mit nach Hause.
Nach fünftägigem Aufenthalt (vom 25. Februar bis 1.
März 1939) in der polnischen Hauptstadt notierte er
unter dem Datum des 3. März folgende Beobachtungen: *„Polen ist trotz aller Bemühungen der Politik
Becks von Grund auf und wesenhaft antideutsch. Die
Traditionen, der Instinkt und die Interessen stellen
Polen gegen Deutschland. Ein katholisches Land mit
großen jüdischen Zellen, durchsetzt mit starken deutschen Minderheiten, bietet es schicksalsmäßig alle die
Elemente des Gegensatzes gegen den teutonischen
Imperialismus dar . . ."* Von seinen eigenen Gesprächen mit den polnischen Politikern konnte Ciano
auch keine greifbaren Ergebnisse melden, sondern

nur ihren „*ziemlich allgemeinen Charakter*" konsta-
tieren; war also auch nicht viel besser dran als sein
deutscher Amtskollege von Ribbentrop. Dennoch
meinte er in seinen Aufzeichnungen die Schlußfolge-
rung ziehen zu sollen, „*daß es gefährlich leichtfertig
sein würde, zu behaupten, wie man es in deutschen
Kreisen tut, daß Polen ein Land ist, das für das System
der Achse und des Drei-Mächte-Pakts* (= Deutsch-
land-Italien-Japan) *gewonnen ist*", da Polen seine
Beziehungen zum Reich eigentlich nur „*mühselig auf-
rechterhält, wenn man die zahlreichen geistigen und
konkreten Elemente des Gegensatzes erwägt*". Daß
die in den „*Archives secrètes du Comte Ciano 1936 -
1942*" überlieferten Einschätzungen des italienischen
Außenministers nicht unbedingt zutreffend oder gar
prophetisch sein mußten, beweist die von Graf Ciano
aufgestellte Prognose für die Zukunft, in welcher es
wörtlich hieß: „*Wenn die große Krise eintreten wird,
wird Polen lange Gewehr bei Fuß stehenbleiben, und
wenn das Schicksal entschieden haben wird, wird es
sich auf die Seite des Siegers schlagen.*" — Eine Pro-
phezeiung, die eher Haltung und Politik Italiens um-
schreibt, jedoch ganz und gar nicht auf Polen zutraf.
Schließlich stand Polen im September 1939 als erstes
und einziges Land in Europa aktiv im militärischen
Kampf gegen Deutschland und mußte zusehen, wie
seine westlichen Verbündeten „*lange Gewehr bei Fuß
standen*" und ihren polnischen Bundesgenossen in
einem Blitzkrieg untergehen ließen.

Da hatte der am 2. März 1939 zum neuen Papst
gewählte bisherige Kardinalstaatssekretär Eugenio

Pacelli einen ungleich schärferen politischen Weitblick, als er in seiner neuen Eigenschaft als Pius XII. die Politiker am 3. März 1939 in einem eindringlichen Appell beschwor, den internationalen Frieden aufrechtzuerhalten durch „*freundschaftliches Zusammenwirken*" und „*brüderliche, gegenseitige Hilfe*".

Wege und Methoden, die gerade für die deutsch-polnischen Differenzen so empfehlenswert erschienen und von Beck wie vom deutschen Kanzler wohl auch gar nicht ernsthaft verworfen worden sein dürften. Der polnische Außenminister wollte letztlich das Werk der deutsch-polnischen Annäherung, das er trotz höflicher Hinweise auf Marschall Pilsudski als im wesentlichen sein Verdienst und Vermächtnis betrachtet hat, nicht so ohne weiteres aufs Spiel setzen. Und der deutsche Staatsführer sah nicht in erster Linie in Polen ein Hindernis auf seinem politischen Weg zur deutschen Kontinental-Weltmacht als vielmehr in bestimmten Kreisen Londons und Washingtons. Entsprechend attackierte er in seinen Reden die betreffenden Politiker ungleich mehr als etwa antideutsche Politiker im östlichen Nachbarland. Eine gewisse nachträgliche Bestätigung der Berliner Verdachtsmomente lieferte in jenen Wochen der polnische Botschafter in Washington, Graf Jerzy Potocki, in seinen Diplomatenberichten nach Warschau. In seinem Geheimkabel vom 7. März 1939 hieß es: „*Die Außenpolitik der Vereinigten Staaten beschäftigt augenblicklich nicht nur die Regierung, sondern die ganze amerikanische Öffentlichkeit. In erster Linie handelt es sich um die Äußerungen des Präsidenten*

Roosevelt, welcher fast in jeder öffentlichen Rede auf die Notwendigkeit einer Aktivierung der Außenpolitik gegenüber dem Chaos der Begriffe und Strömungen in Europa mehr oder weniger ausdrücklich hinweist. Diese Äußerungen werden von der Presse aufgenommen und dann in geschickter Weise in die Gemüter der Durchschnittsamerikaner hineinfiltriert, um das ganze Volk in einer vorgefaßten Meinung zu bestärken. Dabei spielt man immer auf derselben Saite, nämlich — die Gefahr des Krieges in Europa und der Rettung der Demokratien vor der Überflutung durch den feindlichen Faschismus. Allen Äußerungen liegt aber gewöhnlich nur der eine Gedanke zugrunde, nämlich der Hinweis auf die Gefahr, welche der Nazismus und das nazistische Deutschland für den Frieden der Welt darstellen."

Als Folge dieser Reden sah der polnische Botschafter dann den Ruf nach Aufrüstung und die Forderung „enormer Summen für Flotte und Luftwaffe". Potocki meinte, daß hinter allen diesen Aktivitäten und Kampagnen der Gedanke stand, „daß die Vereinigten Staaten im Falle eines bewaffneten Konfliktes nicht draußen bleiben können, sondern an den Vorgängen tätigen Anteil nehmen müssen". Als Endergebnis der Roosevelt'schen Vorgehensweise stellte sich in den Augen des polnischen Missionschef „eine bewußte Bearbeitung der amerikanischen Öffentlichkeit" dar, „mit der Absicht, Haß gegen alles zu erregen, was nach Faschismus riecht". Dabei registrierte Potocki das Kuriosum, daß Roosevelt und die von ihm beeinflußte Öffentlichkeit in den USA die

Sowjetunion und ihre bolschewistische Ideologie für
nicht gefährlich erachteten, ja sie sogar zum Lager
der demokratischen Staaten zählten.

Dem Washingtoner State Department sprach der
polnische Botschafter eine differenziertere Sicht der
europäischen und der deutschen Dinge zu. Außenminister Hull, so Potocki, vermochte den Nazismus
und den Kanzler Hitler vom deutschen Staat zu tren-
nen und hielt die diktatorische Regierung in Deutschland für ein vorübergehendes „malum necessarium"
(notwendiges Übel). Roosevelt betrieb jedoch nach
der Darstellung des polnischen Missionschefs in
Washington eine ganz bewußte persönliche Außenpolitik und instruierte auch die amerikanischen Botschafter in Europa entsprechend; dabei natürlich
stets mit Vorzug und besonders eingehend seinen
persönlichen Freund und Vertrauten, Botschafter
Christian William Bullitt in Paris (vormals Moskau).
Auf diese Weise wurden die Vereinigten Staaten nach
dem Urteil Potockis „auf die gefährliche Bahn der
Weltpolitik mit der ausdrücklichen Absicht geführt,
von der bequemen Politik der Isolation abzugehen".
Der polnische Botschafter sah den amerikanischen
Präsidenten Außenpolitik „zur Befriedigung des eigenen Ehrgeizes" betreiben, als einen Mann, der
„gern und aufmerksam auf das Echo hört, das aus
den anderen Hauptstädten der Welt zu ihm wider-
hallt". In der weiteren Folge erwähnte Potocki dann
noch ein Roosevelt unterschobenes Wort, nach welchem „die Grenzen der Vereinigten Staaten am
Rhein" lägen; ein Ausspruch, den Roosevelt jedoch

auf einer Pressekonferenz am 3. Februar 1939 dementiert hatte, um dann wörtlich fortzufahren: „*Doch ist Präsident Roosevelt ein ausgezeichneter Spieler . . . Sehr klug und geschickt verband er die Frage der Außenpolitik mit der Aufrüstung Amerikas. Hierbei wies er auf die Notwendigkeit hin, zur Aufrechterhaltung des defensiven Friedens Riesensummen auszugeben . . . Unter der Parole der Aufrüstungspolitik setzt . . . Präsident Roosevelt seine Außenpolitik fort. In ihr gibt er der Welt inoffiziell zu erkennen, daß im Kriegsfalle die Vereinigten Staaten mit ihrer ganzen militärischen und finanziellen Macht auf seiten der demokratischen Staaten stehen.*"

Bewertungen und Einschätzungen, die durch das spätere Verhalten Roosevelts und der Vereinigten Staaten vollauf bestätigt wurden, wie auch Potocki nachmalig Recht bekommen sollte, wenn er am 7. März 1939 nach Warschau meldete: „*Zusammenfassend kann man sagen, daß die technische und moralische Vorbereitung des amerikanischen Volkes zur Teilnahme an einem Kriege — falls ein solcher in Europa ausbrechen sollte — rasch vorwärts geht, und es sieht so aus, als ob gleich nach Beginn die Vereinigten Staaten Frankreich und Großbritannien mit ihrer ganzen Macht zu Hilfe kommen.*"

In der Tat kamen die USA gleich nach Ausbruch des Krieges in Europa den beiden Westmächten indirekt durch allerlei Unterstützungsmaßnahmen zu Hilfe und mußten lediglich die formale Kriegserklärung noch abwarten, um auch rein äußerlich militärisch eingreifen zu können. Eine Gelegenheit, die sie

sich bekanntlich dann mit ihren Pressionen im ost-
asiatischen Raum von Japan erzwangen und auf der
Schiene der deutsch-japanischen Waffenbrüderschaft
dann auch von Deutschland durch die Kriegserklärung vom 11. Dezember 1941 erreichten.

Neue Hoffnungen in Berlin und Warschau

Fünf Tage bevor das Telegramm Potockis in Warschau einging, war es im übrigen schon wieder
zu einer deutsch-polnischen Vereinbarung gekommen:
Da wurde am 2. März 1939 zwischen Berlin und Warschau ausgemacht, daß die bisherige Höhe der Waren-
umsätze *„zwischen Deutschland einerseits und Polen
und Danzig andererseits von 520 Millionen Zloty auf
600 Millionen Zloty jährlich erhöht wird".*
  Getrübt wurde dieses deutsch-polnische Einvernehmen freilich schon am 11. bzw. 12. 3. 1939, als sich
der deutschstämmige Senator Hasbach zur Minderheitenfrage äußerte und Generaladmiral Raeder auf
der Heldengedenkfeier in Berlin zwei gezielte Bemerkungen machte:
  Der Sprecher der deutschen Minderheit in Polen
wies in einer Rede im polnischen Senat am 11. März
auf eine Reihe von Schwierigkeiten hin, welche die in
Polen lebenden Volksdeutschen in ihrer Existenz bedrohten, wie etwa das Aussiedlungsgesetz für die deutsche Bevölkerung in der Grenzzone, die Wegnahme

ihrer Vereinshäuser in Posen und Pommerellen, die Heranziehung des deutschen Grundbesitzes *„im übergroßen Maß zur Zwangsparzellierung"*, die zahlreichen Konzessionsentziehungen, die zum Nachteil der deutschen Minderheit beeinflußten Kommunalwahlen, die Pressekampagnen zur Störung deutscher Veranstaltungen und die Boykottierung deutscher Geschäfte. Senator Hasbach ersuchte die polnische Regierung dringend, seinen deutschen Volksgenossen ihre Rechte zu gewährleisten. Die polnische Regierung wiegelte die von Hasbach angeführten Fälle als *„Ausnahmeerscheinungen"* ab und versprach halbherzig, für eine Einstellung der Übergriffe sorgen zu wollen, ohne sich freilich auf Termine oder bestimmte Maßnahmen festzulegen.

Großadmiral Erich Raeder nutzte seine Ansprache anläßlich der Heldengedenkfeier am 12. März 1939 in Berlin, um folgende zwei Sätze als ernste Warnung an die Unterdrücker deutscher Menschen im Ausland auszusprechen: *„Und es soll niemand glauben, daß unsere Waffen stumpf seien, wenn deutscher Boden geschändet oder deutsches Blut vergossen werden sollte. Deutschland ist der Schirmherr aller Deutschen, diesseits und jenseits der Grenzen!"*

Am 8. März 1939, hatte der deutsche Botschafter in Warschau, Hans Adolf Graf Moltke, eine Unterredung mit Außenminister Josef Beck, in welcher er sich noch einmal über die Kundgebungen vor der Deutschen Mission beschwerte und dabei auch erwähnte, daß ein höherer polnischer Offizier diese Demonstrationen *„als durchaus berechtigt"* bezeichnet haben soll. Er gab ferner seinem Bedauern Ausdruck, daß sich offenbar außer dem Außenminister *„und etwa einem halben Dutzend anderer Persönlichkeiten"* in Polen sonst niemand mehr für die Verständigungspolitik mit Deutschland einsetze, und dies sei eine recht schmale Basis. Man dürfe sich daher auch nicht wundern, wenn sich in Polen — als Folge dieser Haltung — die Stimmung gegenüber Deutschland laufend verschlechtere, zumal auch die Presse nicht aufhöre *„zu hetzen".* Als besonders schlimm bezeichnete von Moltke die Behandlung der Volksdeutschen seitens der polnischen Behörden und der polnischen Presse sowie die *„Agitation des Westverbandes, der in außerordentlich sinnfälliger Form durch verschiedene planmäßige Aktionen der Bevölkerung gegen alles Deutsche aufhetze".* Namentlich erwähnte der Botschafter einen Fall, da ein polnischer Eisenbahner aus eigenem Verschulden aus dem Zug gefallen sei und dabei beide Beine verloren habe, dieses Vorkommnis aber dann den Deutschen als Greueltat angelastet wurde. Moltke nannte dies *„den unglaublichsten Fall von Verhetzung",* der ihm je vorgekommen sei.

Nach dem Bericht Moltkes vom 9. März 1939 habe daraufhin Beck nochmals sein Bedauern über die vorgebrachten Ausschreitungen zum Ausdruck gebracht und erklärt, daß die Verantwortlichen zur Rechenschaft gezogen würden. Bezüglich der Verständigungspolitik müsse er anmerken, daß deren Durchführung in der Tat auch für ihn nicht immer leicht gewesen sei, besonders im Jahre 1936. Da habe er

schwere Kämpfe bestehen müssen, um sie zur Anerkennung zu bringen.

Mit diesem Hinweis auf das Jahr 1936 wollte Beck
offensichtlich auf die deutsche Rheinlandbesetzung
anspielen, die damals in Paris große Aufregung ausgelöst hatte und bekanntlich auch vom Völkerbund
verurteilt worden war. Die Gründe für die aktuelle
Verschlechterung der Beziehungen zwischen Deutschland und Polen sah der polnische Außenminister
nach eigenem Bekunden zunächst einmal in der karpatho-ukrainischen Frage, bei der man Deutschland
die Schuld zuschiebe, daß es nicht zu der von Warschau gewünschten gemeinsamen Grenze mit Ungarn
gekommen sei. Ferner würde durch alle möglichen
Kanäle aus dem deutschfeindlichen Ausland „*der
Gedanke in die Bevölkerung getragen, daß nachdem
die Frage Österreichs und des Sudetenlands gelöst
worden sei, nunmehr Polen an die Reihe käme*”.

Botschafter von Moltke trat diesen Meldungen aus
dem Ausland mit der Feststellung entgegen, daß dieser Behauptung durch die sehr klaren Erklärungen
von Berchtesgaden (vom 5. Januar 1939) der Boden
entzogen worden wäre und daß es doch wirklich an
der Zeit sei, etwas gegen die Brunnenvergiftung zu
unternehmen. Die Reichsregierung könnte es jedenfalls nicht verstehen, wenn die Pressehetze von der
Regierung geduldet werde, und wenn man dem West-
verband für seine deutschfeindlichen Aktionen freie
Hand gebe.

Diese deutsch-polnischen Differenzen wurden alsbald durch die grundlegenden Veränderungen im

böhmisch-mährischen Raum in den Hintergrund gedrängt, verließ Hitler mit der Errichtung des *„Reichsprotektorates Böhmen und Mähren"* am 15. März 1939 doch seine bisherige Revisionspolitik, welche lediglich auf die Rückgliederung deutscher Siedlungsgebiete an das Reich ausgerichtet war und unter diesem Gesichtspunkt auch von den einstigen Signatarstaaten des Versailler Vertrages hingenommen worden ist. Des Kanzlers Bemerkung vom September 1938, daß er gar keine Tschechen wolle, war durch den Einmarsch deutscher Truppen in die sogenannte *„Rest-Tschechei"* Lügen gestraft und das internationale Vertrauen in ein Wort des deutschen Führers nachhaltig erschüttert. Dies betonten besonders die englischen Politiker, die gerade im Herbst 1938 öfters mit Hitler verhandelt und ihm Vertrauen entgegengebracht hatten; an ihrer Spitze Premierminister Neville Chamberlain, der sich in einer Rede in Birmingham am 17. März 1939 besonders verbittert über Hitlers Vorgehen gegen Prag zeigte.

Neueste Forschungen des bekannten England-Spezialisten Dietrich Aigner lassen freilich auch die Vermutung zu, daß die Erbitterung Chamberlains ein berechnetes Manöver des britischen Foreign Office gewesen ist, welches den Premierminister bewußt vor das *fait accompli* des Einmarsches in Prag stellte und nicht schon vorher vor einem etwaigen deutschen Schritt gegen die *„Rest-Tschechoslowakei"* warnte, damit sich der Regierungschef nicht wie etwa im Herbst 1938 zu einem erneuten Einverständnis mit Hitler auf Reisen machte. Chamberlain sollte vielmehr gleichsam schockartig von seinem bisherigen Befriedigungskurs abgebracht und zu einer Allianz gegen das stetig weiter ausgreifende Deutschland veranlaßt werden. Ein Konfrontationskurs, wie er seit 1938 von US-Präsident Roosevelt immer wieder gefordert und in vielen Gesprächen und Briefwechseln mit west- und osteuropäischen Gesprächspartnern empfohlen worden war, und auf den Neville Chamberlain Ende März 1939 schließlich auch einschwenkte, als er die nachmalig so folgenreiche *„Polen-Garantie"* aussprach.

An der Weichsel fühlte man sich nach den Vorgängen in der Tschechei in jener Befürchtung bestärkt, die Außenminister Beck in seinem Gespräch mit Botschafter Moltke am 8. März 1939 zum Ausdruck gebracht hatte, nämlich daß nach Österreich und Sudetenland als nächstes Opfer der NS-Expansionspolitik Polen an der Reihe sein könnte. Um so erstaunlicher für Berlin die offizielle polnische Reaktion auf die Errichtung des *„Reichsprotektorates Böhmen und Mähren".* Da sprach die polnische Regierung durch einen eigens nach Preßburg entsandten Vertreter am 16. März 1939 ihre *„Befriedigung über die Proklamierung der Unabhängigkeit der Slowakei"* aus, erkannte den selbständigen slowakischen Staat diplomatisch an und verpflichtete sich, *„dessen Grenzen zu respektieren".* Und dies im vollen Wissen darum, daß die deutsche Staatsführung ihr Vorgehen gegen Prag auch mit der *„Auflösung der Tschecho-Slowakei"* als Staatswesen begründete und dabei Hand in Hand mit den slowakischen *„Autonomisten"* unter der Führung Monsignore Tisos arbeitete.

Die Errichtung des Protektorates als Alarmzeichen für Warschau

Während es am 18. März 1939 eine englische und französische Demarche in Berlin wegen der Auflösung der CSR gab, London wie Paris ihre Botschafter zur Berichterstattung zurückberiefen und die Vereinigten Staaten das deutsche Vorgehen als *„Besetzung"* und *„Angriffsakt"* verurteilten, betonte Polen am 20. März 1939 in einer Rede des Staatspräsidenten Moscicki lediglich seine Unabhängigkeit, *„wie dies seine nationale Ehre erfordere"*. Damit nicht genug; der Staatspräsident erklärte auch, daß sein Land *„sein Schicksal mit keiner fremden Macht und keinem fremden Schutz verbinde"*, sondern nur auf seine eigene Arbeit und das polnische Volk zählt, *„das jederzeit zu den größten Opfern bereit"* sei.

Diese Erklärung, sein Schicksal mit keiner fremden Macht und keinem fremden Schutz zu verbinden, aus allerhöchstem polnischen Munde, wurde in Berlin sehr aufmerksam registriert und nährte die Hoffnung, doch noch zu einem Einvernehmen mit Warschau zu gelangen. Dies wurde nicht zuletzt in einer persönlichen Unterhaltung Außenminister Ribbentrops mit dem polnischen Botschafter Lipski am 21. März 1939 deutlich. Da teilte der deutsche Außenamtschef seinem polnischen Gesprächspartner mit, daß es ihm erforderlich erscheine, einen neuen Versuch zu unternehmen, *„die deutschpolnische Politik in das richtige Geleise zu bringen"* und zu diesem

Zwecke *„bald einmal eine persönliche Aussprache zwischen deutschen und polnischen Staatsmännern"* herbeizuführen. Ribbentrop wörtlich zu Lipski: *„Ich würde mich freuen, wenn Außenminister Beck demnächst einen Besuch in Berlin abstatten würde. Wie mir der Führer gesagt hat, würde auch er eine solche Aussprache warm begrüßen."* Auf den möglichen Inhalt einer solchen Aussprache eingehend, erklärte Ribbentrop dem polnischen Botschafter, *„daß Deutschland an der Schaffung und der heutigen Existenz Polens nicht unbeteiligt gewesen"* sei; immerhin verdanke Polen seine heutige geographische Lage der Tatsache, daß Deutschland den Weltkrieg verloren habe. Dann finden sich in den Aufzeichnungen Ribbentrops über diese Unterhaltung mit Lipski die nachfolgenden, in mehrerer Hinsicht prophetisch anmutenden Sätze: *„Wenn nämlich Deutschland in Brest-Litowsk eine andere Politik mit Rußland eingeschlagen hätte, dann gäbe es heute kein Polen. Auch während der Schleicher-Regierung habe die Möglichkeit bestanden, daß sich ein marxistisches Deutschland mit der Sowjetunion verbündet hätte. Auch dann würde Polen heute kaum mehr existieren. Die Basis, auf der eine deutsch-polnische Verständigung beruhen könne, werde lediglich durch die deutschen und polnischen Nationalisten gegeben. Polen müsse sich darüber klar sein, daß es keinen Mittelweg einschlagen könne. Entweder Polen bleibe als ein nationaler Staat bestehen, der auf ein vernünftiges Verhältnis zu Deutschland und seinen Führer hinarbeite, oder aber eines Tages werde eine marxistische polnische Regie-*

rung da sein, die alsdann vom bolschewistischen Rußland absorbiert werden würde. Wir wünschten aufrichtigst, daß Polen eine starke nationale Regierung behielte, so wie sie die Obersten-Gruppe des Marschalls Pilsudski darstelle. Die nächste Chance, zu einer Verständigung mit Polen zu kommen, liege bei dieser Gruppe."

Weder Ribbentrop noch Lipski dürfte in diesem Augenblick geahnt haben, daß schon fünf Monate später just jene deutsch-sowjetische Verständigung besiegelt sein würde, von welcher der Reichsaußenminister mit Blick auf die *„Schleicher-Regierung"* sprach. Schon gar nicht konnte einer der Beteiligten für möglich halten, daß bereits sechs Jahre später Wirklichkeit würde, was Ribbentrop visionär von einer *„marxistischen polnischen Regierung"* redete, die *„alsdann vom bolschewistischen Rußland absorbiert werden würde"*. Die Gesprächspartner vom 21. März 1939 hatten es vielmehr mit dem damals akuten Korridor-und Danzig-Problem zu tun und meinten bzw. verstanden die gesprochenen Worte eher als eine gewisse Drohung denn als eine epochale Vision des deutschen Außenministers; waren die Ausführungen Ribbentrops doch nicht gerade ein Ohrenschmaus für seinen polnischen Zuhörer und konnten auch gönnerhaft-arrogant empfunden werden. Vielleicht kam es dem deutschen Außenamtschef dann auch so vor, so daß er alsbald moderate Töne anschlug und Botschafter Lipski zu verstehen gab, daß die im Versailler Vertrag festgelegte Korridor-Regelung als die schwerste Belastung des Friedensschlusses für Deutschland

empfunden werde und daß daher keine frühere Reichsregierung in der Lage gewesen sei, auf die deutschen
Revisionsansprüche zu verzichten, *„ohne daß sie nicht
innerhalb von 48 Stunden vom Reichstag fortgefegt
wäre".*

Wörtlich weiter in der Aufzeichnung Ribbentrops
über das Gespräch mit Botschafter Lipski: *„Der Führer denke anders über das Korridor-Problem. Er er-
kenne die Berechtigung des polnischen Anspruchs
auf einen freien Zugang zum Meer an. Er sei der einzige deutsche Staatsmann, der einen endgültigen
Verzicht auf den Korridor aussprechen könne. Voraussetzung hierfür sei aber die Rückkehr des rein
deutschen Danzigs zum Reich sowie die Schaffung
einer exterritorialen Bahn- und Autoverbindung
zwischen dem Reich und Ostpreußen. Nur hierdurch
würde für das deutsche Volk der Stachel beseitigt, der
in der Existenz des Korridors liege. Wenn die polnischen Staatsmänner in Ruhe den realen Tatsachen
Rechnung trügen, dann könne man auf folgender
Basis eine Lösung finden: Rückkehr Danzigs zum
Reich, exterritoriale Eisenbahn- und Autobahnverbindung zwischen Ostpreußen und dem Reich —
und hierfür Garantie des Korridors."*

Als weitere mögliche Gegenleistung erwähnte von
Ribbentrop dann noch eine Behandlung der slowakischen Frage im Sinne polnischer Vorstellungen
sowie eine Regelung des Ukraine-Problems *„in rein
polnischem Sinne".* Botschafter Lipski versprach,
von den Ausführungen des Außenministers Josef
Beck alsbald ins Bild zu setzen und dann wieder

Nachricht zu geben. Ribbentrop gab ihm dazu sogar noch eine persönliche Empfehlung, nämlich gleich *„zur mündlichen Berichterstattung nach Warschau"* zu fahren; ein nicht ganz alltäglicher Umgang eines Außenministers mit einem ausländischen Botschafter — es sei denn, man sieht es als ein Zeichen besonderer Vertrautheit miteinander. Abschließend notierte von Ribbentrop in seiner Aufzeichnung über das Gespräch: *„Ich wiederhole noch einmal, wie nützlich mir ein endgültiger Ausgleich zwischen Deutschland und Polen gerade im jetzigen Stadium erschiene. Dies sei auch wichtig, weil der Führer bisher über die merkwürdige Haltung Polens in einer Reihe von Fragen nur verwundert sei; es käme darauf an, daß er nicht den Eindruck erhalte, daß Polen einfach nicht wolle."*

Der deutsche Kanzler zeigte sich deshalb so *„verwundert"* über die polnische Haltung, weil er glaubte, daß er mit der Herstellung einer gemeinsamen polnisch-ungarischen Grenze im Zuge der Auflösung der Tschechoslowakei einem alten polnischen Wunsche Rechnung getragen und damit den Dank Warschaus verdient habe. Vielleicht meinte er auch, daß sich die deutsch-polnischen Streitpunkte im ähnlich prodeutschen Sinne beilegen ließen, wie dies gerade in jenen Tagen mit Litauen hinsichtlich des Memellandes geschah. Da kehrte dieses deutsche Siedlungsgebiet, das gleichfalls der Versailler Vertrag vom Reich getrennt hatte, durch einen deutsch-litauischen Staatsvertrag vom 22. März 1939 wieder zu Deutschland zurück und proklamierte Hitler am 23. März um 14.00 Uhr persönlich in Memel den Anschluß dieses Landstriches an das Großdeutsche Reich.

England tritt auf den Plan

Während in Deutschland die „*Heimkehr*" der rund 150 000 Memelländer gefeiert wurde, war auf internationaler Ebene die britische Regierung tätig, um eine möglichst große Zahl von Staaten zu einer „*Solidaritätserklärung gegen eine weitere Expansion Deutschlands*" zusammenzubringen. Dabei dachte man in London außer an Frankreich und an die Vereinigten Staaten, an die skandinavischen Länder, die Sowjetunion und die Balkanstaaten auch an Polen, erhielt jedoch von den nordeuropäischen und den Balkanländern Absagen und konzentrierte sich daher in der Folge nur noch auf Frankreich, die Sowjetunion und auf Polen, nachdem sich auch US-Präsident Roosevelt nicht offen zu einer solchen Allianz bekennen mochte.

In Warschau entfachte dieser britische Solidaritätsplan, der auch als ein Einkreisungsplan begriffen werden konnte, heftige Diskussionen. Auf der einen Seite hätte man gern ein Hilfeleistungsversprechen Englands neben dem bestehenden Bündnis mit Frankreich entgegengenommen, stieß sich aber auf der anderen Seite an der vorgesehenen Einbeziehung der Sowjetunion in diese „*Anti-Aggressions-Front*", wie sich diese Allianz gern nannte, weil eine solche

Kombination als eine *„schwerwiegende und gefährliche Abkehr von der bisher beobachteten Gleichge-
wichtspolitik zwischen den beiden benachbarten
Großmächten Deutschland und der Sowjetunion"*
angesehen werden mußte. Schließlich einigte man
sich an der Weichsel darauf, erst einmal den gerade
bevorstehenden Staatsbesuch Außenminister Becks
in London abzuwarten und dann eine endgültige
Antwort zu geben.

Ein gewisses Intermezzo in diesen englischen Aktivitäten und Verhandlungen bildete im übrigen der
durch das Gerücht über ein angebliches Ultimatum
an Rumänien veranlaßte Versuch Londons, eine
Sondergarantie der Nachbarstaaten für Rumänien
zu erwirken, der aber dann bei sachlicher Aufklärung der wahren Umstände wieder aufgegeben wurde.
Es fällt überhaupt auf, daß in jenen kritischen Krisen-
tagen immer wieder Gerüchte ausgestreut wurden,
die die internationale Lage noch stärker belasteten
und eine Entspannung langsam unmöglich machten.
Es erschiene untersuchenswert, ob — und gegebenen-
falls welche Kräfte hinter diesen unwahren Behaup-
tungen standen und welche Ziele sie mit diesen Desinformationen verfolgten. Freilich ist nicht ganz auszuschließen, daß hinter diesen Gerüchten nichts weiteres stand als das ehrgeizige Gebaren bestimmter
vorschneller Reporter, welche meinten, eventuellen
Überrumpelungsakten Hitlers, die es ja immer wieder
gegeben hat, mit solchen erfundenen Nachrichten
vorauszueilen. Allerdings hätten solche journalisti-
schen Gerüchtemacher — falls nicht geheimdienstli-

che Informanten dahinterstanden — bedenken müssen, daß sich der deutsche Diktator ganz besonders über die ausländische Presse aufzuregen pflegte, wenn wieder einmal solche Gerüchte in Umlauf gesetzt wurden, und daß unter Umständen durch solche Desinformationen auch bestimmte Reaktionen des braunen Führers provoziert wurden. Man wußte von Hitlers Vorstellungen von einer *„jüdischen Weltverschwörung"* und der *„internationalen Plutokratie"*, welche angeblich dem deutschen Volk Leid und Unrecht zufügen wollten und hätte unter Umständen jedes entbehrliche Verdachtsmoment vermeiden sollen.

Kein Gerücht, sondern beweisbare Tatsache war die Meldung des deutschen Botschafters in Warschau, Graf Moltke, vom 24. März 1939, daß die polnische Regierung Mobilmachungsmaßnahmen angeordnet hatte, indem sie kurzfristig einige Reservistenjahrgänge, insbesondere Reserveoffiziere technischer Truppen, einzog. Außenminister von Ribbentrop hielt diese Tatsache dem polnischen Botschafter bei ihrer Unterredung am 26. März vor und warnte ihn vor *„möglichen Konsequenzen"*, wie es in der Aufzeichnung des Reichsaußenministers hieß. Lipski notierte in seinem Bericht über diese Begegnung mit dem deutschen Außenamtschef: *„Herr von Ribbentrop empfing mich betont kühl"*.

Hauptgegenstand der abermaligen Unterhaltung zwischen Ribbentrop und Lipski war wiederum das Danzig- und das Korridor-Problem bzw. die Verwirklichung der deutschen Lösungsvorschläge. Lipski übergab zu diesem Thema dem Außenminister ein Memorandum seiner Regierung. Darin verweigerte Warschau seine Zustimmung zur Rückkehr Danzigs zum Deutschen Reich und schlug stattdessen vor, *„eine gemeinsame polnisch-deutsche Garantie für die Freie Stadt"* auszusprechen. Im übrigen erinnerte man an die *„Ausführungen des Herrn Reichskanzlers vom Februar 1938",* in welchen Hitler bekanntlich am 20. Februar 1938 zum Ausdruck gebracht hatte, daß *„der polnische Staat die nationalen Verhältnisse in diesem Staat (Danzig) respektiert",* wie Danzig und das Reich *„die polnischen Rechte respektieren".* Und zum Korridor-Problem stellte die polnische Denkschrift ablehnend fest: *„Alle polnischerseits gewährten Zugeständnisse können jedoch nur im Rahmen der polnischen Souveränität stattfinden — Exterritorialität der Verkehrswege kann daher nicht in Frage kommen."*

Ribbentrop kommentierte diese Ablehnung verbittert mit der Bemerkung, daß sie *„keine Basis für eine deutsch-polnische Lösung darstellen könne".* Und als er auf der *„Wiedervereinigung Danzigs mit dem Deutschen Reich"* und der Errichtung einer exterritorialen Auto- und Eisenbahnverbindung zwischen dem Reich bestand, weil dies *„die einzig mögliche Lösung"* darstelle, mußte er von Lipski hören, *„daß jegliche weitere Verfolgung dieser deutschen Pläne, insbesondere soweit sie eine Rückkehr Danzigs zum Reich beträfen, den Krieg mit Polen bedeutete".* Eine Eröffnung, auf die man in Berlin wirklich nicht gefaßt war.

Laut eigener Darstellung schlug Ribbentrop nach Lektüre des polnischen Memorandums der polnischen Regierung vor, den deutschen Vorschlag erneut zu erwägen, *„sobald sich die Situation etwas beruhigt habe, damit man auf der von uns* (den Deutschen) *vorgeschlagenen Basis der Wiedervereinigung Danzigs und der exterritorialen Eisen- und Autobahnverbindung zu einer Lösung kommen könne".* Lipski soll darauf geantwortet haben, *„daß Polen sicherlich auch weiterhin die Fragen studieren und alles tun wolle, um zu einer Einigung zu gelangen".* Und zur ergangenen Einladung an Außenminister Beck bemerkte der polnische Botschafter, daß dieser gern nach Berlin kommen wolle, sobald *„vorher die Fragen diplomatisch entsprechend vorbereitet"* seien. Nach eigenem Bekunden kam es Ribbentrop bei den aktuellen deutsch-polnischen Spannungen darauf an zu vermeiden, *„daß beim Führer der Eindruck entstehe, Polen wolle einfach nicht".* Diesem Wunsche entsprang offensichtlich auch seine persönliche Wertung der Haltung Polens, die er in die Sätze zusammenfaßte: *„Ich habe den Eindruck: 1. die von polnischer Seite getroffenen militärischen Maßnahmen sind defensiver Natur. Absichten zu einem militärischen Eingreifen in Danzig dürften zurzeit nicht bestehen. 2. Polen möchte bei dem gegenwärtigen Gespräch möglichst billig fortkommen. 3. Polens Kompromißvorschlag dürfte kaum das letzte Wort der Polnischen Regierung darstellen."*

Auf Grund dieses Eindrucks wollte er dem Kanzler dann folgendes Vorgehen vorschlagen: *„1. Die polni-*

schen Presseangriffe sollen in der deutschen Presse allmählich beantwortet werden, ohne jedoch die Dinge auf die Spitze zu treiben. 2. Dem polnischen Botschafter soll nach einiger Zeit von mir erklärt werden, daß die polnischen Vorschläge keine Basis für Verhandlungen darstellten. Nur eine Annahme der von Deutschland vorgeschlagenen Verhandlungsgrundlage könne zu einer Lösung führen. 3. Falls nach einer gewissen Beobachtungsfrist die polnischen militärischen Maßnahmen nicht abgebaut werden, wäre Herr Lipski erneut auf die hierdurch entstehende schwierige Lage aufmerksam zu machen und darauf hinzuweisen, daß die Entwicklung, falls sie so weiterginge, schlecht enden würde."

Diesen am 26. März 1939 zu Papier gebrachten Hoffnungen und Überlegungen versetzte eine Erklärung des polnischen Außenministers Beck gegenüber dem deutschen Botschafter in Warschau am 28. März 1939 einen herben Schlag. Da teilte der Warschauer Außenamtschef dem deutschen Missionschef und damit der Reichsregierung klipp und klar mit, „daß jede Intervention der deutschen Regierung für eine Änderung des bestehenden Status quo in Danzig als ein Angriff gegen Polen betrachtet werden wird." Und dies bedeutete nichts anderes, als daß Warschau entschlossen war, um die Erhaltung des Status quo von Danzig notfalls auch zu den Waffen zu greifen.

Beck vermerkte in seiner Aufzeichnung über die Unterredung mit Botschafter von Moltke am 28. März 1939 wörtlich: „Als ergänzende Bemerkung fügte ich bei, daß ein ähnlicher, durch den Senat der Freien Stadt unternommener Versuch eine sofortige Gegenaktion der polnischen Regierung auslösen würde", um dann beschwichtigend zu schließen: „Doch können Sie Ihrer Regierung von mir sagen, daß die polnische Regierung keineswegs die Absicht hat, einen Gewaltakt gegen die Freie Stadt zu unternehmen, und daß sie immer noch der Meinung ist, daß das Schicksal dieses politischen Organismus auf dem Wege der Verständigung zwischen der polnischen Regierung und der Reichsregierung bestimmt werden sollte."

Als Erwiderung auf diese Beck'schen Eröffnungen soll Botschafter von Moltke bemerkt haben: „Sie wollen auf den Spitzen der Bajonette verhandeln", worauf Beck angeblich antwortete: „Nach Ihrem System!" — So ist es im „Weißbuch" der polnischen Regierung über die polnisch-deutschen und die polnisch-sowjetrussischen Beziehungen im Zeitraum von 1933 bis 1939 überliefert.

Bei derselben Begegnung mit Moltke soll Beck auch geäußert haben, daß er nach den Ereignissen in Prag und Memel „eine Wende der deutsch-polnischen Beziehungen befürchte".

Tatsache ist jedenfalls, daß der polnische General Skwarcczynski am gleichen 28. März 1939 auf einer Sitzung der Sektionsleiter des „Nationalen Einheitslagers" erklärte, daß das durch Deutschland geschaffene fait accompli, „wodurch die Landkarte und die politische Situation Europas geändert worden sei", Polen „ohne Zweifel in eine schwere Lage gebracht" habe. Polen sei bestrebt, mit den benachbarten Ländern gute Beziehungen zu unterhalten und sich auch nicht in einen Angriff gegen seine Nachbarn hineinziehen zu lassen, vielmehr sei es entschlossen, seine Unabhängigkeit zu wahren. Freilich seien die Polen auch keine *„Pazifisten im engsten Sinne des Wortes"*, sondern würden *„jede Herausforderung zum Kampfe annehmen, durch die sie ihre politischen Grenzen, ihre wirtschaftlichen Interessen oder ihre nationale Ehre berührt sehen"*. Zum Zeichen der Entschlossenheit, sich notfalls mit der Waffe in der Hand zu wehren, beschloß der polnische Ministerrat gleichfalls am 28. März die Emission einer Landesverteidigungsanleihe, welche dem Ausbau der Luftstreitkräfte und des Luftschutzes dienen sollte und einen Gesamtbetrag von 1,2 Milliarden Zloty ausmachte. Wie aus offiziösen Quellen verlautete, erfolgten schon vor Beginn der Zeichnungsfrist *„bedeutende Voranmeldungen"*, was offensichtlich die große Wehr- und Kampfbereitschaft des polnischen Volkes unterstreichen sollte.

Währenddessen zeigten sich in Berlin die ersten Auswirkungen der Empfehlung von Ribbentrops, die Entwicklungen in Polen entsprechend publizistisch zu kommentieren. Da befaßte sich die dem Auswärtigen Amt nahestehende *„Deutsche diplomatisch-polische Korrespondenz"* ebenfalls am 28. März mit den deutschfeindlichen Demonstrationen in verschiedenen polnischen Städten und betonte, daß für die bisherige deutsche publizistische Zurückhaltung gegenüber diesen Vorfällen *„ausschließlich der Wunsch*

und die Hoffnung ausschlaggebend gewesen" sei,
daß es sich bei diesen Entgleisungen lediglich um eine
vorübergehende Welle von Chauvinismus gehandelt
habe. Doch hätten sich diese Erwartungen leider bislang nicht erfüllt; vielmehr habe es den Anschein, als
ob zur Freude derer, die an einer Trübung des deutsch-
polnischen Verhältnisses interessiert seien, der Hetze
gegen alles Deutsche kein ernstlicher Halt mehr geboten würde und als ob man auf gute, vertrauensvolle
Beziehungen mit dem deutschen Volk in der Tat nicht
mehr den gleichen Wert lege wie früher. Wenn man
auf polnischer Seite auf den Gedanken kommen
sollte, so weiter in der *„Diplomatisch-politischen
Korrespondenz"* vom 28. März 1939, daß eine entsprechende Einstellung gegenüber den Deutschen
nicht im gleichen Maße erforderlich wäre, so wäre
dies *„ebenso bedauerlich für die künftige harmoni-
sche Entwicklung im europäischen Raum wie gewiß
auch schädlich für die polnische Nation selbst".*
Polen selbst müsse wissen, *„welche Erfolge ihm die
bisherige Linie seiner Politik eingetragen hat und in
welchem Maße seine Unabhängigkeit und seine Welt-
haltung hierbei gewachsen sind".* Man bezweifle in
Berlin, ob ein Abgehen von dieser Linie sich förder-
lich auswirken könnte.

Während in Berlin und Warschau diese Stimmen
laut und verbreitet wurden, entfalteten sich zwischen
der britischen und der polnischen Regierung hekti-
sche Aktivitäten, um zu einem englisch-polnischen
Arrangement zu kommen. Da richtete das Londoner
Kabinett bereits am 20. März 1939 ein Memorandum

an die polnische Regierung, in welchem eine „*Organisation der gegenseitigen Hilfeleistung*" vorgeschlagen wurde und ließ sich Außenminister Beck am 23. März durch seinen Botschafter in London, Graf Eduard Raczynski, über die konkreten Vorstellungen Großbritanniens näher informieren, um dann am 27. März 1939 vom britischen Botschafter in Warschau, Sir Howard Kennard, über die englischen Pläne ins Bild gesetzt zu werden. In der dabei vom Londoner Außenminister Halifax ergangenen Weisung an den britischen Missionschef in Warschau hieß es wörtlich: „*. . . Die Verpflichtung Großbritanniens und Frankreichs gegenüber Polen würde gegeben werden als Teil einer gegenseitigen Vereinbarung, kraft deren Polen Frankreich und England zu Hilfe kommen würden, falls diese beiden Staaten durch Deutschland angegriffen werden oder falls sie zum Kriege gegen Deutschland schreiten werden, um einer deutschen Aggression irgendwo in Westeuropa oder Jugoslawien entgegenzutreten.*"
Der polnische Botschafter in Paris, Graf Julius Lukasiewicz, der von diesen Plänen Londons, (hinter denen als eigentlicher Beförderer — im Auftrage seines Präsidenten — der amerikanische Botschafter in Paris, Christian William Bullitt, stand,) von Gewährsleuten schon frühzeitig erfahren hatte, sagte US-Botschafter Bullitt am 24. März 1939, daß er von ihnen überhaupt nichts halte und sie für ein innenpolitisches Manöver Chamberlains ansehe. Wörtlich drahtete er am 29. März 1939 nach Warschau: „*. . . Es ist kindisch naiv und gleichzeitig unfair, einem Staat,*

der sich in einer solchen Lage wie Polen befindet, vorzuschlagen, er solle seine Beziehungen zu einem so starken Nachbarn wie Deutschland kompromittieren und die Welt der Katastrophe eines Krieges aussetzen ... Das ostentative Streben nach einer Zusammenarbeit mit Rußland ... läßt die unbillige Vermutung aufkommen, als handele es sich hier nicht nur um die Verteidigung derjenigen Staaten, die durch die neuen Methoden der deutschen Politik bedroht sind, sondern auch um einen ideologischen Kampf mit dem Hitlerismus, und daß das Endziel der Aktionen nicht der Friede ist, sondern die Hervorrufung eines Umsturzes in Deutschland ..."

Überaus hart ging Lukasiewicz gegenüber Bullitt mit der Politik Englands und Frankreichs ins Gericht, als er meinte: „Nach den Erfahrungen der letzten zwanzig Jahre, in deren Verlauf England und Frankreich nicht nur keine einzige internationale Verpflichtung gehalten haben, sondern auch niemals imstande waren, ihre eigenen Interessen auf gehörige Weise zu verteidigen, ist es völlig unmöglich, zu glauben, irgendein Staat in Mittel- oder Osteuropa — ebenso wie auf der entgegengesetzten Seite Berlin-Rom — könnte auch nur einen einzigen englischen Vorschlag ernst nehmen, es sei denn, England schwingt sich zu Taten auf, die zweifellos und unabweisbar seinen Entschluß bestätigen, die Beziehungen zu Deutschland aufzugeben."

Lukasiewicz fand sich in seiner Skepsis gegenüber der Politik der Anglofranzosen auch durch den Umstand bestätigt, daß weder England noch Frankreich irgendwelche militärischen Vorbereitungen trafen, um hinter ihre Worte Nachdruck zu setzen. So hätten sie weder ihre Kriegsflotte in Alarmbereitschaft versetzt noch die Armee mobilisiert oder die militärische Dienstpflicht eingeführt, sondern im Grunde nur Polen (und Rumänien) zu einer antideutschen Haltung angestachelt. Schließlich stellte der polnische Botschafter in Paris noch fest: „. . . *Ich mache mir auf Grund zweifelloser Aspekte meine eigenen Gedanken über die wirkliche Lage. Die unvorsichtige, in der Form leichtsinnige, im Inhalt lückenhafte englische Initiative läßt die polnische Regierung zwischen der Kompromittierung der Beziehungen zu Deutschland oder dem Scheitern der Verhandlungen mit London wählen. Im ersten Fall kann Hitler sich gezwungen sehen, uns gegenüber die Anwendung von Zwang zu versuchen, worauf wir nicht anders werden antworten können als bewaffnet. Hierdurch wird ein allgemeiner europäischer Konflikt entstehen, in dessen erster Etappe wir den Druck der ganzen deutschen Macht werden aushalten müssen. Unsere gesamte Kriegsindustrie wird nicht nur bedroht sein, sondern wir können sie sogar verlieren. Hieraus werden sich schon zu Anfang des Konfliktes nicht nur für uns, sondern ebenso für Frankreich und England die schlimmsten Bedingungen ergeben.*"

Und er fuhr fort: „*Im zweiten Fall wird das Scheitern der Verhandlungen mit London für Hitler ein Beweis der Unaufrichtigkeit und Schwäche der Politik Englands und Frankreichs sein und zu neuen Expansionsunternehmungen in Ost- und Mitteleuropa auf-*

muntern, die früher oder später zur Katastrophe eines Krieges führen müssen. *Bei diesem Stand der Dinge ist es ebenso kindisch wie verbrecherisch, Polen für Krieg oder Frieden verantwortlich machen zu wollen. Es muß ein für allemal festgestellt werden, daß die Verantwortung zum größten Teil bei Frankreich und England liegt, deren unsinnige oder lächerlich schwache Politik zu der Situation und zu den Ereignissen führte, in denen wir leben. Wenn die englische Regierung dieses heute nicht einsieht"*, so Lukasiewicz' prophetisch anmutende Worte, *„dann ist ein allgemein europäischer Konflikt, ja vielleicht sogar ein Weltkrieg unvermeidbar und muß schnell kommen, denn die Wahl des geeigneten Moments liegt bei Hitler"*.

Als Graf Lukasiewicz dieses Diplomatenkabel nach Warschau absetzen ließ, befand sich Hitler gerade auf seinem Berghof und hielt dann in Berchtesgaden eine Ansprache vor österreichischen und sudetendeutschen Juristen, um am nächsten Tag in Augsburg die Arbeiten am Umbau des Stadttheaters und am Neubau des Apollotheaters zu besichtigen und dann nach Berlin zurückzukehren, wo er den Erlaß über die Einführung einer Beamtenuniform unterzeichnete.

Jenseits des Kanals schien freilich der so hart von Lukasiewicz kritisierte britische Regierungschef die Worte des polnischen Botschafters Lügen zu strafen, indem er just am 29. März 1939 vor dem Unterhaus die Verdoppelung der *„Territorial-Feldarmee"* Englands bekanntgab. Das bedeutete eine Erhöhung der

Zahl der Divisionen der Territorialarmee von bisher 13 auf 26 Divisionen und eine Erhöhung der für einen kontinentalen Kriegsschauplatz verfügbaren Feldarmee, die noch die 6 Divisionen der regulären Armee in sich schloß, auf 32 Divisionen. Die Territorialarmee sollte nach diesen Verstärkungen dann insgesamt 440 000 Mann aufweisen. Tags darauf, am 30. März 1939, fand sich das Londoner Kabinett zweimal zusammen, um sich mit angeblichen Forderungen Deutschlands an Polen zu befassen. Nach verbreiteten Mitteilungen soll die Reichsregierung von Polen eine endgültige Regelung der Danzig-Frage, die Zustimmung zu einer Autobahn durch den Korridor und die Klarstellung der Haltung Polens zur Sowjetunion gefordert haben. Auch beschäftigte sich die britische Regierung auf ihren Sitzungen mit vorgeblichen deutschen Aktivitäten in der Nähe der polnischen Grenze. Meldungen, die jeder Grundlage entbehrten und auch von Berlin wie von Warschau als unzutreffende Gerüchte dementiert wurden. Gleichwohl fühlte sich Premierminister Chamberlain am 31. März 1939 veranlaßt, vor dem britischen Unterhaus die so überaus folgenschwere englische Garantie-Erklärung für Polen abzugeben. Sie hatte folgenden Wortlaut:

„*Der ehrenwerte Führer der Opposition (Clement Attlee) fragte mich heute morgen, ob ich eine Erklärung zur europäischen Lage abgeben könne. Wie ich diesen Vormittag sagte, hat Seiner Majestät Regierung keine offizielle Bestätigung der Gerüchte über einen geplanten Angriff auf Polen, und man kann daher* nicht von ihr annehmen, daß sie sie als wahr akzeptiert. Ich nehme die Gelegenheit gerne wahr, abermals die allgemeine Politik der Regierung Seiner Majestät zu umschreiben.

Sie ist stets eingetreten für die Methode der freien Unterhandlung zwischen den betroffenen Parteien zur Bereinigung der Differenzen, die zwischen ihnen entstehen können. Sie hält dies für den natürlichen und bestgeeigneten Weg dort, wo Differenzen bestehen. Nach ihrer Meinung sollte es keine Frage geben, die nicht durch friedliche Mittel gelöst werden könnte, und sie würde keine Rechtfertigung sehen dafür, daß man die Methode der Unterhandlungen durch Gewalt oder durch Drohung mit Gewalt ersetzt.

Wie das Haus weiß, sind jetzt bestimmte Konsultationen mit anderen Regierungen im Gang. Um inzwischen, ehe diese Verhandlungen abgeschlossen sind, die Stellung der Regierung Seiner Majestät vollkommen klar zu machen, habe ich jetzt dem Hause mitzuteilen, daß im Falle einer Aktion, welche die polnische Unabhängigkeit klar bedrohen und gegen welche die Polnische Regierung entsprechend den Widerstand mit ihrer nationalen Wehrmacht als unerläßlich ansehen würde, Seine Majestät Regierung sich während dieser Zeit verpflichtet fühlen würde, sofort der Polnischen Regierung alle in ihrer Macht liegende Unterstützung zu gewähren. Sie hat der Polnischen Regierung eine entsprechende Zusicherung gegeben. Ich darf hinzufügen, daß die Französische Regierung mich ermächtigt hat, klarzustellen, daß sie in dieser

Angelegenheit denselben Standpunkt einnimmt wie Seiner Majestät Regierung."

In einer offiziellen Erläuterung zur Erklärung Chamberlains wurde dargelegt, daß der britische Beistand für Polen bei jeder die Unabhängigkeit Polens bedrohenden Aktion automatisch in Kraft trete. Die Beistandsverpflichtung erstrecke sich auch auf den Korridor und Danzig, falls Polen einer Aktion mit militärischen Mitteln entgegentreten würde. Es wurde jedoch gleichzeitig betont, daß die Beistandsverpflichtung die Möglichkeit deutsch-polnischer Verhandlungen über Danzig und den Korridor nicht ausschließe.

Zu den laufenden Konsultationen mit der Sowjetunion meinte Chamberlain vor dem Unterhaus: *„Die britische Regierung steht mit einigen anderen Regierungen in ständiger Fühlung, darunter natürlich auch mit Sowjetrußland. Der Staatssekretär des Äußeren hat heute morgen wieder den Sowjetbotschafter empfangen und mit ihm eine umfassende Aussprache über diese Angelegenheit gehabt, und ich zweifle nicht daran, daß die Sowjetregierung die Grundsätze vollauf begreift und würdigt, auf die wir uns bei unserem Vorgehen stützen."* Auf Zwischenfragen des stellvertretenden Oppositionsführers Greenwood antwortete Chamberlain, daß die Regierung auch von seiten der Sowjetunion das Höchstmaß von Mitarbeit gerne sehen würde und daß die weltanschaulichen Unterschiede zwischen der Sowjetunion und Großbritannien kein Hindernis für die Mitarbeit bildeten.

Hitlers Reaktionen

Als der deutsche Reichskanzler vom Inhalt der Erklärung des britischen Premierministers Kenntnis erhielt, soll er sich nach dem Zeugnis aus zweiter Hand überaus verärgert gezeigt, ja einen *„Wutanfall"* bekommen und *„mit geballten Fäusten auf die Marmorplatte seines Schreibtisches getrommelt"* und *„eine Verwünschung nach der anderen gegen England"* ausgestoßen haben. Nach derselben Quelle habe er schließlich geschrien: *„Denen werde ich einen Teufelstrank brauen!"*

Tatsächlich bestand die Reaktion der Reichsregierung auf die Garantie-Erklärung Chamberlains in einer Anweisung des Reichspropagandaministeriums vom 31. März 1939, in welcher es wörtlich hieß: *„Die Erklärung Chamberlains soll klein auf der zweiten Seite gebracht werden. Man soll sie auf die leichte Schulter nehmen. Tenor des Kommentars: Die Erklärung war eigentlich überflüssig, denn über die Verpflichtungen gegenüber Polen waren wir uns völlig im klaren. Wenn Chamberlain eine derartige Erklärung abgibt, so trägt er damit nicht zur Beruhigung und Befriedung bei."*

Diese ausgesprochen gelassene Reaktion auf die Londoner Regierungserklärung mag nicht nur auf den Umstand zurückzuführen gewesen sein, daß sich der oberste Losungsausgeber, Joseph Goebbels, außer Landes befand und zum Zeitpunkt der Chamberlain'schen Unterhausrede gerade von der griechischen

Staatsführung in Audienz empfangen wurde, sondern auch in der Regie des Auswärtigen Amtes und der Reichskanzlei gestanden haben. Hitler behielt sich eine offizielle Antwort auf die Londoner Verlautbarung persönlich vor, zumal sich dafür am 1. April 1939 auch eine geeignete Gelegenheit bot. Da stand in Wilhelmshaven der Stapellauf des Schlachtschiffs *„Tirpitz"* auf dem Programm, zu welchem man auch den obersten Befehlshaber der Wehrmacht erwartete. Dieser traf dann auch um 11.00 Uhr vormittags mit dem Sonderzug in Wilhelmshaven ein und wohnte anschließend auf der Kriegsmarinewerft der Taufzeremonie bei. Nach dem Stapellauf ging der Kanzler an Bord des Schlachtschiffs *„Scharnhorst"* und sprach dort in Gegenwart aller Admirale und Schiffkommandanten Generaladmiral Erich Raeder persönlich die Ernennung zum Großadmiral aus. Gegen 5.00 Uhr nachmittags verließ er das Schlachtschiff wieder und fuhr zu einem Empfang im Rathaus, wo ihm der Oberbürgermeister der Stadt Wilhelmshaven den Ehrenbürgerbrief überreichte. Anschließend hielt Hitler eine große Rede bei einer Massenkundgebung auf dem Rathausplatz und nahm darin zum Beistandsversprechen Chamberlains für Polen Stellung. Ohne den britischen Premierminister namentlich zu erwähnen, führte er dabei wörtlich aus: *„Wenn heute ein britischer Staatsmann fordert, daß jedes Problem, das inmitten der deutschen Lebensinteressen . . . liegt, erst mit England besprochen werden müßte, dann könnte ich genau so gut verlangen, daß jedes britische Problem erst mit uns zu bespre-*

chen sei ... *Allein, so wenig wir Deutschen in Palästi-*
na etwas zu suchen haben, so wenig hat England in
unserem deutschen Lebensraum etwas zu suchen."
Hitler meinte mit diesem *„deutschen Lebensraum"*
zunächst Böhmen und Mähren und versuchte danach diesen Anspruch mit den Worten zu begründen: *„Wir haben wirklich keinen Haß gegen das tsche-*
chische Volk, wir haben jahrhundertelang miteinan-
der gelebt. Das wissen die englischen Staatsmänner
nicht. Sie haben keine Ahnung davon, daß der Hrad-
schin nicht von einem Engländer, sondern von Deut-
schen erbaut wurde, und daß der St.-Veits-Dom gleich-
falls nicht von Engländern, sondern auch von Deut-
schen erbaut wurde." Der Kanzler spielte bei diesen
Feststellungen beispielsweise auf Peter Parler an, der
den Chor und verschiedene Bildnisbüsten für den
Dom geschaffen hatte, und er fuhr fort: *„Auch Fran-*
zosen waren dort nicht tätig. Sie wissen nicht, daß
schon in einer Zeit, in der England noch sehr klein
war, einem deutschen Kaiser auf diesem Berg gehul-
digt wurde", womit Kaiser Karl IV. gemeint war, *„daß*
schon tausend Jahre vor mir dort der erste deutsche
König stand und die Huldigungen dieses Volkes ent-
gegennahm", womit er König Heinrich I. meinte, der
im Jahre 929 auf dem Hradschin-Hügel die Ergeben-
heitsadressen der böhmischen Stämme in Empfang
nahm. Als ganz aktuelle Begründung für das deutsche
Vorgehen gegen die sogenannte Rest-Tschechoslowakei schob Hitler schließlich noch die Ausführungen des früheren französischen Luftfahrtministers,
Pierre Cot, nach, welcher in einem Beitrag für die

englische Zeitung „*News Chronicle*" am 14. Juli 1938 der CSR die Aufgabe zugewiesen hatte, im Kriegsfalle Deutschlands Industrie durch Luftangriffe „*ins Herz zu treffen*". Somit sei die Errichtung des „*Protektorates Böhmen und Mähren*" gleichsam eine Art Präventivmaßnahme zum Schutz des Reiches gewesen und könne nicht als Vorwand für eine nachfolgende Einkreisung Deutschlands durch die Westmächte und bestimmte „*Trabantenstaaten*" gelten.

Es ist nicht zweifelsfrei ausgemacht, ob Hitler auch Polen zu diesen „*Trabantenstaaten*" zählte, wiewohl der Sinnzusammenhang es annehmen läßt, da nur Polen als größerer Nachbar Deutschlands ein ernst zu nehmendes Glied der Einkreisungskette darstellen konnte; abgesehen davon, daß es von London sowieso als Teil des geplanten „*Cordon sanitaire*" um das Reich gedacht war. Die restlichen Nachbarn Deutschlands: Jugoslawien, Ungarn, die Schweiz, Italien und die Beneluxstaaten waren entweder Berlin freundschaftlich verbunden oder wahrten wohlwollende Neutralität bzw. hatten — wie Dänemark — keinerlei Differenzpunkte mit dem Reich.

Noch mehr spricht für die Annahme, daß Polen gemeint war, wenn man den genauen Text der Hitler-Rede in Betracht zieht, in welcher es wörtlich hieß: „*... Wenn sie* (die Alliierten) *aber vom heutigen Deutschland erwarten, daß es Trabantenstaaten, deren einzige Aufgabe es ist, gegen Deutschland angesetzt zu werden, geduldig gewähren läßt bis zu dem Tag, an dem dieser Einsatz sich vollziehen soll, dann verwechselt man das heutige Deutschland mit dem*

Deutschland der Vorkriegszeit!" Und zwar Polen im Verein mit der 1939 erledigten Tschechoslowakei. Eine Aussage und Einreihung, die an der Weichsel aufs tiefste beunruhigen und verletzen mußte. War man doch dort von seiner künftigen Großmachtrolle überzeugt und hielt die CSR für weit unter seinem politischen Machtniveau und glaubte sich gegenüber Deutschland eine ganz andere Sprache als die Tschechen herausnehmen zu dürfen, wie dies führende Polen im Mai 1939 in Gesprächen mit zwei britischen Diplomaten sehr deutlich zum Ausdruck brachten.

Aber auch die breite Masse des polnischen Volkes schien in jenen Tagen und Wochen entschlossen, deutschen Drohungen mit Entschlossenheit und Kampfbereitschaft entgegentreten zu wollen. Zumindest vermittelt ein Diplomatenbericht des französischen Botschafters, Leon Noël, vom 1. April 1939 diesen Eindruck. Da hieß es: *„Die patriotischen Gefühle der Polen wurden durch die deutschen Drohungen, deren sich das Land plötzlich bewußt geworden ist, bei allen Parteien und in allen Klassen aufs höchste gesteigert; Arbeiter und Bauern sind sich der Gefahr bewußt und sind zu den größten Opfern bereit. Wie stets in Polen im Augenblick der Gefahr, spielen die Frauen eine wesentliche Rolle in dieser Bewegung. Obwohl die Zeichnung der Luftschutzanleihe offiziell noch nicht eröffnet ist, erfreut sie sich bereits in allen Kreisen, bei Juden und Katholiken, bei arm und reich, eines außergewöhnlichen Zuspruchs. Die militärischen Maßnahmen sowie die Requisitionen werden mit Begeisterung aufgenommen . . ."*

Offiziell verlautete zunächst aus der polnischen Hauptstadt gegenüber Deutschland nichts. Im Gegenteil! An der Weichsel hatte man in den nächsten Tagen wenig ermunternde Stimmen zu hören. Da warnte der einflußreiche italienische Faschist und Chefredakteur des *„Giornale d'Italia"*, Virginio Gayda, Polen *„im Namen der italienisch-polnischen Freundschaft vor einer Mitwirkung an der Einkreisungspolitik Englands gegen Deutschland"* und erinnerte an die Garantien, welche die Sowjetunion und Frankreich der Tschechoslowakei in der Form einer Militärallianz gegeben und dann 1938 doch nicht gehalten hätten. Die CSR habe ihr ganzes Spiel auf die Karte dieser Bündnisse gesetzt, um gegen Deutschland aufzutreten, und habe die Partie verloren, *„weil die Karte falsch war"*. Gayda erinnerte auch an das Schicksal des ehemaligen Negus von Abessinien, *„an China, an Tschiang-Kai-Schek, an Negrin und an alle jene, die durch Garantien Frankreichs und Englands geehrt wurden"*. Und am gleichen 4. April 1939 dementierte die amtliche sowjetrussische Nachrichtenagentur *„TASS"* mit Nachdruck eine Meldung der französischen Agentur *„Havas"*, wonach sich die Sowjetunion verpflichtet habe, im Kriegsfall Polen mit Kriegsmaterial zu versorgen und seine Rohstoffquellen für Deutschland zu sperren. Schließlich schreckte die polnische Öffentlichkeit noch die Nachricht auf, daß sich der frühere Ministerpräsident, Oberst Walery Slawek, einer der engsten Mitarbeiter des Marschalls Pilsudski, am 3. April das Leben genommen hatte.

Lediglich aus Paris und London konnten die Polen ermunternde Nachrichten registrieren. Da führte der französische Luftfahrtminister Guy La Chambre mit seinem britischen Kollegen Sir Kingsley Wood in London Besprechungen über eine Erhöhung und Zusammenarbeit der Flugzeugproduktion in beiden Ländern. Es soll sogar die Schaffung einer gemeinsamen Kriegsluftflotte unter einheitlichem Oberbefehl erörtert worden sein. Und im britischen Unterhaus gab der englische Kriegsminister Leslie Hore-Belisha die Bildung eines königlichen Panzerkorps bekannt, das aus dem bisherigen königlichen Tankkorps und den 18 motorisierten Kavallerieregimentern bestehen sollte, wobei man mit dieser Neuorganisation sowohl eine einheitliche Ausrüstung und Ausbildung der mechanisierten Truppen erreichen als auch die Schlagkraft der Armee erhöhen wollte.

Am gleichen Tage, da der englische Kriegsminister diese geplanten Maßnahmen verkündete und damit kämpferische Entschlossenheit demonstrierte, traf der polnische Außenminister Josef Beck am 4. April 1939 zum geplanten Staatsbesuch in London ein.

Die deutsche Seite hüllte sich nach außen zu dieser Visite völlig in Schweigen und nahm sich publizistisch in erster Linie der englischen Politik an; getreu einer Anweisung des Reichspropagandaministeriums vom 3. April 1939, in welcher es hieß: *„Die Führerrede ist die Richtlinie für die nächste Zeit. Wir müssen gegenüber den Engländern ‚am Feind' bleiben, wir dürfen sie nicht zur Ruhe kommen lassen, wir müssen jede Blöße, die sie sich geben, aufdecken. Daneben*

müssen wir aber auch den Friedenswillen betonen,
ergänzt durch das Bewußtsein der eigenen Kraft.
*Man kann die Blätterstimmen, welche eine Einkrei-
sungsabsicht leugnen, wiedergeben, falls man sie
wirksam und treffend zu widerlegen vermag. Es dürfen keinesfalls so explosivartige Themen wie Eupen-
Malmédy und Nordschleswig aufgegriffen werden;
auch Angriffe gegen Ungarn sind völlig fehl am Platze."* Und nach dieser Aufforderung, die Revisions-
und Minderheitenfrage in Belgien (Eupen-Malmédy)
und Dänemark (Nordschleswig), die gleichfalls
durch die Grenzziehung des Versailler Vertrages eingetreten, aber immerhin durch eine entsprechend
ausgegangene Volksabstimmung von den Bewohnern
sanktioniert worden war, auf sich beruhen zu lassen,
kam der entscheidende Satz zu Polen, nämlich die
Weisung: *„Die Haltung Polens oder deutsche Forderungen an Polen sind mit absolutem Stillschweigen
zu übergehen."*

Aus der Reichskanzlei oder vom *„Berghof"* konnte
das Propagandaministerium in jenen Tagen auch
keine neuen Nachrichten oder Instruktionen bekommen, da sich der Reichskanzler vom 1. bis zum
4. April 1939 auf einer Schiffsreise befand. Hitler be-
stieg nämlich nach der Kundgebung auf dem Wil-
helmshavener Rathausplatz am Abend des 1. April
das neue *„KdF"*-Schiff *„Robert Ley"*, das um 20.00 Uhr
zu seiner Jungfernfahrt auslief. Wie er in seiner
Reichstagsrede vom 26. April 1942 berichten wird,
waren dies sozusagen seine einzigen drei *„Urlaubs-
tage"* seit 1933. Er besuchte zusammen mit der Reise-

gesellschaft die Insel Helgoland und nahm Salut und Parade des Schlachtschiffs *„Scharnhorst"* ab, das dem *„Kraft-durch-Freude"*-Dampfer gefolgt war. Schließlich war er von dieser Seereise so angetan, daß er sie, die ursprünglich am 3. April zu Ende gehen sollte, noch um einen Tag verlängerte und erst am 4. April mit der *„Robert Ley"* am Hamburger Hafen festmachte. Dort besuchte der Kanzler noch um die Mittagszeit die schwimmende Jugendherberge *„Hein Godewind"* und fuhr dann um 12.43 Uhr mit dem Sonderzug nach Berlin zurück, um in der Reichskanzlei die Staatsgeschäfte wieder aufzunehmen. Dabei erfuhr er, daß der frühere britische Premierminister Lloyd George, der Hitler am 5. September 1936 auf dem *„Berghof"* besucht und sich recht positiv über ihn geäußert hatte, am 4. April 1939 im Londoner Unterhaus erklärt hat, wenn Deutschland in Polen einmarschieren sollte, um es — ähnlich wie die Tschechei — zu annektieren, England und Frankreich zu den Waffen greifen müßten.

Hitler reagierte aber auch auf diese Nachricht nicht, sondern schien sich die ganze Polen-Frage für die bevorstehenden ruhigeren Osterfeiertage aufzusparen, um über alle Möglichkeiten und Eventualitäten nachzudenken.

Die von der Nachkriegsdarstellung auf den 3. April 1939 datierte Weisung *„Fall Weiß"*, in welcher er die Wehrmachtsführung mit seinen geplanten Angriffsvorbereitungen gegen Polen instruierte, kann daher schwerlich an diesem Tage erlassen worden sein. Dagegen ist ein mit dem Datum 3. April 1939 versehenes

Schreiben General Keitels bekannt, in welchem der Chef des Oberkommandos der Wehrmacht wörtlich ausführte: *„Zum ‚Fall Weiß' hat der Führer noch folgendes angeordnet: 1. Die Bearbeitung hat so zu erfolgen, daß die Durchführung ab 1. 9. 1939 jederzeit möglich ist. 2. Das OKW ist beauftragt, eine genaue Zeittafel für den ‚Fall Weiß' aufzustellen und die zeitliche Übereinstimmung zwischen den 3 Wehrmachtsteilen durch Besprechungen zu klären. 3. Die Absichten der Wehrmachtsteile und Unterlagen für die Zeittafel sind dem OKW zum 1. 5. 39 einzureichen."*

Die angeführte Weisung *„Fall Weiß"* gliederte sich in 4 Abschnitte und wurde mit der Feststellung eingeleitet: *„Die gegenwärtige Haltung Polens erfordert es, über die bearbeitete ‚Grenzsicherung Ost' hinaus die militärischen Vorbereitungen zu treffen, um nötigenfalls jede Bedrohung von dieser Seite für alle Zukunft auszuschließen."* In dem 1. Abschnitt *„Politische Voraussetzung und Zielsetzung"* hieß es dann: *„Das deutsche Verhältnis zu Polen bleibt weiterhin von dem Grundsatz bestimmt, Störungen zu vermeiden. Sollte Polen seine bisher auf dem gleichen Grundsatz beruhende Politik gegenüber Deutschland umstellen und eine das Reich bedrohende Haltung einnehmen, so kann ungeachtet des geltenden Vertrages eine endgültige Abrechnung erforderlich sein."* Als Ziel wurde dabei die Zerschlagung der polnischen Wehrkraft und die Schaffung einer den Bedürfnissen der deutschen Landesverteidigung *„entsprechende Lage im Osten"* genannt. Der Freistaat Danzig sollte *„spätestens mit Beginn des Konfliktes"* zu deutschem

Reichsgebiet erklärt werden. Die politische Führung hatte dabei darauf hinzuarbeiten, daß Polen isoliert, das heißt, der Krieg dann auf Polen beschränkt bleibt. Diese erwünschte Isolierung Polens erachtete die Weisung als um so eher wahrscheinlich, *„je mehr es gelingt, den Krieg mit überraschenden, starken Schlägen zu eröffnen und zu schnellen Erfolgen zu führen".* Diese Absicht wurde im dritten Abschnitt *„Aufgaben der Wehrmacht"* nochmals mit den Worten bekräftigt: *„Die Aufgabe der Wehrmacht ist es, die polnische Wehrmacht zu vernichten. Hierzu ist ein überraschender Angriffsbeginn anzustreben und vorzubereiten. Die getarnte oder offene allgemeine Mobilmachung wird erst am Angriffsvortage zu dem spätestmöglichen Termin befohlen werden."*

Englische Aktivitäten

Synchron zu diesen Weisungen und Instruktionen Berlins trug sich in England eine merkwürdige Begebenheit zu. Da machte der Erste Lord der Admiralität, Lord Stanhope, anläßlich einer Filmvorführung an Bord des Flugzeugträgers *„Ark Royal"* in Portsmouth am 4. April 1939 folgende Bemerkung: *„Unglücklicherweise gibt es Leute, die heute nacht nicht unter uns weilen, da es sich, kurz bevor ich die Admiralität verließ, als notwendig erwies, Befehle zur Bemannung der Flak-Geschütze der Flotte zu geben. Lange bevor die Gäste an Bord dieses Schiffes* *kamen, hätten 16 Flak-Geschütze jedermann einen warmen Empfang bereiten können, der eventuell hergekommen wäre."* Premierminister Chamberlain ließ sofort nach Kenntnis dieser Bemerkung die Presse ersuchen, nichts darüber zu veröffentlichen. Dabei wendete er das Mittel der sogenannten *„D-Benachrichtigung"* an, welche verhindert, daß geheime militärische Nachrichten preisgegeben werden.

Lord Stanhope suchte den Vorfall umgehend herunterzuspielen und gab gleich am nachfolgenden Tage im Oberhaus bekannt, daß er mit seiner irritierenden Äußerung nichts anderes habe sagen wollen, als daß die in Zeiten politischer Spannung üblichen Sicherungsmaßnahmen auch bei besonderen Anlässen, wie es die Filmvorführung gewesen sei, aufrechterhalten blieben. Im übrigen habe er seine Rede auch nicht vorbereitet gehabt und bedauere es, daß er mit seiner Bemerkung dem Regierungschef Unannehmlichkeiten bereitet habe. Premierminister Chamberlain brachte dagegen in einer Verlautbarung sein Bedauern zum Ausdruck, daß man aus diesem Anlaß auf eine *„D-Benachrichtigung"* zurückgegriffen habe. Er lehnte es aber gleichzeitig ab, aus dem Vorfall für Lord Stanhope irgendwelche Konsequenzen zu ziehen, wie dies die Opposition gefordert hatte.

Vermutlich hätte eine solche Ablösung des Ersten Lords der Admiralität auch keinen guten Eindruck auf den gerade zu Besuch weilenden polnischen Außenminister gemacht und wäre geeignet gewesen, die geschlossene Verteidigungsbereitschaft Großbritanniens in Frage zu ziehen. Ein Zweifel, der besonders

den polnischen Botschafter in Paris, Julius Lukasiewicz, wiederum stark in seiner Skepsis gegenüber den
Westmächten bestärkt hätte. Statt solche Weiterungen
zu riskieren, führte Chamberlain zusammen mit seinem Außenminister Halifax die britisch-polnischen
Verhandlungen zügig zu einem ergebnisreichen Ende
und gab am 6. April 1939 vor dem Unterhaus den Entschluß Englands und Polens bekannt, ein gegenseiti-
ges Hilfeleistungsabkommen abzuschließen, welches
das bisherige vorläufige einseitige britische Hilfeleistungsversprechen ersetzen sollte.

Wörtlich führte der Premierminister vor den Abgeordneten aus: „*Der folgende Bericht über die Besprechungen mit dem polnischen Außenminister wurde gemeinsam von Herrn Beck, namens der polnischen Regierung, sowie von Lord Halifax und mir,
namens der britischen Regierung, verfaßt. Die Besprechungen mit Herrn Beck haben sich auf ein wei-
tes Gebiet erstreckt und dargetan, daß sich die beiden
Regierungen über gewisse allgemeine Grundsätze in
vollständiger Übereinstimmung befinden. Es wurde
vereinbart, daß die beiden Länder bereit sind, ein
Abkommen ständigen und gegenseitigen Charakters
zu schließen, welches die vorläufige und einseitige
englische Zusicherung an Polen ersetzen soll. Für die
Zeit bis zur Fertigstellung des ständigen Abkommens gab Herr Beck der britischen Regierung die
Zusicherung, daß sich die polnische Regierung für
verpflichtet erachte, der britischen Regierung unter
den gleichen Bedingungen Hilfe zu leisten, wie sie in
der bereits gegebenen vorläufigen britischen Zusiche-*

rung an Polen enthalten waren. *Ebenso wie die vorläufige Zusicherung wird auch das ständige Abkommen nicht gegen irgend ein anderes Land gerichtet sein, sondern dazu bestimmt sein, Großbritannien und Polen, im Falle irgendeiner direkten oder indirekten Bedrohung der Unabhängigkeit eines der beiden Länder, der gegenseitigen Hilfeleistung zu versichern. Es wurde anerkannt, daß gewisse Dinge, einschließlich einer mehr präzisen Definition der verschiedenen Fälle, in welchen sich die Notwendigkeit einer Hilfeleistung ergeben würde, einer weiteren Prüfung bedürfen, bevor das ständige Abkommen fertiggestellt werden kann."*

Und der Premierminister schloß: *„Es herrschte Einverständnis darüber, daß die obenerwähnten Vereinbarungen keine der beiden Regierungen daran hindern sollen, mit anderen Staaten Abkommen im allgemeinen Interesse der Konsolidierung des Friedens zu treffen."* Das von Premierminister Chamberlain in seiner Erklärung erwähnte gegenseitige Hilfeleistungsabkommen umfaßte 8 Artikel und war zunächst auf 5 Jahre befristet. Es legte in seinen ersten drei Abschnitten fest: *„Artikel 1: Wenn sich die eine Vertragspartei mit einer europäischen Macht infolge eines Angriffs der letzteren im Kriegszustand befindet, wird die andere Vertragspartei dem Partner jede in ihrer Macht gelegene Unterstützung und Hilfe gewähren."*

Mit der Bezeichnung *„europäischen Macht"* sollte angedeutet werden, daß Deutschland und nicht die Sowjetunion gemeint ist, da die UdSSR ja zum überwiegenden Teil nach Asien erstreckt, während Deutschland eindeutig eine *„europäische Macht"* ist. Für diese Deutung spricht auch der Umstand, daß Großbritannien am 17. September 1939, als die Rote Armee in Ostpolen einmarschierte, der Sowjetunion nicht den Krieg erklärte, sondern sich lediglich auf einige Sätze des Bedauerns über das Moskauer Vorgehen beschränkte. Die damals schon im rumänischen Exil befindliche polnische Regierung richtete dagegen am 18. September 1939 an alle ausländischen Regierungen eine Note, in der sie den Einmarsch der sowjetrussischen Truppen in Polen als einen *„Angriffsakt gegen Polen"* bezeichnete und wohl auch eine entsprechende Konsequenz ihrer westeuropäischen Bündnispartner erwartete. Jedoch nichts dergleichen war aus Paris oder London zu registrieren. Lediglich der amerikanische Außenminister Hull erklärte, daß die *„Vereinigten Staaten gegenüber diesem Einmarsch nicht gleichgültig bleiben"* könnten und die *„Anwendung eines Waffenembargos gegen die Sowjetunion"* erwägten. Jedoch auch in diesem Falle blieb es dann bei Worten, denen keine Taten folgten.

Im zweiten Artikel dieses britisch-polnischen Hilfeabkommens hieß es dann: *„a) Diese Bestimmung* (der Hilfe und Unterstützung) *bezieht sich auf den Fall, daß irgendeine Aktion einer europäischen Macht offensichtlich direkt oder indirekt die Unabhängigkeit der einen Vertragspartei bedroht oder so geartet ist, daß die fragliche Vertragspartei den Widerstand mit Waffengewalt als von lebenswichtiger Bedeutung an-*

sieht. b) *Wenn eine Vertragspartei in Feindseligkeiten mit einer europäischen Macht wegen einer Aktion
dieser Macht verwickelt wird, welche die Unabhängigkeit oder Neutralität eines anderen europäischen
Staates so gefährdet, daß dies eine offensichtliche Bedrohung dieser Vertragspartei bedeutet, so gelten die
Bestimmungen von Artikel 1 ohne Präjudiz des Rechtes der fraglichen europäischen Macht."* Mit der Ge-
fährdung der *„Unabhängigkeit oder Neutralität
eines anderen europäischen Staates"* war offensichtlich der Freistaat Danzig gemeint, womit den Polen
auch noch eine gewisse Bestandsgarantie der Status
quo von Danzig gegeben wurde, so daß sich Warschau
von nun überhaupt nicht mehr Gedanken über eine
Revision der Danzig-Regelung zu machen oder irgendwelche deutsche Pressionen ernst zu nehmen
brauchte.

Schließlich lautete der Artikel 3 des gegenseitigen
Hilfeabkommens: *„Wenn eine europäische Macht
versuchen sollte, die Unabhängigkeit der einen Vertragspartei durch wirtschaftliche Durchdringung
oder auf irgendeine andere Weise zu untergraben,
werden sich die beiden Vertragspartner gegenseitig
helfen, solchen Versuchen Widerstand zu leisten.
Wenn die betreffende europäische Macht dann Feindseligkeiten gegen eine der Vertragsparteien eröffnet,
so gelten die Bestimmungen von Artikel 1."*
Die restlichen 5 Artikel legten technische Einzel-
heiten, die gegenseitigen Informationsmechanismen
und die Verpflichtung fest, im Falle von Feindseligkeiten keinen Waffenstillstand oder Friedensvertrag

ohne Zustimmung des anderen Vertragspartners mit dem Feind abzuschließen. Schließlich war noch vereinbart, das Abkommen gleich nach der Unterzeichnung in Kraft treten zu lassen.

Diese am Gründonnerstag des Jahres 1939 in Berlin bekannt gewordenen Nachrichten aus London veranlaßten den Staatssekretär im Auswärtigen Amt, Ernst Freiherr von Weizsäcker, den polnischen Botschafter Josef Lipski zu einem aufklärenden Gespräch zu bitten. Es fand am 6. April statt und ist in einer zusammenfassenden Aufzeichnung des Staatssekretärs überliefert. Darin notierte von Weizsäcker: „. . . *Lipski behauptete, im Detail nicht unterrichtet zu sein, jedoch gewisse Grundsätze mir gegenüber feststellen zu können. 1. Polen wünsche an dem Abkommen von 1934 festzuhalten. 2. Bei den polnisch-englischen Abreden handele es sich um einen bilateralen und rein defensiven Akt; von dem Beitritt Polens zu einem Block sei nicht die Rede."*

Staatssekretär von Weizsäcker hat diese Erklärungen des polnischen Botschafters, wie er vermerkte, „mit einem Lächeln entgegengenommen" und Lipski frei und frank bekannt, daß ihm „*die Entwicklung der polnischen Politik in der jüngsten Zeit nicht mehr recht befreilich"* sei. Wie schon zu wiederholten Malen sein Chef, Reichsaußenminister von Ribbentrop, machte auch von Weizsäcker seinem polnischen Gesprächspartner klar, daß „*niemand in Deutschland als der Führer die großen Konzeptionen des Jahres 1934 hätte haben und mit Polen zur Durchführung bringen können".*

Wörtlich überliefert von Weizsäcker in seinen Aufzeichnungen über die Unterredung mit Lipski: *„Auch
unsere Beziehungen hätten von da (1934) an einen er-
freulichen ständigen Aufschwung genommen. Im
Sinne dieser guten Nachbarschaft habe der Führer
dann mit Beginn des Jahres 1939 bekanntlich Gespräche mit Polen eingeleitet und nicht nur die letzten Differenzpunkte zwischen uns ausräumen, sondern in großzügiger Weise die Korridorgrenze für
Polen sichern wollen. Polen habe dieses Angebot
offenbar nicht verstanden. Statt mit Freuden zuzu-
greifen und das Werk von 1934 zu vollenden, hätten
wir plötzlich in Polen ein merkwürdiges Säbelrasseln
vernommen. Das habe uns zwar nicht aufgeregt, stehe
aber in seltsamem Kontrast zu der Antwort, die wir
aus Warschau erwarten durften."* Staatssekretär von
Weizsäcker spielte mit dieser Bemerkung darauf an,
daß man in der Reichskanzlei und im Auswärtigen
Amt den Besuch des polnischen Außenministers in
Berlin erwartet hatte und stattdessen feststellen
mußte, daß er mit England einen Beistandspakt ab-
schloß. Ein Vorgehen, für welches der stellvertretende Außenminister des Deutschen Reiches kein
Verständnis aufbringen mochte, sei doch immerhin
das *„Angebot des Führers an Polen ein einmaliges
gewesen",* wie er Botschafter Lipski bedeutete. Und
als Lipski in seiner Erwiderung auf den deutschen
Einmarsch in die Tschechoslowakei hinwies, welcher
in Polen *„eine begreifliche Nervosität entwickelt
habe"* und von einem deutschen *„Ultimatum an Litauen"* sprach, das die polnischen Sorgen *„noch ent-*

sprechend vermehrt" hätte, schnitt ihm von Weizsäcker das Wort ab und machte seine Ausführungen
*„über Truppenbewegungen anderer — die niemals
gegen Polen gerichtet waren — lächerlich",* wie er in
seinen Aufzeichnungen notierte. Der AA-Staatssekre-
tär beschloß seine Aufzeichnungen über das Gespräch mit dem polnischen Botschafter mit dem
Satz: *„Kurzum, ich wies Lipskis Redensarten mit den
naheliegenden Argumenten von oben herab und gelassen zurück, worauf wir uns trennten."*
Eine offensichtlich nicht sehr freundliche Unterhaltung. Ihr überlieferter Inhalt reiht sich augenscheinlich in die Richtlinien des Reichspropagandaministeriums vom gleichen 6. April 1939, in denen es
wörtlich hieß: *„Die Londoner Vorgänge sind etwa
folgendermaßen zu kommentieren. Deutschland ist
seit langem bestrebt, das deutsch-polnische Freund-
schaftsabkommen von 1934 durch eine bilaterale
Lösung gewisser Fragen zu konkretisieren. Man weiß
in London ebensogut wie in Warschau, daß Deutschland nie die Absicht hatte, Polens Souveränität oder
Integrität anzutasten. Statt auf dem Wege Pilsudskis
weiterzuschreiten, erfolgte der erstaunliche, unver-
nünftige Akt der Mobilisierung polnischer Streitkräfte gegen Deutschland."* Eine Behauptung, die sich
mit der Annahme von Weizsäckers deckte. Beck habe
sich mit seiner Londoner Erklärung einem *„Block"*
angeschlossen; tatsächlich war Polen in jenen Wochen und Monaten gerade dabei, seine Mitgliedschaft
im Völkerbund zu inaktivieren, weil es von dessen
Kollektivsystem schon seit 1934 nicht mehr sonderlich

viel hielt und dies auch bei den Danziger Streitpunkten oft und gern zum Ausdruck gebracht hatte. Polen schien sich im Frühjahr 1939 nicht einem *„Block"* anschließen zu wollen, sondern den Auf- und Ausbau einer eigenen Großmachtstellung in Osteuropa anzustreben.

Im Lichte dieses tatsächlichen Bemühens Warschaus erschien auch die weitere Behauptung der Berliner Propaganda-Richtlinien, daß sich Polen *„zum Werkzeug friedensfeindlicher Kräfte"* machen lasse, wenig glaubwürdig. Auch die Einlassung: *„Polen wäre damit nicht das erste Opfer einer solchen, lediglich britischen Interessen dienenden Einflüsterungen von einer angeblich drohenden deutschen Gefahr"* und der Satz: *„Durch seine Aufwiegelung Polens und die Aufdrängung eines aggressiven Militärbündnisses hat England den Beweis seiner Kriegstreiberei erbracht"*, waren kaum mehr als parteiische Polemik. Bemerkenswert immerhin die Abschlußbemerkungen der Berliner Propaganda-Direktive: *„Noch zögert Beck, mit einem unterschriebenen Abkommen nach Warschau zurückzukehren. Schrecken ihn vielleicht die Schatten von Schuschnigg und Benesch? Wie dem auch sei, durch ein solches Bündnis würde Polen an Englands Kriegspolitik mitschuldig."* Und die schlußendliche Empfehlung: *„Vertraulich: Die Tür nach Polen soll nicht ganz zugeschlagen werden."*

In Linientreue zu diesen Richtlinien befaßte sich am 7. April 1939, nach Bekanntwerden des von London und Warschau beschlossenen gegenseitigen Hilfeleistungsabkommens, ein Leitartikel des national-

sozialistischen Parteiorgans „*Völkischer Beobachter*"
mit den Auswirkungen dieses englisch-polnischen
Vorhabens auf das Verhältnis Deutschlands zu Polen.
Darin wurde den Polen unterstellt, „*unter schärfstem
britischen Druck und verschlagenen Überredungs-
künsten*" drauf und dran zu sein, „*die vom National-
helden Marschall Pilsudski vorgezeichnete kluge
Bahn zu verlassen und der kopflosen Kriegspolitik
des heutigen Englands zu erliegen*". Nach Meinung
des „*Völkischen Beobachters*" könnten doch Außenminister Beck und Ministerpräsident Skladkovski
selbst bezeugen, „*daß das Deutsche Reich sich seit
Monaten bemühe, die noch ungelösten Fragen zwischen dem Reich und Polen auf dem im Pilsudski-
Hitler-Pakt festgesetzten Wege friedlicher zweiseiti-
ger Verhandlungen einer endgültigen großzügigen
Bereinigung zuzuführen, die Polens volle Unabhängigkeit und territoriale Unversehrtheit zunächst für
ein halbes Menschenalter hinaus*" garantiere. Danach
zählte der Leitartikler die bekannten deutschen Forderungen nach Rückkehr Danzigs und einer Verkehrsverbindung nach Ostpreußen auf, um dann die Mobilisierungsmaßnahmen Warschaus an der polnisch-
deutschen Grenze mit den Sätzen zu kommentieren:
„*Wenn das Reich diese Herausforderung gelassen
hingenommen habe, so aus zwei Gründen: Einmal
deshalb, weil die deutsche militärische Lage in diesem Jahr so ungeheuer gewachsen ist, daß ein solches
Spiel mit dem Feuer nicht mehr unmittelbar gefährlich ist. Zum zweiten aber auch, weil man sich in
Deutschland immer noch nicht vorstellen kann, daß*

man in Warschau die sichere Chance einer dauernden
deutsch-polnischen Verständigung für die Despera-
dopolitik des Westens, die bereits mehrere kleine
Völker erst aufgehetzt und dann im Stich gelassen
habe, eintauschen wolle."

Während das nationalsozialistische Zentralorgan
den polnischen Nachbarn mit einem Wechselbad
von Drohungen und Lockungen bedachte und sich
Hitler sein militärisches Vorgehen gegen Polen über-
legte, überraschte ihn sein politischer Freund Mussolini mit der überfallartigen Besetzung Albaniens,
einer Aktion, die fatal an den deutschen Einmarsch
in die Tschechei im März erinnerte. Wie wenig der
braune Führer von diesem italienischen Unternehmen erbaut war, zeigte die zurückhaltende Reaktion
Berlins. Statt eines Glückwunschtelegramms an den
„Duce"-Kollegen gab es nur „eine amtliche deutsche
Stellungnahme", in welcher „vollstes Verständnis für
die Wahrnehmung der italienischen Interessen in
diesem Raum" ausgedrückt wurde. Mit der Anmer-
kung, daß man es in Berlin „nicht verstehen und bil-
ligen können würde, wenn die demokratischen Westmächte, die dort keine Interessen haben, sich in die
juristisch einwandfreie Position und Handlung unseres Achsenpartners einmischen wollten", sollte wohl
eine Warnung an die Anglofranzosen ausgesprochen
werden, sich in den „deutschen Lebensraum" in Osteuropa einzumengen. Obwohl die Westmächte den
Überraschungscoup Roms schier tatenlos hinnah-
men und sich lediglich auf einige verbale Reaktionen

beschränkten, stieg doch in Europa die Furcht vor dem Ausbruch eines allgemeinen Krieges.

So erklärte eine königliche Verordnung der Niederlande am 11. April 1939, *„daß die gegenwärtige Lage den Zustand der Kriegsgefahr im gesetzlichen Sinne des Wortes" darstelle und rief „die Mannschaften der Bataillone unter die Fahne, die zum Schutze der Küsten und Grenzen bestimmt sind".*

Der Weg in den Krieg zeichnet sich ab

Am gleichen Tage, dem Osterdienstag, traf Hitler *„Besondere Anordnungen für den ‚Fall Weiß' "* und legte darin fest:

„1. Gesetzliche Grundlagen.

Es ist davon auszugehen, daß der Verteidigungs- oder Kriegszustand im Sinne des R.V.-Gesetzes vom 4. 9. 1938 nicht erklärt wird. Alle Handlungen und Forderungen sind auf die Friedensgesetzgebung zu gründen. Die Bestimmungen der Haager Landskriegsordnung gelten sinngemäß. Ergänzungen bleiben vorbehalten.

2. Mobilmachung.

Über den Umfang der im ‚Fall Weiß' erforderlichen Vorausmaßnahmen, insbesondere soweit sie Einberufung von personellen und materiellen Ergänzungen zur Folge haben, ergehen noch Anweisungen des OKW.

Wird für die Wehrmacht oder Teile derselben die Mobilmachung ohne öffentliche Verkündung (X-Fall) angeordnet, so ist hiermit der X-Fall im zivilen Bereich einschließlich der Rüstungsindustrie nicht ohne weiteres verbunden. Es werden jedoch in dem erforderlichen Umfang, örtlich begrenzt, diejenigen Maßnahmen durch das OKW angeordnet werden, die für die Mobilmachung oder von Teilen derselben sowie zur Aufrechterhaltung der Arbeitsfähigkeit der Behörden und Betriebe erforderlich sind."

In diesen *„Besonderen Anordnungen"* fiel die Absicht auf, den Kriegszustand nicht eigens zu erklären, also offenbar überfallartig zu den Waffen zu greifen, wie dies im Herbst 1938 zu Tage getreten ist und dann auch im März 1939 gegen der *„Rest-Tschechei"* praktiziert wurde. Nachträgliche Interpreten wie der Archivar Max Domarus nannten diese Verfahrensweise, *„einen Gegner ohne Kriegserklärung zu überfallen, wie es im 2. Weltkrieg von Deutschland und Japan mehrfach praktiziert wurde, einen Rückfall in die barbarischsten Zeiten der Menschheit"* und erinnerten daran, daß die Genfer Konvention vom 22. August 1864 und die drei Haager Vereinbarungen sowie acht weitere Abkommen ausdrücklich eine Kriegserklärung vorschreiben, wenn zu Waffengewalt geschritten werden soll. Andere Geschichtsdeuter sehen in der Vorgehensweise Hitlers einen propagandistischen Schachzug und eine Folgerung aus der Präambel des Versailler Friedensvertrags.

Der propagandistische Trick sollte dem deutschen Volk, das sich nachweislich in jenen Monaten nicht sonderlich kriegsfreudig zeigte, die Notwehrsituation vorgaukeln und damit die Notwendigkeit kriegerischer Handlungen nahebringen — „es wird zurückgeschossen" —; zugleich wollte Hitler vor der Geschichte nicht als Kriegserklärer dastehen, den man dann — wie 1919 mit Deutschland in Versailles geschehen — auch als Kriegsschuldigen betrachtet. Vermutlich spielten beim deutschen Diktator und seinen Überlegungen alle angeführten Beweggründe eine gewisse Rolle und gehen nicht bloß auf ein einziges Handlungsmotiv zurück.

Trotz der detaillierten Vorkehrungen für den sogenannten „Fall Weiß" und den zusätzlichen „Besonderen Anordnungen" vom 11. April 1939, die allesamt gegen Polen gerichtet waren, galt für die nationalsozialistische Propaganda und Außenpolitik immer noch England als Hauptwiderpart. So war in einem Rundschreiben des Reichsaußenministers an die deutschen diplomatischen Vertretungen in Europa vom 12. April 1939 von „englischem Bauernfang" und „englischen Verlockungsversuchen" die Rede und empfahl von Ribbentrop den deutschen Vertretern im Ausland, „die ganze Angelegenheit in Gesprächen mit großer Gelassenheit zu behandeln und die nervöse Geschäftigkeit, mit der die Engländer andere Staaten für ihre Zwecke einzuspannen versuchen, ins Lächerliche zu ziehen" bzw. „gebührend zu kennzeichnen".

Diese Stoß- und Blickrichtung wurde aber sogleich am 13. April von einem Korrespondentenbericht der „Deutschen Allgemeinen Zeitung" nach Polen bzw.

Danzig erweitert. Da erfuhren nämlich die Leser dieses reichsweit verbreiteten Blattes, daß es an der
polnisch-Danziger Grenze zu Zwischenfällen gekommen sei, „*in deren Verlauf etwa 100 Volksdeutsche aus Polen über die Grenze nach Danzig ge-
flüchtet sind*". Nach den reportierten Aussagen der
Flüchtlinge stand hinter den Verfolgungen der Volksdeutschen in Polen hauptsächlich der nationalistische polnische „*Westmarkenverein*", „*der sich seit je-
her durch deutschfeindliche Politik besonders her-
vorgetan*" habe. Wörtlich hieß es in der „*Deutschen
Allgemeinen Zeitung*" vom 13. April 1939: „*Die
Flüchtlinge berichten, daß es in der letzten Zeit in
den Grenzgebieten mehrfach zu Ausschreitungen gekommen sei, wobei sogar Brandstiftungen zu verzeichnen waren. Rund 100 dieser Volksdeutschen mußten
jetzt mit ihren Familien aus ihrer angestammten Hei-
mat über die Grenze flüchten und Haus und Hof im
Stich lassen, um wenigstens das nackte Leben zu
retten.*"
Die Öffentlichkeit innerhalb und außerhalb
Deutschlands schenkte diesen Vorgängen allerdings
keine nennenswerte Beachtung, sondern beschäftigte
sich fast ausschließlich mit den Bewegungen der britischen Außenpolitik. Und diese gaben am gleichen
13. April 1939 ebenfalls Schlagzeilen her. Da antwortete nämlich der englische Finanzminister Sir John
Simon auf die im Unterhaus gestellte Forderung
nach Einbeziehung der Sowjetunion in eine Friedens-
koalition gegen Deutschland namens seiner Regierung, daß man keineswegs die UdSSR „*aus der Frie-*

densfront" ausschließen wolle und man Moskau eingeladen habe, „an einer Viermächteerklärung (England, Frankreich, Polen, Sowjetunion) teilzunehmen",
daß es sich jedoch „als unmöglich erwiesen" habe,
„die von der Sowjetunion gestellten Bedingungen zu
erfüllen". Es bestehe aber weiterhin eine enge Fühlungnahme mit dem britischen Botschafter „und
man wäre verrückt, wenn man die Hilfe der Sowjetunion zurückweisen würde angesichts der Gefahr, in
der sich die freien Staaten der Welt befinden". Auch
habe die britische Regierung keine „grundsätzlichen
Bedenken" gegen ein Militärbündnis zwischen Frankreich, Großbritannien und der Sowjetunion, versicherte Minister Simon den Unterhausabgeordneten.

Vor dieser Erklärung des Finanzministers hatte Premierminister Chamberlain dem Parlament mitgeteilt,
daß England eine Garantie für Griechenland und
Rumänien ausgesprochen habe, um die Unabhängigkeit dieser beiden Länder zu gewährleisten und „jede
Störung des Status quo im Mittelmeer und auf der
Balkanhalbinsel durch Gewalt oder durch die Drohung mit Gewalt" zu vermeiden. Eine Warnung, die
gleichermaßen an Rom wie an Berlin gerichtet war.

An dieselbe Adresse wandte sich am 14. April 1939
auch der amerikanische Präsident Roosevelt, und
dies gleich auf doppelter Ebene. Zum einen in einer
Rede vor der Panamerikanischen Union in Washington, in welcher er die britische Politik der Eindäm-
mung der deutschen Expansionsbestrebungen vor
dem Berliner Vorwurf der „Einkreisung" in Schutz
nahm und die Aktionen der Deutschen gegen die

Tschechei und der Italiener gegen Abessinien und
Albanien indirekt eine „*Rückkehr zu den Gebräu-
chen der Hunnen und Vandalen vor 1500 Jahren*"
nannte. Zum andern in zwei persönlichen Botschaften an Adolf Hitler und an Benito Mussolini, in denen er die beiden Diktatoren fragte, ob sie bereit
seien, für dreißig namentlich angeführte Länder
Nichtangriffszusicherungen abzugeben. Unter den
eigens aufgeführten Staaten waren auch der Iran und
der Irak sowie Syrien und Ägypten, Länder, die
zumindest nicht in der deutschen Einflußsphäre lagen und von Hitler dann in seiner Antwort als Bei-
spiele „*alberner Phantasie*" angeführt wurden, wie
sich der braune Führer überhaupt mehr über die
Intervention des US-Präsidenten lustig machte als
ernsthaft mit ihrem Anliegen beschäftigte.

Dabei hätten die Schlußsätze Roosevelts sehr
nachdenklich stimmen müssen. Sie lauteten: „*Eine . . .
Atmosphäre des Friedens kann nicht bestehen, wenn
die Verhandlungen durch die Drohung mit Gewalt
oder durch die Furcht vor einem Kriege überschattet
werden. Ich nehme an, daß Sie den Geist der Offenheit, in dem ich Ihnen diese Botschaft sende, nicht
mißverstehen werden. Die Chefs großer Regierungen
sind in dieser Stunde buchstäblich für das Geschick
der Menschheit in den nächsten Jahren verantwortlich. Sie müssen die Bitten ihrer Völker hören, die vor
dem vorauszusehenden Chaos des Krieges geschützt
sein wollen. Die Geschichte wird diese Staatsmänner
zur Rechenschaft ziehen für das Leben und Glück
aller, auch der Geringsten. Ich hoffe, Ihre Antwort*

*wird es möglich machen, daß die Menschheit von der
Furcht befreit wird und für viele kommende Jahre
wieder Sicherheit genießt.* "

Hitler wartete zwar zwei Wochen, bis er auf Roosevelts Botschaft antwortete, doch deutete eine Anweisung des Reichspropagandaministeriums auf einer Sonderpressekonferenz vom 15. April 1939 bereits den Tenor der zu erwartenden Replik des deutschen Führers an. Da hieß es in der Direktive: *„Aufmachung der Roosevelt-Botschaft an den Führer und Mussolini mindestens zweispaltig auf der ersten Seite, Kommentar von äußerster Schärfe, aber ohne offiziellen Anschein, nur als Stellungnahme der Zeitung, da sich der Führer seine Antwort bis nach seinem Geburtstag vorbehalten hat."* Und dann wurde angeregt, Roosevelt als *„zweiten Wilson"* hinzustellen, der *„erst Hetzer"* und dann *„Friedensapostel"* gewesen sei; der die Welt *„beglücken"* wolle, nachdem er sie vorher in eine *„beispiellose Kriegspsychose"* getrieben habe. Wörtlich ordnete die *„Anweisung"* an zu schreiben: *„Dummes Ablenkungsmanöver, um seine und der Demokratien Einwirkung zu verwischen. Zwei Zeitungen werden auf allerhöchste Anweisung die Schlagzeilen bringen: ,Plumper Ablenkungsschwindel' "*, um dann noch groß herausstellen zu lassen: *„Bezeichnend ist, daß die Botschaft schon heute im Moskauer Rundfunk verbreitet und im „Temps" kommentiert worden ist, ein Beweis für das politische Zusammenspiel."*

In Ergänzung zu diesen Goebbels'schen Instruktionen wurde in einer amtlichen deutschen Meldung eine Antwort auf die Botschaft Roosevelts mit den Worten angekündigt: *„Der amerikanische Präsident Roosevelt hat an den Führer in einem Telegramm die Bitte gerichtet, zu bestimmten Fragen Stellung zu nehmen. Der Führer hält diese Angelegenheit für so wichtig, daß er sich entschlossen hat, die Antwort dem Herrn amerikanischen Präsidenten namens des deutschen Volkes vor dem Reichstag bekanntzugeben. Er hat daher den Deutschen Reichstag zum 28. April zur Kenntnisnahme dieser Erklärung einberufen."*

Die verhältnismäßig lange Zeit bis zur angekündigten Antwort — immerhin antwortete Hitler dem britischen Premierminister am 1. April 1939 sozusagen postwendend — hatte zum einen mit den umfangreichen Vorbereitungen zu seinem 50. Geburtstag am 20. April zu tun — und wurde zum andern benötigt, um durch diplomatische An- und Nachfragen bei zahlreichen, von Roosevelt namentlich erwähnten Staaten deren Bedrohungsgefühl zu erkunden bzw. um zu erfahren, ob diese Länder den amerikanischen Präsidenten ermächtigt hätten, in dieser Form bei der Reichsregierung zu intervenieren. Darüber hinaus ließ Hitler einer Reihe der genannten Staaten Nichtangriffspakte anbieten, was dann bei Dänemark, Lettland und Estland tatsächlich zu entsprechenden Verträgen führte. Die skandinavischen Länder Norwegen, Schweden und Finnland ließen dagegen ihr Desinteresse an einem solchen Pakt mit dem Reich erkennen.

Als einer der ersten europäischen Politiker nahm der dänische Ministerpräsident Stauning indirekt zur Roosevelt-Botschaft an Hitler und Mussolini Stellung. Er erklärte am 15. April 1939 im Kopenhagener Rundfunk zur aktuellen außenpolitischen Lage wörtlich: *„Was Dänemark anbelangt, so gibt es nicht nur keine Anzeichen für eine Störung der Ruhe, die bisher herrschte, wir haben auch keinen Grund zu glauben, daß irgendeine Macht sich in die inneren Verhältnisse Dänemarks einmischen oder auf andere Weise Dänemark in die Verwicklungen einbeziehen will. Es ist indessen erforderlich, daß alle hierzulande, Presse wie Bevölkerung, zur Ruhe und Ordnung beitragen und diese unbedingt unparteiische und neutrale Haltung gegenüber den inneren Verhältnissen anderer Nationen und gegenüber solchen internationalen Konfliken, die zur Zeit zur Unruhe in der Welt beitragen, einnehmen."*

Worte, die man in Berlin gern hörte, schienen sie doch klipp und klar die von Franklin D. Roosevelt unterstellte Bedrohung — zumindest in bezug auf Dänemark — gegenstandslos zu machen. Und sie gaben auch ganz offensichtlich zu verstehen, daß sich Dänemark nicht für zuständig oder verantwortlich für die Regierungssysteme in anderen Ländern fühle, womit sich die Kopenhagener Regierung deutlich von dem politischen Missionsbewußtsein des amerikanischen Präsidenten abhob, welcher bekanntlich die politischen Seuchen Nationalsozialismus und Faschismus unter *„Quarantäne gestellt"* und dann ausgerottet zu sehen wünschte.

Statt solchen Wünschen zu folgen, widersprach Ministerpräsident Stauning in seiner Rundfunkrede der Lagebeschreibung Roosevelts, indem er namens seiner Regierung feststellte: „*Ich weiß, daß draußen in der Welt das Mißverständnis entstanden ist, als ob Dänemark unter Druck und Zwang stehe. Ich benutze die Gelegenheit zu sagen, daß unsere politische Haltung von denen bestimmt ist, die die Verantwortung in dieser ernsten Zeit haben. Wir meinen, dem Lande und dem Volke durch ein rücksichtsvolles Verhalten gegenüber allen zu dienen, die sich nicht in unsere inneren Verhältnisse eindrängen.*"

Andere europäische Klein- und Mittelstaaten unterstrichen in jenen Wochen neben ihrer Neutralität und Friedenspolitik auch noch ihre Verteidigungsbereitschaft, indem sie ihr Heeresbudget erhöhten, die Militärpflicht verlängerten oder die Rüstungsausgaben vermehrten. So verlangte die norwegische Regierung vom Staatsrat die Bewilligung von zusätzlichen 20 Millionen Kronen „*für die Landesverteidigung*", forderte der finnische Staatspräsident vom Reichstag ausreichende Vollmachten für seine Regierung, damit der Staat „*im Falle von Überraschungen auf seinem Posten sei*" und verstärkte die holländische Regierung die Einheiten des Grenzschutzes bzw. erweiterte Estland die aktive Militärdienstzeit, die bisher 12 bis 17 Monate betragen hatte, auf nunmehr 18 Monate, um notfalls verteidigungs- und wehrbereit zu sein.

Neben diesen Verteidigungsvorbereitungen und öffentlichen Erklärungen auf höchster politischer Ebene herrschte auch auf diplomatischer Bühne in jenen Wochen große Betriebsamkeit und verdichteten sich die Staats- und Ministerbesuche. So machte zwischen dem 18. und 21. April 1939 der rumänische Außenminister Grafencu Visite in Berlin und hatte sowohl mit dem Reichskanzler als auch mit dem Reichsaußenminister politische Gespräche. Auf der Anreise nach Deutschland machte der Bukarester Außenamtschef am 18. April 1939 Station in Warschau und hatte eine Unterredung mit seinem Amtskollegen Josef Beck. Dabei kamen beide Minister überein, *„daß weder Polen noch Rumänien ein Verteidigungsbündnis mit der Sowjetunion schließen werde"*, da auch die baltischen Staaten eine solche Allianz mit Moskau ablehnten. Schließlich betonten Beck und Grafencu, daß *„sowohl Polen als auch Rumänien mit Nachdruck jede Verbindung zwischen den britischen Garantien für die beiden Länder und einem allenfalls zustande kommenden britisch-sowjetrussischen Abkommen ablehnen"* würden.

Erklärungen, die sicher nicht nur für die polnische und die rumänische Öffentlichkeit bestimmt waren, sondern wohl vor allen Dingen an die Adresse Berlins gerichtet waren, wohin sich der rumänische Außenminister ohnehin im Anschluß an sein Treffen mit Beck begab. Es dürfte kaum übertrieben sein zu unterstellen, daß Grafencu gleichsam auch in Stellvertretung für seinen polnischen Amtskollegen in die Reichshauptstadt kam, um dort bestimmte Sorgen und Aufgeregtheiten zu zerstreuen. Die beste Gelegenheit hierfür bot sich am 19. April, als der rumänische Außenminister von Hitler in der neuen Reichskanzlei in Audienz empfangen wurde.

Als Vertreter eines Staates, der genau wie Polen von Großbritannien eine Garantie angenommen hatte, war Grafencu nicht nur so etwas wie ein *„alter ego"* Josef Becks, sondern auch selbst auf Hitler und seine Reaktion überaus gespannt. Da war sein offizieller Besuchsgrund, als Geburtstagsgratulant des Führers aufzutreten, nicht Garantie genug gegen eine etwaige eisige bis ablehnende Haltung Hitlers. Immerhin hatten sich auch tschechische und slowakische Politiker von hohem Rang in Berlin zur Gratulation eingefunden und waren deswegen keinen Deut besser oder entgegenkommender behandelt worden. Die für den Tag, den Vortag von Hitlers 50. Geburtstag, ungewöhnlich großzügig anberaumte Besuchszeit von über 120 Minuten ließ vorweg ebensowenig über den vermutlichen Gesprächsverlauf erahnen wie der Umstand, daß Grafencu in *„großer Besetzung"*, das heißt in Begleitung von Ribbentrops und des rumänischen Botschafters in Berlin, Radu Crutzescu, vor Hitler erscheinen würde. Auf alle Fälle bereitete sich Grafencu sorgsam auf seine Begegnung mit dem deutschen Führer vor und hatte sich dafür auch entsprechende Hinweise zurechtgelegt. Er wollte seinem Gastgeber die Lage Rumäniens schildern als die eines Landes, das nichts so dringend brauche wie den Frieden. Aus diesem Grunde habe Bukarest sowohl die britische Garantie-Erklärung angenommen als auch mit dem Deutschen Reich ein Wirtschaftsabkommen abgeschlossen. Und beim Thema *„Wirtschaftsabkommen"* konnte dann das von Hitler so dringend benötigte Erdöl ins

Spiel gebracht und dabei der deutsche Reichskanzler etwas entgegenkommender gestimmt werden.

Genau nach dieser vorbedachten Regie verlief dann auch tatsächlich die Einleitung des Gespräches, in welchem sich dem rumänischen Gast ein überaus liebenswürdiger Hitler präsentierte. Dieser sparte nicht mit Komplimenten für die Rumänen, unter denen sich die Volksdeutschen heute ungleich wohler fühlten als unter anderen Staatsvölkern. Und was die englische Garantie betreffe, so nehme er sie zur Kenntnis und wolle keine Konsequenzen daraus ziehen, so lange Bukarest nicht zur Hilfeleistung für England verpflichtet sei, wie sich dies Warschau habe auftragen lassen. Und da Hitler wußte, daß sich Grafencu gerade mit Beck getroffen und besprochen hatte und nach seiner Berliner Visite über Brüssel weiter nach London fahren würde, nutzte er die Gelegenheit, seinen Gast zum reportierenden Zuhörer für London und Warschau zu machen, indem er zum Thema Polen bemerkte: „*Becks Fehler ist, daß er nach London* (statt nach Berlin) *gegangen ist. Ich werde nie die Veränderung begreifen, die sich in der Haltung Polens vollzogen hat. Die Änderung kann für Polen verhängnisvoll werden ... Und was die Danziger Frage betrifft, so muß sie in kürzester Frist geregelt werden — und sie wird geregelt werden, welches auch die politischen Kambinationen des Herrn Beck sein mögen ...*"

Diese Worte, die Grafencu in seinen Aufzeichnungen überliefert hat, waren folgerichtig in wenigen Tagen auch Außenminister Beck zugetragen und mußten seinen polnischen Nationalstolz tief treffen. Er, dessen politische Vorstellung von Polen in einer Großmachtstellung seines Volkes gipfelte, sollte zur Kenntnis nehmen, daß man auch ohne ihn und sein Land den für Warschau empfindlichsten Streitfall werde lösen und regeln können: das Danzig-Problem. Es konnte für Josef Beck kein Trost sein, daß der deutsche Diktator mit den Engländern kaum zimperlicher in seiner Unterhaltung mit Grafencu umging, wenn er sagte: *„Die Engländer wollen nicht begreifen. Statt sich mit uns zu verständigen, versteifen sie sich darauf, uns in den Weg zu treten und Streit mit uns zu suchen. Sie akzeptieren unsere politische Macht nicht. Sie widersetzen sich unserer wirtschaftlichen Entwicklung. Überall suchen sie Bundesgenossen gegen uns. Sie untergraben unseren Einfluß; sie nähren einen Feldzug des Hasses und bereiten einen allgemeinen Krieg vor, für den sie die Verantwortung schon jetzt auf uns abladen",* um dann noch eindringlicher zu werden und zu fragen: *„Was werfen sie uns vor? Wir wollen nichts anderes als das, was uns zusteht. Wir wollen unsere Kolonien, die wir brauchen. Wir brauchen sie für unsere Wirtschaft und für unser Gefühl von Größe und Ehre. Wir wollen, daß England, dessen Empire wir respektieren, seinerseits unsere Einflußsphäre und den Raum respektiert, der für uns lebenswichtig ist."*

Mit der Forderung nach Kolonien stand Hitler bekanntlich nicht allein. Sowohl seine Vorgänger-Regierungen hatten für Deutschland die Rückgabe der 1919 dem Reich abgesprochenen Kolonien verlangt, als auch Polen reklamierte wiederholt Kolonien für sich, um die Volkssubstanz der auswandernden Polen für das Polentum zu erhalten, wie es polnische Politiker begründeten.

Im weiteren Verlauf seines zum Monolog ausartenden Gesprächs mit Grafencu beschäftigte sich Hitler dann auch mit der Möglichkeit einer kriegerischen Auseinandersetzung mit den Briten und meinte: *„Nun gut, wenn England den Krieg will, soll es ihn haben. Aber das wird kein leichter Krieg sein, wie es sich ihn vorstellt, noch ein Krieg alter Art. England wird nicht mehr die ganze Welt auf seiner Seite haben; mindestens die Hälfte der Welt wird mit uns sein. Und es wird ein Zerstörungskrieg werden, wie keine Phantasie ihn sich ausmalen kann. Wie könnte übrigens England sich einbilden, einen modernen Krieg zu führen, da es nicht einmal fähig ist, an irgendeiner Front zwei bewaffnete Divisionen aufzustellen."*

Mit dem Hinweis auf die *„zwei Divisionen"*, welche England angeblich kaum an einer Front auf die Beine bekomme, spielte Hitler auf eine Meldung an, nach welcher die Briten bei den Verhandlungen mit den Sowjets über einen kollektiven Sicherheitspakt gegen Deutschland gestanden haben sollen, daß sie für die gemeinsame Front nicht mehr als zwei Divisionen zur Verfügung stellen könnten, was sich aber nur auf die Friedenszeit beziehen sollte. Der leichtfertigen Herunterspielung der englischen Militär- und Kampfesstärke ließ der Kanzler — nach der Überlieferung Grafencus — die Betonung der deutschen Wehrkraft folgen mit den Worten: *„Was uns betrifft, so hat uns unser Unglück zu etwas gedient: Wir werden mit anderen Waffen kämpfen als 1914. Wir werden ohne Schonung und rücksichtslos kämpfen. Noch nie waren wir so mächtig wie heute. Mit der unbesiegbaren Kraft unserer Armeen verbindet sich das Genie unserer Techniker, unserer Ingenieure und unserer Chemiker. Die Welt wird staunen über unsere Mittel und Erfindungen! Auf was rechnen sie denn, um uns standhalten zu können? Auf ihre Luftwaffe? Vielleicht wird es ihnen gelingen, einige Städte zu bombardieren, aber wie könnten sie sich mit uns messen? Unsere Luftwaffe ist die erste der Welt, und keine feindliche Stadt wird stehenbleiben!"*, um dann seinem rumänischen Gast eine nachmalig visionäre Möglichkeit zu eröffnen: *„Und wozu dieses unvorstellbare Morden? Am Ende werden wir alle, Sieger und Besiegte, unter den gleichen Trümmern liegen, und nur einem wird es nutzen, dem da von Moskau!"*

Gegen Ende seines rund zweistündigen Vortrags vor Außenminister Grafencu beschwor Hitler nochmals indirekt England mit den Worten: *„Und sich vorzustellen, daß gerade ich gezwungen bin, einen solchen Konflikt ins Auge zu fassen — ich, dem man in Deutschland vorwirft, ein unbelehrbarer Bewunderer des britischen Empire zu sein, ich, der ich so oft versucht habe, zwischen dem Reich und England eine dauerhafte Verständigung zustande zu bringen, eine Verständigung, die ich noch heute für die Vertei-*

digung der europäischen Kultur als notwendig er-
achte! Und an allem ist nur die Einsichtslosigkeit
und die hartnäckige Verblendung der Führer Groß-
britanniens schuld!"
Nach der Überlieferung des rumänischen Gewährsmannes kam es Hitler offenbar nicht in den
Sinn, daß man an der Themse Gründe für das Mißtrauen gegenüber dem Deutschen Reich und seiner
Führung haben könnte, als nach dem Münchener
Abkommen die Vereinnahmung Böhmens und Mährens durch Deutschland erfolgt und die Memelfrage
auch ohne Rückfrage bei den Signatarstaaten des
Versailler Vertrags im deutschen Sinne gelöst worden
war. Mußte doch bei den britischen Politikern die
Sorge wach werden, daß Berlin das Danzig- und das
Korridor-Problem im ähnlich handstreichartigen
Verfahren lösen und dann das Deutsche Reich voll-
ends die Vormacht auf dem europäischen Kontinent
werden könnte. Eine Vorstellung, die englische Politiker schon seit dem 18. Jahrhundert mit Besorgnis
erfüllte. Aber so weit schien der deutsche Reichskanzler nicht in die Geschichte zu schauen. Sein
Blick reichte kaum über 1914 zurück, sonst hätte ihn
der 22. Juni 1812 als Napoleons Schicksalsdatum von
einer Wiederholung abhalten müssen, auch wenn
sich der Angriff vom 22.6.1941 nach allerneuesten Erkenntnissen immer mehr der Aktion eines Präven-
tivschlags nähert.
Die Grafencu von Hitler zunächst nur verbal vor-
gestellte deutsche Militärmacht konnte der rumänische Gast dann am nächsten Tag, dem 50. Geburts-

tag des deutschen Führers, beim vierstündigen Vor-
beimarsch in Augenschein nehmen. Wäre es nach
dem offiziellen Protokoll gegangen und hätte der
Bukarester Minister nicht einen Krankheitsanfall
vorgetäuscht, wäre er in unmittelbarer Nähe Hitlers
auf einem besonderen Ehrensessel vor der Techni-
schen Hochschule plaziert worden und hätte von
dort aus die paradierenden Formationen noch etwas
genauer studieren können. So blieb das Geburtstags-
kind lediglich vom tschechischen Staatspräsidenten
Dr. Hacha und dem slowakischen Ministerpräsidenten Dr. Tiso flankiert, da keine weiteren Gäste von
Rang nach Berlin gekommen waren. England, Frankreich und die Vereinigten Staaten ließen sich nicht
einmal durch ihre Botschafter, die zur Berichterstattung nach Hause beordert worden waren, vertreten,
sondern entsandten lediglich Geschäftsträger zur
offiziellen Gratulationscour.

Das benachbarte Polen nahm immerhin in der
Person seines Botschafters Lipski an den Geburts-
tagsfeierlichkeiten teil. Für seinen Botschaftsbericht
war neben der Beschreibung der aufmarschierten
Wehrmachtseinheiten besonders die Zeremonie
interessant, die um 10.20 Uhr in der neuen Reichskanzlei begann. Da empfing Hitler den Danziger
Gauleiter Albert Forster und erhielt von ihm den
Ehrenbürgerbrief der Stadt Danzig. Die Urkunde
hatte folgenden Wortlaut: „*Adolf Hitler, dem Führer
des Deutschen Volkes, hat der Senat der Freien Stadt
Danzig in unauslöschlicher Dankbarkeit für das
Werk sittlicher und völkischer Erneuerung des Deut-*

schen *Volkes und als Zeichen inniger blutsmäßiger Verbundenheit Danzigs mit dem Deutschen Volk unter Zustimmung der Stadtbürgerschaft das Ehrenbürgerrecht verliehen.*" Wohl nicht von ungefähr ähnelte der Text dem Wortlaut der Urkunde des Ehrenbürgerbriefes der Stadt Saarbrücken, welche dem Reichskanzler am 1. Mai 1934, also auch noch Monate vor der Rückkehr des Saarlandes zum Reich, diese Aufmerksamkeit gewidmet hatte. Ein Umstand, der in Warschau notiert wurde.

Im übrigen war man an der Weichsel mit besonderen sicherheitspolitischen Fragen befaßt, die der zu Besuch weilende estländische Generalstabschef Laidoner zur Diskussion stellte. Dabei gab Polen dem Gast die Zusage, den baltischen Staaten bei ihrer Aufrüstung zu helfen, ohne freilich gleichzeitig eine Garantie aussprechen zu wollen. Andererseits machte die polnische Regierung aber genau so deutlich, daß sie einer Garantie der Sowjetunion für diese Staaten auch nicht ihre Zustimmung erteilen würde. Eine Weigerung, die deutlich machen sollte, daß Polen nicht zum ideologischen Todfeind Hitler-Deutschlands überzulaufen gedachte, sondern letzlich nur darauf bedacht war, seine staatliche Unabhängigkeit stolz und kompromißlos zu behaupten und eines Tages die sechste Großmacht Europas zu werden.

Da war die Bekanntgabe Chamberlains vom 20. April, ein eigenes Ministerium für Kriegslieferungen schaffen zu wollen, um im Bedarfsfall gleich wirksam auftreten zu können, für die polnischen Staatsführer nicht so bedeutungsvoll wie sich dies die Politiker an der Themse vorgestellt hatten. Ungleich mehr Beachtung erregte diese Maßnahme in Berlin, wo man sie als eine eigens für diesen Tag — Hitlers Geburtstag — ausgedachte Provokation empfand. Ähnlich quittierte man an der Spree die am 25. April 1939 bekannt gewordene Erhöhung der britischen Rüstungsausgaben für das Finanzjahr 1939/40 um 50 Millionen Pfund Sterling und den tags darauf von Premierminister Chamberlain im Unterhaus eingebrachten Gesetzentwurf über die Mobilisierung (*„Reserve and Auxiliary Forces Bill"*), der die Einberufung der Reservisten und der sonstigen Hilfskräfte für die Regierung entscheidend erleichtern sollte, sowie die gesetzlich geplante Einführung einer beschränkten Dienstpflicht. Diese Maßnahmen zeigten offenbar auch bei neutralen Staaten Wirkung. So beschloß die schwedische Regierung *„unter Hinweis auf die gespannte internationale Lage"* die vorzeitige Einberufung der Luftschutzartillerie- und Bereitschaftsdienst-Jahrgänge zum 15. Mai und rief auch Dänemark Tausende von Reservisten in die Kasernen.

Mitten in diese militärischen Maßnahmen und Vorbereitungen fiel am 21. April 1939 ein Interview des mittlerweile sich in Brüssel aufhaltenden rumänischen Außenministers Grafencu, in welchem der Bukarester Politiker es als Hauptaufgabe der kleinen und mittleren Staaten bezeichnete, *„gegenüber der aggressiven Einkreisung sich zur einzig denkbaren friedlichen Einkreisung zusammenzuschließen"*. In der Berliner Reichskanzlei und im Auswärtigen Amt sah man in dieser Bemerkung des rumänischen Außenamtschefs eine eindeutige Parteinahme für Deutschland und eine erste sichtbare Folge der in der Reichshauptstadt geführten Gespräche, während die Westmächte diese Bemerkung Grafencus offiziell mit Schweigen übergingen. Die Londoner Regierung hatte zudem alsbald die Gelegenheit, den Bukarester Politiker selbst zu konsultieren und tat dies auch am 24. April 1939.

Nach dem Protokoll über die Besprechung Grafencus mit dem britischen Außenminister Halifax konnte die in Brüssel gemachte Bemerkung über die „aggressive Einkreisung" schwerlich gegen England gemeint gewesen sein, gab sich doch der rumänische Besucher betont englandfreundlich und kritisch gegenüber Hitler. So soll Grafencu auf eine einschlägige Frage von Halifax gesagt haben, daß Hitler auf die Engländer wütend sei, weil diese die Haltung des polnischen Außenministers Beck negativ beeinflußten und den deutschen Diktator nicht freie Hand in Osteuropa ließen. Wörtlich hieß es im amtlichen britischen Protokoll über Grafencus Ausführungen im Londoner Foreign Office: „Herr Grafencu glaubte, es sei das beste, mit Hitler in der gleichen Weise zu reden, wie er mit anderen spreche. Es sei wichtig, Deutschland keine neuen Forderungen oder Ansprüche stellen zu lassen auf der Grundlage einer abstrakten Gerechtigkeit. Ein solcher Anspruch könne hinsichtlich der Einverleibung Danzigs vorgebracht werden. Man müsse Hitler ganz deutlich sagen, wie auch immer Hitlers Ansprüche beschaffen seien, sie könnten nicht in Betracht gezogen werden, ehe nicht Deutschland Prag verlassen werde, wo es kein Recht habe, sich aufzuhalten."

Nach dem Hinweis, daß Hitler mit seinem Einmarsch nach Prag „einen Fehler gemacht habe", weil sich dadurch „jede Nation in der Welt gezwungen gesehen habe, sich selbst bedroht zu fühlen", wurde Grafencu nach seinen Erwartungen bezüglich der angekündigten Hitler-Rede vor dem Reichstag gefragt. Er hat laut britischem Protokoll darauf geantwortet: „Es gebe kaum Zweifel, daß Hitler in seiner Rede mit neuen Argumenten vorwärts kommen werde, die auf der Grundlage seiner Vorstellung von Gerechtigkeit beruhten. Danzig, so werde er sagen, sei deutsch: der Korridor, so werde er sagen, zerschneide das deutsche Volk in zwei Hälften; und gleicherweise seien die geforderten Kolonien deutsche Kolonien. In allem, was er sage, sei auf jeden Fall der Anschein des Rechts enthalten."

Außenminister Halifax hielt es für schwierig, mit Hitler einen Kompromiß zu finden, da solche Menschen wie der deutsche Kanzler letztlich zu einem solchen Übereinkommen gar nicht fähig seien. Und was das Danzig- und Korridorproblem angehe, so habe ihm, Halifax, der polnische Außenminister Beck gesagt, daß Polen keine aufgezwungene Lösung oder ein fait accompli annehmen würde, sondern darauf vorbereitet sei, mit dem Reich zu einer Vereinbarung zu kommen, „mit deren Hilfe die Danziger Bevölkerung sich aller Rechte der Selbstregierung innerhalb eines internationalen Rahmens erfreuen

könne". Außenminister Beck, so der Eindruck seines
britischen Amtskollegen, wünsche Danzigs internationalen Status erhalten zu sehen und sei nicht bereit, die Freistadt an das Deutsche Reich angliedern
zu lassen. Und was die Verkehrsverbindung zwischen
Pommern und Ostpreußen angehe, so sei *„jegliche
Konzession hinsichtlich der Durchgangserleichte-
rungen"* denkbar, aber nicht eine exterritoriale Auto-
oder Eisenbahn.

Lord Halifax meinte, daß dieses Zugeständnis Hitler nicht genügen dürfte. Grafencu teilte Halifax mit,
daß ihm der polnische Außenminister versichert
habe, über bestimmte Grenzen in den Verhandlungen mit Deutschland nicht hinausgehen zu können.
So würde es auf keinen Fall eine — wie auch immer
geartete — polnische Zustimmung zur Rückgliederung Danzigs an das Reich geben; und sollte die
deutsche Wehrmacht die Freistadt besetzen, so
würde dies Krieg mit Polen bedeuten. Wörtlich hieß
es dann weiter im britischen Gesprächsprotokoll:
*„Nach dem, was ihm (Grafencu) in Berlin berichtet
worden war, erscheine es ihm, daß die deutschen Ansprüche weit über Herrn Becks Grenzen hinausgin-
gen. In Berlin sei daher die Situation gefährlich. Der
italienische Botschafter habe ihm geraten, seinen
Einfluß bei Herrn Beck zu nutzen und ihn zu überzeugen, daß die Deutschen tatsächlich ernst machten. Er habe dies dem polnischen Botschafter berichtet und ihm geraten, das Herrn Beck zu übermitteln.
Herr Beck und Marschall Smigly-Rydz seien, so
fürchte er, in dieser Hinsicht weniger unversöhn-*

lich." Und zum Schluß soll der rumänische Außenminister noch geraten haben, *„Deutschlands moralische Position zu zerstören, indem man äußere, daß
man nichts zur Diskussion stellen könne, ehe es
nicht Prag verlasse. Wenn Deutschland irgendwelche Konzessionen gemacht werden sollten, müsse es
eine Gegenleistung erbringen."*

Wie zur Bekräftigung der von Außenminister Grafencu in den westlichen Hauptstädten vorgebrachten
Darlegungen, erließ der polnische Außenminister
Beck am 20. April 1939 eine Weisung an die polnischen Botschaften und Gesandtschaften, in welcher
es hieß:

*„Bezugnehmend auf die in letzter Zeit verbreiteten
Gerüchte bringe ich Ihnen zur Kenntnis, daß die
Haltung der Polnischen Regierung in bezug auf
Danzig die folgende ist:*

*a) Die Polnische Regierung hält ihre Einstellung
aufrecht, welche darin besteht, der deutschen Bevölkerung der Freien Stadt Danzig völlige Freiheit in
der Entwicklung ihrer Innenpolitik zu belassen.*

*b) Die Polnische Regierung kann auf ihre wesent-
lichen Rechte nicht verzichten und wird ihre Einwilli-
gung dazu nicht geben, daß die Ausübung dieser
Rechte durch einen dritten Staat kontrolliert wird.*

*c) Die Polnische Regierung wird keiner einseitigen
Entscheidung bezüglich Danzigs zustimmen.*

*Die Reichsregierung kennt diese Haltung, die je-
den Augenblick Gegenstand von Verhandlungen bilden kann, bezüglich deren wir jedoch deutscherseits
keine rasche Bereitschaft feststellen können."*

Die von Außenminister Beck erwähnten Gerüchte hatten sich besonders durch die Verleihung der Ehrenbürgerschaft Danzigs an Hitler verstärkt und dürften dem Warschauer Außenamtschef den letzten Anstoß zu dieser Weisung gegeben haben.

Während die polnischen Missionschefs diese Stellungnahme ihren Gastregierungen zur Kenntnis brachten, empfing Außenminister Beck am 24. April 1939 eine französische Regierungsdelegation zu vertraulichen Gesprächen, über welche beide Seiten striktes Stillschweigen wahrten. Lediglich der äußere Anlaß für den französischen Besuch und ein formelhaftes Kommuniqué wurde der Öffentlichkeit mitgeteilt. Danach weilte der französische Minister für öffentliche Arbeiten, de Monzie, anläßlich der Eröffnung der mit französischer Hilfe erbauten Eisenbahnlinie Herby (Oberschlesien)-Gdingen in Warschau und betonte in einer Presseverlautbarung *„die Innigkeit der polnisch-französischen Zusammenarbeit".* Lediglich der Passus: *„Frankreich stehe sowohl im Frieden als auch in Notzeiten an der Seite Polens, wobei die Gefühle der beiden Völker entscheidend seien, die mehr besagen als der tote Buchstabe von Verträgen"* konnte dem geschulten Ohr eine entsprechende Interpretation andeuten.

Am 25. April 1939 kehrten die Botschafter Englands und Frankreichs, die aus Protest gegen die deutsche Besetzung Böhmens und Mährens *„zur Berichterstattung"* nach Hause gerufen worden waren, nach Berlin zurück; offenbar auch, um Hitlers angekündigte Reichstagsrede im Original mit anzuhören.

Der britische Botschafter Henderson hatte zusätzlich noch den Auftrag, der deutschen Reichsregierung ein *Aide-Memoire* seiner Regierung über die Einführung der allgemeinen Wehrpflicht in England zu übergeben. Zu diesem Zweck suchte er um eine Audienz im Auswärtigen Amt nach, wurde aber von Außenminister von Ribbentrop nicht persönlich empfangen, sondern an dessen Stellvertreter, Staatssekretär von Weizsäcker, verwiesen, der den britischen Missionschef dann am 26. April empfing.

Die Weigerung des AA-Chefs, den britischen Botschafter zu sehen, hatte weniger mit Arbeitsüberlastung als mit Verärgerung über die jüngste englische Politik zu tun. Im Auswärtigen Amt wie in der Reichskanzlei war man zudem über die Erklärung Chamberlains im britischen Unterhaus verärgert, nach welcher die Rückkehr des englischen Botschafters nach Berlin „*in keiner Weise eine Zustimmung zur Schaffung des ‚Reichsprotektorates Böhmen und Mähren'* " bedeute, womit nach Meinung der deutschen Führer nochmals das Vorgehen gegen Prag in unangenehme Erinnerung gebracht werden sollte.

Entsprechend befriedigt über diese Erklärung des Premierministers zeigte sich dagegen der rumänische Außenminister Grafencu, der bekanntlich ein entschiedener Gegner des deutschen Einmarsches war. Diese Übereinstimmung zwischen Bukarest und London betonte im übrigen auch das amtliche Kommuniqué, das am 26. April veröffentlicht wurde und von einem Besuch „*in beiderseitiger größter*

Offenheit und Herzlichkeit" sprach. Die angesehene und für gewöhnlich sehr gut unterrichtete Londoner „*Times"* merkte dagegen in einem Kommentar vom gleichen Tage an, daß die rumänische Regierung *„nicht nur jeder Art von ideologischer Blockbildung widerstrebe, sondern auch ein Anwachsen der antirussischen Gefühle im rumänischen Volk befürchte, falls ein Pakt mit der Sowjetunion geschlossen werden würde".* Eine Deutung der rumänischen Politik, die sich auch auf die Absprache Grafencus mit Josef Beck vom 18. April stützen konnte und die höchstwahrscheinlich ins Schwarze traf.

Das bedeutete für die britische Regierung weiteren Widerstand gegen die von ihr angestrebte Anti-Aggressionsfront gegen Deutschland, was zugleich auch ein schwerer Schlag gegen die Bestrebungen US-Präsident Roosevelts war, die beiden ideologischen Regime in Europa, NS-Deutschland und das faschistische Italien, unter politische *„Quarantäne"* zu stellen. Polen und Rumänien verfolgten den Gedanken eines *„dritten Europa"* zwischen den Blöcken und suchten noch weitere Staaten für diese *„Blockfreiheit"* zu gewinnen. Das konnte auch der estländische Generalstabschef Laidoner bei seinen Gesprächen mit Außenminister Beck und Marschall Smigly-Rydz am 25. April in Warschau feststellen, als die polnischen Gesprächspartner von *„vielen gemeinsamen Interessen"* redeten und ihre staatliche Unabhängigkeit immer wieder unterstrichen.

Mitten in diesem vielfältigen europäischen Interessengeflecht versteiften sich immer mehr die englisch-deutschen Beziehungen. Die protokollarisch ungewöhnliche Weigerung des Reichsaußenministers, den britischen Botschafter zu einer Aussprache zu empfangen, war nur ein äußeres Zeichen für dieses sich immer mehr abkühlende Verhältnis.

Das am 26. April der Reichsregierung zur Kenntnis gebrachte *Aide-Memoire* über die Einführung der allgemeinen Wehrpflicht in England trug das seinige dazu bei, die in Berlin angestauten Antipathien gegenüber London noch zu vermehren. Es hatte zwar die Form einer aufmerksamen Vorwegmitteilung und gab sich auch in den Formulierungen sehr moderat, beinhaltete aber auch den unmißverständlichen Satz: *„Bei der Darlegung der Gründe für die Einbringung dieser Vorlage wird die Erklärung im Namen der Regierung Seiner Majestät sich selbstverständlich auf die neuen Verpflichtungen beziehen, die Großbritannien vor kurzem in Europa eingegangen ist"*, womit unmißverständlich auf die in Berlin so hart kritisierte Polen-Garantie angespielt wurde.

Die reichsdeutsche Antwort auf dieses *Aide-Memoire* ließ daher nicht lange auf sich warten. Bereits einen Tag nach Entgegennahme der britischen Mitteilung reagierte die Reichsregierung am 27. April mit einem Memorandum, in welchem der britischen Regierung Abkehr und Verletzung des deutsch-britischen Abkommens vom 18. Juni 1935 vorgeworfen wurde, und in dem es dann wörtlich hieß: *„Wie die von ihr (der britischen Regierung) in den letzten Wochen bekanntgegebenen politischen Ent-*

schließungen und ebenso die von ihr veranlaßte deutschfeindliche Haltung der englischen Presse deutlich zeigen, ist für sie jetzt die Auffassung maßgebend, daß England, gleichviel in welchem Teil Europas Deutschland in kriegerische Konflikte verwickelt werden könnte, stets gegen Deutschland Stellung nehmen müsse, und zwar auch dann, wenn englische Interessen durch einen solchen Konflikt überhaupt nicht berührt werden. Die Königlich Britische Regierung sieht mithin einen Krieg Englands gegen Deutschland nicht mehr als eine Unmöglichkeit, sondern im Gegenteil als ein Hauptproblem der englischen Außenpolitik an." Nach dieser subjektiven Deutung der Londoner Haltung und Politik stellte dann die Reichsregierung in ihrem Memorandum kategorisch fest: „Mit dieser Einkreisungspolitik hat die Königlich Britische Regierung einseitig dem Flottenabkommen vom 18. Juni 1935 die Grundlage entzogen und das durch dieses Abkommen sowie die zu seiner Ergänzung vereinbarte ,Erklärung' vom 17. Juli 1937 außer Kraft gesetzt." Die abschließend erklärte Bereitschaft, mit der englischen Regierung „über die hier in Betracht kommenden Probleme" in Verhandlungen einzutreten, nahm dem deutschen Memorandum nur wenig von seinem Kündigungscharakter. So sah es zumindest auch Winston Churchill, der in der Unterhausdebatte über die Einführung der allgemeinen Wehrpflicht in England die Regierungsvorlage vehement gegen die Labour-Opposition verteidigte und wesentlich zu ihrer Verabschiedung beitrug.

Der offene Bruch — mit Vorbehalt

Die öffentliche deutsche Antwort auf die britischen Aktivitäten in den vergangenen Wochen erteilte dann Hitler selbst in seiner angekündigten Reichstagsrede am 28. April. Darin führte er über das deutsch-englische Verhältnis und den deutschen Anspruch auf Kolonien folgendes aus: *„Ich habe während meiner ganzen politischen Tätigkeit immer den Gedanken der Herstellung einer engen deutsch-englischen Freundschaft und Zusammenarbeit vertreten . . . Ich habe niemals einen Zweifel darüber gelassen, daß ich im Bestande dieses (Britischen Welt-) Reiches einen unschätzbaren Wertfaktor für die ganze menschliche Kultur und Wirtschaft sehe . . . Das angelsächsische Volk hat nun ohne Zweifel eine unermeßliche kolonisatorische Arbeit auf dieser Welt vollbracht. Dieser Arbeit gehört meine aufrichtige Bewunderung. Der Gedanke an eine Zerstörung dieser Arbeit erschiene und erscheint mir von einem höheren menschlichen Standpunkt aus nur ein Ausfluß menschlichen Herostratentums. Allein dieser mein aufrichtiger Respekt vor dieser Leistung bedeutet nicht einen Verzicht auf die Sicherung des Lebens meines eigenen Volkes. Ich halte es für unmöglich, eine dauernde Freundschaft zwischen dem deutschen und dem angelsächsischen Volk herzustellen, wenn nicht auch auf der anderen Seite die Erkenntnis vorhanden ist, daß es nicht nur britische, sondern auch deutsche Interessen gibt, daß nicht nur die Erhaltung*

des britischen Weltreichs für die britischen Männer
Lebensinhalt und Lebenszweck ist, sondern für die
deutschen Männer die Freiheit und Erhaltung des
Deutschen Reiches. Eine wirklich dauernde Freund-
schaft zwischen diesen beiden Nationen ist nur
denkbar unter der Voraussetzung der gegenseitigen
Respektierung."
Nach diesen grundsätzlichen Ausführungen über
das deutsch-englische Verhältnis kam der Kanzler
dann auf seine wiederholt erhobene Forderung nach
Rückgabe der deutschen Kolonien zu sprechen und
nannte sie, *„die einzige Forderung"*, die er stellte
„und immer stellen werde", die er aber nicht zu
einem Grund für eine kriegerische Auseinandersetzung mit den Briten machen würde. Schließlich leitete er seine Hauptaussage über den deutsch-
britischen Flottenvertrag von 1935 mit den Sätzen
ein: *„Ich habe aber, davon abgesehen, nie eine For-*
derung gestellt, die irgendwie britische Interessen be-
rührt haben würde oder die dem Weltreich hätte ge-
fährlich werden können und mithin für England
irgendeinen Schaden bedeutet haben könnte. Ich
habe mich immer nur im Rahmen jener Forderungen
bewegt, die auf das engste mit dem deutschen Lebens-
raum und damit dem ewigen Besitz der deutschen
Nation zusammenhängen. Wenn nun England heute
in der Publizistik und offiziell die Auffassung ver-
tritt, daß man gegen Deutschland unter allen
Umständen auftreten müßte und dies durch die uns
bekannte Politik der Einkreisung bestätigt, dann ist
damit die Voraussetzung für den Flottenvertrag be-

seitigt. *Ich habe mich daher entschlossen, dies der britischen Regierung mit dem heutigen Tage mitzuteilen. Es handelt sich dabei für uns nicht um eine materielle Angelegenheit — denn ich hoffe noch immer, daß wir ein Wettrüsten mit England vermeiden können — sondern um einen Akt der Selbstachtung. Sollte die britische Regierung aber Wert darauf legen, mit Deutschland über dieses Problem noch einmal in Verhandlungen einzutreten, dann würde sich niemand glücklicher schätzen als ich, um vielleicht doch noch zu einer klaren und eindeutigen Verständigung kommen zu können. Im übrigen kenne ich mein Volk — und ich baue darauf. Wir wollen nichts, was uns nicht einst gehört hat; kein Staat wird von uns in seinem Eigentum jemals beraubt werden; allein jeder, der Deutschland glaubt angreifen zu können, wird eine Macht und einen Widerstand vorfinden, gegenüber denen die des Jahres 1914 unbedeutend waren."*

Mit diesen Sätzen schien das Tischtuch zwischen Deutschland und England zerschnitten und damit der Weg fast zwangsläufig auf eine kriegerische Auseinandersetzung hin programmiert. Die mehr beiläufig erwähnte Möglichkeit erneuter Verhandlungen zwischen Berlin und London schien mehr politisch-moralischen Alibi-Charakter gehabt zu haben als tatsächlich Zukunftserwartung gewesen zu sein. Leicht war dem Reichskanzler diese offenkundige Abkehr vom „germanischen Volksverwandten", der den kontinentalen „Bruder-Germanen" offensichtlich nicht gelten und annehmen wollte, nicht gefallen. Die Mischung von Bitterkeit und Drohgebärde offenbart diese innere Enttäuschung. Der Mann in der Berliner Reichskanzlei fühlte sich offenbar wie ein armer Verwandter vom mächtigen Onkel zurückgestoßen und in seiner wohl aufrichtigen Bewunderung für das Britische Weltreich nicht ernst genommen und honoriert. Er glaubte zu spüren bekommen zu haben, daß er nicht in die Welt der Großen passe und daher draußen zu bleiben habe. Er empfand sich bevormundet in seinen Handlungen und Absichten in Osteuropa und damit auch in seinem Prestige als kontinentale Großmacht beeinträchtigt. Er mochte nicht einsehen, daß England ihm in einer Region Vorschriften machen wollte, in welcher es keine englischen Belange zu vertreten gebe. Und daß Deutschland mit einer weiter wachsenden Einflußzone in Osteuropa das Gleichgewicht der Mächte auf dem Kontinent stören und damit Großbritanniens Weltstellung in Frage stellen könnte, kam ihm nicht in den Sinn, da er das Empire ehrlich respektierte.

Unter diesem Blickwinkel betrachtete Hitler letztlich auch das neu entstandene deutsch-polnische Problem. Als gebürtiger Österreicher hegte er keine bedeutsamen Vorbehalte gegenüber den Polen, hatte doch die alte K. u. K-Monarchie, deren Bürger der deutsche Reichskanzler immerhin über zwanzig Jahre gewesen ist, zum Volk der Polen kein sonderlich gespanntes Verhältnis. Und wenn es Hitler dann in seiner Regierungszeit mit polnischen Persönlichkeiten wie Marschall Pilsudski und Oberst Beck zu tun hatte, erschienen ihm die Polen in der Gestalt dieser Männer als die „*Preußen Osteuropas*", denen man sich als „*Germane*" durchaus nähern durfte. Diese konzipierte deutsch-polnische Partnerschaft schien nun durch die Kuratel-Politik Londons verhindert. Ein weiterer Grund für den Mann in der Reichskanzlei, erbittert zu sein. Dies klang dann auch in der Redepassage durch, die sich dem deutsch-polnischen Verhältnis widmete. Darin rief der Reichskanzler zunächst wieder in Erinnerung, daß der Friedensvertrag von Versailles „*hier dem deutschen Volk die schwerste Wunde zugefügt*" habe und behauptete, daß durch die „*eigenartige Festlegung des polnischen Korridors zum Meer eine Verständigung zwischen Deutschland und Polen verhindert werden sollte*". Trotzdem habe er unentwegt die Meinung vertreten, daß man die Notwendigkeit eines freien Zuganges zum Meer nicht übersehen dürfe und daß sich benachbarte Völker sich nicht künstlich verbittern sollten. In dieser Erkenntnis sei der verstorbene Marschall Pilsudski auch bereit gewesen, „*die Frage einer Entgiftung des deutschpolnischen Verhältnisses zu überprüfen*" und das Abkommen vom Januar 1934 abzuschließen. Dabei sei freilich das Danzig-Problem ungelöst geblieben und würde auch aktuell die deutsch-polnischen Beziehungen belasten, da die Polen die vom Reichskanzler unterbreiteten Lösungsvorschläge samt und sonders abgelehnt hätten. Aus dieser ablehnenden Haltung Warschaus ziehe Deutschland nun seine Konsequenzen, und diese leitete Hitler mit den Worten ein: „*Ich habe nun der polnischen Regierung,* nachdem das Problem Danzig schon vor Monaten einige Male besprochen worden war, ein konkretes Angebot unterbreiten lassen ... Ich habe die Notwendigkeit eines Zuganges dieses Staates zum Meer stets eingesehen und damit auch in Rechnung gestellt ... Ich hielt es aber auch für notwendig, der Warschauer Regierung klarzumachen, daß so, wie sie einen Zugang zum Meer wünscht, Deutschland einen Zugang braucht zu seiner Provinz im Osten. Es sind dies nun einmal schwierige Probleme. Dafür ist nicht Deutschland verantwortlich, sondern jene Zauberkünstler von Versailles, die in ihrer Bosheit oder Gedankenlosigkeit in Europa hundert Pulverfässer herumstellten, von denen jedes einzelne außerdem noch mit kaum auslöschbaren Lunten versehen worden war ..."

Nach diesen Seitenhieben auf die Friedensmacher von Versailles und der Beteuerung, daß es bei der Korridorfrage nicht um militärische Probleme, sondern um psychologische und wirtschaftliche Gesichtspunkte ginge, faßte der Kanzler seine Lösungsvorschläge nochmals in die Punkte zusammen: „1. Danzig kehrt als Freistaat in den Rahmen des Deutschen Reiches zurück. 2. Deutschland erhält durch den Korridor eine Straße und eine Eisenbahnlinie zur eigenen Verfügung mit dem gleichen exterritorialen Charakter für Deutschland, als der Korridor ihn für Polen besitzt. Dafür ist Deutschland bereit: I. Sämtliche wirtschaftlichen Rechte Polens in Danzig anzuerkennen. II. Polen in Danzig einen Freihafen beliebiger Größe und bei vollständig freiem Zugang

144

sicherzustellen. III. Damit die Grenzen zwischen Deutschland und Polen endgültig als gegeben hinzunehmen und zu akzeptieren. IV. Einen 25jährigen Nichtangriffspakt mit Polen abzuschließen, also einen Pakt, der weit über mein eigenes Leben hinausreichen würde, und V. die Unabhängigkeit des Slowakischen Staates durch Deutschland, Polen und Ungarn gemeinsam sicherzustellen, was den praktischen Verzicht auf jede einseitige deutsche Vormachtstellung in diesem Gebiet bedeutet."

Nach Meinung Hitlers wäre Polen bei Annahme dieser Punkte der allein nehmende Teil und Deutschland der gebende Partner gewesen, hätte Warschau also nur Vorteile aus diesem deutschen Lösungsvorschlag gezogen. Um so verwunderter bzw. verärgerter gab sich der deutsche Führer bei der Ablehnung seiner Angebote durch die Warschauer Regierung und qualifizierte das mit Großbritannien abgeschlossene Beistandsbündnis als einen Bruch der deutschpolnischen Erklärung vom Januar 1934, da Polen jetzt verpflichtet sei, notfalls zugunsten Englands gegen Deutschland Partei bzw. die Waffen zu ergreifen. Dazu Hitler wörtlich: „Diese Verpflichtung widerspricht der Abmachung, die ich seinerzeit mit dem Marschall Pilsudski getroffen habe. Denn in dieser Abmachung ist ausschließlich Bezug genommen auf bereits, also damals bestehende Verpflichtungen, und zwar auf die uns bekannten Verpflichtungen Polens Frankreich gegenüber. Diese Verpflichtung nachträglich zu erweitern, steht im Widerspruch zur deutsch-polnischen Nichtangriffserklärung. Ich hätte

*unter diesen Umständen damals diesen Pakt nicht
abgeschlossen, denn was haben Nichtangriffspakte
überhaupt für einen Sinn, wenn sich der eine Partner
praktisch eine Unmenge von Ausnahmefällen offen-
läßt . . . Ich sehe deshalb damit das von mir und dem
Marschall Pilsudski seinerzeit geschlossene Abkommen als durch Polen einseitig verletzt und damit als
nicht mehr bestehend!"*

Mit diesen Feststellungen war zwar die Vereinbarung von 1934 aufgekündigt, doch wollte Hitler damit nicht die Tür schon ganz und endgültig ins Schloß
fallen lassen, sondern hielt sie noch einen Spalt auf,
indem er seine Bereitschaft bekundete, neue vertragliche Regelungen mit Warschau zu vereinbaren.
Gleichzeitig beteuerte er, seine positive Einstellung
gegenüber dem polnischen Nachbarn grundsätzlich
beibehalten zu haben. Der deutsche Führer wollte
nicht als der verantwortliche Störenfried zwischen
Deutschland und Polen dastehen, sondern als
gutwilliger Nachbar und Partner der Polen erscheinen. Aus diesem Grunde wies er auch eigens auf die
polnischen Mobilisierungsmaßnahmen während
der letzten Tage und Wochen hin und unterstrich die
deutsche Friedensliebe, welche auf die Einberufung
von zusätzlichen Wehrpflichtigen bewußt verzichten
ließ. Hitler verglich dieses polnische Vorgehen mit
der Haltung der Tschechen im September 1938 und
sprach durch diesen Vergleich eine indirekte Drohung an die Adresse Warschaus aus; offensichtlich,
um die polnische Staatsführung zu beeindrucken
und zu einer Revision ihrer Politik zu veranlassen.

Im zweiten Teil seiner Reichstagsrede beschäftigte er sich mit der Botschaft Roosevelts und beantwortete in geschickter Form und gelungener Ironie die Fragen des amerikanischen Präsidenten in Gestalt von 21 Punkten. Darin zählte er die jüngsten militärischen Aktionen und Übergriffe der Westmächte und der Sowjetunion auf, schilderte in plastischen Worten die entwürdigende Behandlung Deutschlands auf der Versailler Friedenskonferenz und überführte den US-Staatschef peinlicher Irrtümer beim Aufzählen der angeblich von Deutschland bedrohten Länder. So verspottete er Roosevelt im 18. Punkt seiner Antwort mit den Worten: *„Ich muß aber nun auch Herrn Roosevelt außerdem noch auf einige historische Irrtümer aufmerksam machen. Er erwähnt zum Beispiel auch Irland und bittet um Erklärung, daß Deutschland Irland nicht angreife. Ich habe nun soeben eine Rede des irischen Ministerpräsidenten De Valera gelesen, in der dieser nun eigentümlicherweise im Gegensatz zur Meinung Herrn Roosevelts nicht Deutschland beschuldigt, Irland zu unterdrücken, sondern England vorwirft, daß Irland unter der fortwährenden Aggression dieses Staates zu leiden habe. Bei aller Einsicht Roosevelts in die Nöte und Sorgen anderer Staaten, ist immerhin trotzdem anzunehmen, daß der irische Präsident die Gefahren, die sein Land bedrohen, doch wohl noch besser kennen wird als der Präsident der amerikanischen Union."*

Und da Roosevelt in seiner Botschaft vom 14. April auch in Berlin anfragte, ob der braune Führer bereit wäre zuzusichern, daß deutsche Truppen „weder das Gebiet noch die Besitzungen" von „Palästina" angreifen werden, replizierte Hitler bissig: „Ebenfalls ist Herrn Roosevelt ersichtlich die Tatsache entgangen, daß Palästina zur Zeit gar nicht von deutschen Truppen, sondern von Engländern besetzt ist und mit brutalsten Gewaltmitteln in seiner Freiheit beschränkt und um seine Unabhängigkeit gebracht wird und zugunsten jüdischer Eindringlinge die grausamsten Mißhandlungen erduldet. Die in diesem Lande lebenden Araber dürften sich gegenüber Roosevelt daher sicher nicht über eine deutsche Aggression beschwert haben, aber sie beklagen sich in andauernden Appellen an die Weltöffentlichkeit über die barbarischen Methoden, mit denen England dort ein seine Freiheit liebendes und nur seine Freiheit verteidigendes Volk niederzuzwingen versucht."

Die Gelegenheit, in seiner Antwort Roosevelt sowohl lächerlich als auch unglaubwürdig zu machen und dabei auch den Engländern eins auszuwischen, mochte sich der NS-Führer nicht entgehen lassen und hielt dem US-Staatschef vor: „Auch dies wäre vielleicht ein Problem, das man nach der Auffassung des Herrn Roosevelt am Konferenztisch würde lösen müssen, vor einem gerechten Richter also und nicht durch brachiale Gewalt, durch militärische Mittel, durch Massenerschießungen, durch das Niederbrennen von Dörfern, Sprengungen von Häuser usw., denn eines steht doch unzweifelhaft fest, daß England in diesem Falle nicht in Abwehr eines drohenden arabischen Angriffes auf England handelt, sondern als von niemand gerufener *Eindringling in einem England nicht gehörenden fremden Gebiet seine Gewalt aufrichten will."* Auch Roosevelts Mahnung, *„die Völker der Erde schrittweise von der erdrückenden Last der Rüstungen"* zu befreien, verstand Hitler geschickt aufzunehmen und die von Deutschland während der Weimarer Republik durchgeführte Abrüstung vor der Weltöffentlichkeit wirksam mit den Worten darzustellen: *„Herr Roosevelt weiß vielleicht nicht, daß dieses Problem* (der Abrüstung) *soweit es Deutschland betrifft, schon einmal vollständig gelöst war. Das Deutsche Reich hat, und die alliierten Kommissionen bestätigen dies ausdrücklich, schon in den Jahren 1919 bis 1923 restlos abgerüstet";* und dann führt der Reichskanzler im einzelnen die Typen und Stückzahl an die während der angegebenen Jahre zerstört oder unbrauchbar bzw. abgewrackt worden sind, darunter: 59 000 Geschütze, 130 000 Maschinengewehre, 31 000 Minenwerfer und Rohre, 6 007 000 Gewehre und Karabiner, 491 000 000 Schuß Handwaffenmunition . . ., 15 714 Jagd- und Bombenflugzeuge, 27 757 Flugzeugmotoren, 26 Großkampfschiffe, 4 Küstenkreuzer, 4 Panzerkreuzer, 19 kleine Kreuzer, 21 Schul- und Spezialschiffe, 83 Torpedoboote, 315 U-Boote usw. Zweifellos machte diese Aufzählung Eindruck auf die zuhörenden ausländischen Diplomaten, die sich in großer Zahl im Reichstag eingefunden hatten, um die mit Spannung erwartete Antwortrede Hitlers persönlich zu erleben. Die den deutschen Diktator am tiefsten treffende Bemerkung Roosevelts, nämlich, daß es keinen Krieg zu geben braucht, wenn Deutschland und Hitler keinen Krieg wollten, hat dieser dagegen auffallend schwach beantwortet, indem er lediglich darauf hinwies, *„die tausend- jährige historische Einheit des deutschen Lebens- raumes wiederhergestellt"* und dies ohne Blutver- gießen getan zu haben. Offenbar ist ihm nicht ganz bewußt geworden, daß mit dieser Feststellung Roose- velts auch schon eine gewisse Schuldzuweisung für die nachfolgenden Ereignisse erfolgt war.

In inhaltlicher Anlehnung an die Ausführungen Hitlers vor dem Reichstag wurde der polnischen Re- gierung in einem offiziellen Memorandum vom glei- chen Tage bzw. vom 27. April 1939 die Außerkraftset- zung der deutsch-polnischen Erklärung vom Januar 1934 zur Kenntnis gebracht, aber gleichzeitig darin auch die Bereitschaft der Reichsregierung betont, über eine Neuregelung mit Warschau in Verhand- lungen einzutreten, falls dies an der Weichsel ge- wünscht würde. Wörtlich hieß es in der deutschen Denkschrift darüber: *„Trotz dieser notwendig gewor- denen Feststellung* (der Kündigung der deutsch- polnischen Erklärung vom 26. Januar 1934) *be- absichtigt die deutsche Regierung nicht, ihre grund- sätzliche Einstellung zu der Frage der künftigen Ge- staltung der deutsch-polnischen Beziehungen zu ändern. Sollte die polnische Regierung Wert darauf legen, daß es zu einer neuen vertraglichen Regelung dieser Beziehungen kommt, so ist die deutsche Regie- rung dazu bereit und stellt dafür nur die eine Voraus- setzung auf, daß eine derartige Regelung auf einer*

150

klaren, beide Teile bindenden Verpflichtung beruhen
müßte."

In einer Presseanweisung des Reichspropagandaministeriums vom 3. Mai 1939 wurde unterstrichen,
„daß in der deutsch-polnischen Diskussion die Frage
Danzig keine Rolle spielt"; vielmehr sollte darauf
hingewiesen werden, daß das „deutsch-polnische Abkommen einzig und allein wegen der englisch-polnischen Erklärung außer Kraft getreten ist", da diese
dem deutsch-polnischen Vertrag widerspreche „und
ihm die Grundlage entzogen hat". Dann hieß es wörtlich: „Den polnischen Pressestimmen soll auch in
Zukunft Aufmerksamkeit geschenkt werden, auf ihre
Aufmachung soll man aber jetzt verzichten. In ruhi-
gen, betrachtenden Artikeln können die grundlegenden Probleme erörtert werden, z. B. die Möglichkeit
des Zusammenlebens von zwei Völkern in dem Raum,
der zur Verfügung steht."

Stimmen und Ereignisse am Rande

Diese geschickt-moderate Empfehlung, wie auch
die Reichstagsrede Hitlers selbst, verfehlten
ihre Wirkung nicht. Das bezeugt neben anderen
Stimmen auch ein Schreiben des britischen Botschafters in Berlin, Neville Henderson, an Außenminister
Halifax vom 4. Mai. Darin nannte der englische Missionschef „die deutsche Sache . . . weit davon entfernt,
ungerechtfertigt oder unmoralisch zu sein" und schrieb

dann wörtlich seinem Chef in London: „*Wenn ein unparteiischer Marsbewohner als Schiedsrichter amtieren müßte, so kann ich nicht glauben, daß er ein anderes Urteil fällen würde als eines, das mehr oder weniger in Übereinstimmung mit dem Angebot Hitlers ist*", um die Überlegung daran zu knüpfen, ob Hitler vielleicht mit einer Ablehnung seiner Offerte rechnet, um dann gerechtfertigt vorgehen bzw. losschlagen zu können. Henderson erinnerte seinen Minister daran, daß es schon immer seine, Hendersons, These gewesen sei, daß Deutschland solange nicht zur Normalität zurückkehren könne, solange seine, Deutschlands, Forderungen nicht erfüllt seien; und zu Deutschlands „*legitimen Forderungen*" zählte der britische Botschafter auch die Danzig-Korridor-Frage. Wörtlich notierte er dann weiter: „*Eine der unpopulärsten Handlungen Hitlers war sein 1934-Vertrag mit Pilsudski. Heute stehen die gemäßigsten Deutschen, die gegen einen Weltkrieg sind, hinter seinem Angebot an Polen. Nur die Radikalen (die mehr wollen, d. h. den ganzen Korridor und Posen und Schlesien usw.) werden sich freuen, wenn die Polen kompromißlos sind. Die Polen spielen derart nur das Spiel der Radikalen in Deutschland ... Es kann sehr wohl sein, daß es Hitler lieber ist, daß sein Angebot abgelehnt werde. Ich habe in der Tat solches aus mehreren Quellen gehört. Wenn das stimmt, dann bestärkt mich das nur in meinem persönlichen Glauben, daß die Polen genau so wie Schuschnigg und Benesch sich darauf versteifen, Hitlers Spiel zu spielen.*"

Das vom Reichskanzler in seiner Rede unterbreitete Angebot an Polen betrachtete nicht nur Henderson als *„ein überraschend günstiges"*, sondern auch andere Missionschefs in Berlin wie der belgische Botschafter, der holländische Gesandte, der südafrikanische Botschafter und selbst der US-amerikanische Geschäftsträger, der sich den Hohn Hitlers über Präsident Roosevelt hatte anhören müssen. Henderson folgerte aus diesen Bewertungen seiner Kollegen: *„Ich frage mich daher, ob wir gut beraten sind, zum Kampf gegen Deutschland auf Grund einer Frage anzutreten, bei der die Welt nicht über die Immoralität der deutschen Forderungen einig ist? Wird in dieser Frage auch nur unser Empire einig sein?"*, um sich dann sehr kritisch über die Polen und ihren Außenminister Beck zu äußern: *„... und es graut mir noch mehr bei dem Gedanken, daß unser Schicksal in den Händen der Polen liegt. Sie sind ohne Zweifel heroisch, aber auch Narren, und fragen Sie jemand, der sie kennt, ob man ihnen trauen kann. Beck hat nicht einmal in London ein faires Spiel in bezug auf das deutsche Angebot gespielt. Ribbentrop fragte mich gestern, ob Beck die Regierung Seiner Majestät in London über das deutsche Angebot informiert habe. Ich war gezwungen, zu antworten, daß ich es — ehrlich gesagt — nicht wisse, worauf Ribbentrop erklärte, daß seine Information aus London dahingehe, daß Beck es nicht getan habe."*

Henderson kritisierte sodann die Entscheidung Londons, den Polen eine bedingungslose Garantie gegeben zu haben und in die *„polnische Bresche"* gesprungen zu sein und wünschte sich und seinem Land, aus diesen *„gegenwärtigen östlichen Verpflichtungen auf befriedigende Weise einen Ausweg finden zu können"*. Zum Schluß drückte er seine persönliche Einschätzung aus und schrieb Lord Halifax: *„Persönlich neige ich dazu, zu glauben, daß Hitler, wie mir der italienische Botschafter* (Attolico) *sagt, der Meinung ist, daß die Zeit auf seiner Seite ist, und daß er lieber passen möchte. Wenn das so ist und wir die Dinge treiben lassen, wie wir es 1938 taten, dann fürchte ich, daß wir bald einer neuen Herbstkrise gegenüberstehen werden. Wenn auf der einen Seite die Polen glauben, daß dies Hitlers Absicht ist, dann werden sie es sein, die versuchen werden, die Dinge durch einen Zwischenfall zu überstürzen. Beides sind unerfreuliche Aussichten."*

Während Henderson diese Gedanken zu Papier brachte und nach London schickte, vollzogen sich in Moskau folgenschwere Wandlungen und bemühte sich der neu gewählte Papst Pius XII. intensiv um eine Vermittlung zwischen dem deutschen und dem polnischen Standpunkt.

Im Kreml trat völlig unerwartet der sei 1928 die sowjetische Außenpolitik leitende Außenkommissar Litwinow von seinem Amte zurück und machte Wjatscheslaw Molotow Platz, was Berlin schon einen Tag darauf, am 5. Mai 1939, dazu veranlaßte, *„ab sofort die Polemik gegen die Sowjetunion und den Bolschewismus"* einzustellen, wie es in einer Presse-Anweisung des Reichspropagandaministeriums hieß. Man wußte in der deutschen Hauptstadt, daß der zurückgetretene Moskauer Außenamtschef kein Freund einer engeren Verbindung zwischen dem nationalsozialistischen Deutschland und der UdSSR gewesen ist und sah in seinem Nachfolger einen möglichen Partner gegen das ungefügige Polen.

Im Vatikan bemühte sich Pius XII. um das Zustandekommen einer internationalen Friedenskonferenz, auf welcher alle aktuellen Streitfragen erörtert und friedlich gelöst werden sollten. Sein Staatssekretär, Kardinal Maglione, gab den Apostolischen Nuntien in Berlin, Paris und Warschau entsprechende Instruktionen. So flog der päpstliche Botschafter an der Spree, Erzbischof Caesare Orsenigo, schon am 5. Mai 1939 eigens nach Berchtesgaden, um Hitler die Friedensvorschläge des Papstes zu überbringen. Dieser mochte sich aber dem Papst gegenüber nicht festlegen, sondern beließ es bei einigen unverbindlichen Bemerkungen.

Ähnlich erging es freilich auch den Nuntien in Warschau und in Paris.

Besonders deutlich wurde dies in der Rede des polnischen Außenministers Josef Beck vor dem polnischen Abgeordnetenhaus am 5. Mai. Darin wies der Warschauer Außenamtschef die deutschen Gründe für die Kündigung der deutsch-polnischen Nichtangriffserklärung als unberechtigt zurück und bemängelte, daß der deutsche Botschafter von seiner, Becks, Einladung keinen Gebrauch gemacht habe, Aufklärungen über die polnisch-britische Beistands-

vereinbarung einzuholen. Es habe somit schon die
bloße Tatsache des Abschlusses des englisch-polnischen Abkommens den Entschluß der Reichsregierung herbeigeführt, die deutsch-polnische Abmachung vom 26. Januar 1934 aufzukündigen. Dabei sei
es niemals Ziel des deutsch-polnischen Paktes gewesen, Warschau von einer Zusammenarbeit mit anderen Ländern abzuhalten und damit Polen zu isolieren. Was Danzig angehe, so sei der polnische Standpunkt seit langem bekannt und habe sich nicht geändert. Die Stadt sei ein unverzichtbarer Wirtschafts-
und Handelsfaktor für Polen, könne sich aber in
ihrer inneren politischen Entwicklung völlig unabhängig von der geistig-ideologischen Ausrichtung
Polens fühlen und entfalten. Eine Feststellung, die
von der Wirklichkeit bestätigt wurde; hatte sich doch
in der Freistadt inzwischen der Nationalsozialismus,
ähnlich wie im Reich, aller Lebensbereiche be-
mächtigt und aus dem Gemeinwesen einen nationalsozialistischen Stadtstaat gemacht, der Adolf Hitler
bekanntlich zu seinem Ehrenbürger erklärte, ohne
daß sich Warschau einmischte. Beck mochte daher
das deutsche Verlangen nach Vereinigung der Stadt
mit dem Reich nicht so recht einsehen und schloß
daher den Hintergedanken nicht aus, daß Berlin
vielleicht mit seiner Forderung letztlich die Absicht
verfolgen könnte, Polen von der Ostsee zu entfernen.
Eine Eventualität, die auf den entschiedensten
Widerstand Warschaus stoßen müßte.

Im übrigen brachte Beck den polnischen Vorschlag
vom 26. April 1939 auf gemeinsame Garantierung

des Bestandes und der Rechte der Freistadt in Erinnerung und monierte die bislang ausgebliebene deutsche Antwort. Zur Korridorfrage meinte er wörtlich: „... *die Bezeichnung ‚Korridor' ist eine künstliche Erfindung, da es sich um eine zu allen Zeiten polnische Provinz* (Pommerellen) *handelt, die nur einen schwachen Prozentsatz deutscher Ansiedler aufweist"*, um dann darauf hinzuweisen, daß Polen den deutschen Durchreisenden „*alle Erleichterungen für den Eisenbahnverkehr"* wie Wegfall der Zoll- und Paßformalitäten zugestanden habe, was auch für den Automobilverkehr gelten könnte, wenn Berlin wollte.

Ähnlich wie beim Danzig-Problem vermutete Beck bei der Korridorfrage eine weitergehende Absicht Berlins und meinte: „*Und deshalb stellt sich wiederum die Frage: Um was handelt es sich eigentlich? Wir haben kein Interesse daran, den Verkehr der deutschen Staatsbürger in die deutschen Provinzen im Osten zu behindern. Wir haben aber auch keinen Grund, unsere Souveränität auf eigenem Grund und Boden zu schmälern ... in bezug auf Danzig und die Verbindungen durch Pommerellen sind es immer einseitige Konzessionen, die Deutschland von uns zu verlangen scheint. Ein Staat, der sich achtet, macht keine einseitigen Konzessionen. Wo ist also die Gegenseitigkeit?"*

Die von der deutschen Seite als Gegenleistung betrachtete Verlängerung des Nichtangriffspaktes auf 25 Jahre und die endgültige Anerkennung der polnischen Grenzen mochte Beck nicht als deutsche Kon-

zessionen gelten lassen. Da vermißte er einerseits
einen konkreten Vorschlag und sah andererseits
keine Notwendigkeit einer Anerkennung *„unan-
fechtbaren"* polnischen Besitzes. Eine Argumentation, die schon von Zeitgenossen als nicht sonderlich überzeugend empfunden wurde; ist dem polnischen Außenminister doch mehr als nur ein Mal von
offizieller deutscher Seite die Verlängerung der Nichtangriffserklärung vorgeschlagen worden, und hatte
doch die Weimarer Republik stets die deutsch-
polnische Grenze als revisionsbedürftig bezeichnet
und in dieser Einschätzung auch in London und
Washington Verständnis gefunden. Die Beck-Rede
erweckte den Eindruck, als läge Warschau nicht sonderlich viel an einem neuen Arrangement mit Deutschland bzw. hätte es Polen letztlich nicht nötig, auf
deutsche Anregungen eingehen zu müssen. Der Satz
*„Ein Staat der sich achtet, macht keine einseitigen
Konzessionen"* unterstrich diese Tendenz und wurde
dann noch durch die Schlußsätze bekräftigt: *„Aber
der Friede, wie fast alle Dinge auf dieser Welt, hat
einen hohen, wenn auch bestimmbaren Preis. Für
uns Polen gibt es den Begriff des Friedens um jeden
Preis nicht. Es gibt im Leben der Völker, der Menschen und der Staaten nur ein Ding, das nicht be-
zahlt werden kann: die Ehre."*
  Am gleichen Tage, da Josef Beck diese selbstbewußte Rede hielt, übermittelte seine Regierung der
deutschen Reichsregierung ein Memorandum, das
als Antwort auf die in der deutschen Denkschrift
vom 27. April ausgesprochene Außerkraftsetzung

des deutsch-polnischen Paktes vom Januar 1934 anzusehen war. Abgesehen von der Einleitung, die eine
zusammenfassende Darstellung der deutsch-polnischen Beziehungen seit 1934 beinhaltete, deckte
sich sein Inhalt im wesentlichen mit den einschlägigen Ausführungen Becks vor den polnischen Abgeordneten.

In dem Memorandum wurde im einzelnen ausgeführt, daß Deutschland durch den Kellogg-Pakt von
1928 auf den Krieg als Mittel der nationalen Politik
verzichtet habe und die deutsch-polnische Erklärung von 1934 auf diesen Pakt Bezug nehme. Die
deutsch-polnische Abmachung wäre somit von dem
Augenblick an nicht mehr für Polen bindend, in welchem das Reich gegen den Kellogg-Pakt verstoßend
zum Mittel des Krieges greifen würde. Die Verpflichtung Polens aus dem polnisch-britischen Abkommen kämen aber nur dann zur Anwendung, wenn
eine Aktion Deutschlands die Unabhängigkeit Englands bedrohen würde und wenn demnach Polen
nicht mehr durch den Kellogg-Pakt und das deutsch-
polnische Abkommen von 1934 gebunden wäre.
Eine Argumentation, die ähnlich mühsam nachzu-
vollziehen ist wie die einschlägige Passage in der
Rede Becks.

Zum aktuellen Stand der deutsch-polnischen Beziehungen merkte Warschau in seinem Memorandum
an, daß es die von Berlin unterbreiteten Vorschläge
mit entsprechenden Gegenvorschlägen beantwortet,
aber dann nichts mehr aus der Reichshauptstadt gehört habe. Ein solcher Umgang stünde nicht in Über-

einstimmung „*mit den Lebensinteressen und der Würde des polnischen Staates*". Ungeachtet dieser Umstände und der gegensätzlichen Einschätzung des polnisch-britischen Abkommens sei Polen jedoch bereit, „*Anregungen entgegenzunehmen, falls Deutschland Wert auf neue vertragliche Regelung der polnisch-deutschen Beziehungen lege, jedoch unter Vorbehalt der dargelegten grundsätzlichen Erwägungen*". Im übrigen unterscheide sich das polnisch-britische Verhältnis im Charakter nicht vom deutsch-italienischen oder deutsch-slowakischen Verhältnis.

Von diesem Memorandum erfuhr die deutsche Bevölkerung ebenso wenig wie von der Rede des polnischen Außenministers, da eine „*Anweisung des Propagandaministeriums*" vom 6. Mai 1939 die Veröffentlichung untersagte und lediglich gestattete, „*den einen oder anderen Satz in eigenen Kommentaren zu erwähnen*". Man wollte aus der Beck-Rede keine „*Weltsensation*" machen und den polnischen Außenminister nicht zu „*mehr machen als er ist*". Dagegen wurden die Zeitungen angewiesen, die Zwischenfälle mit Volksdeutschen „*jetzt in kleinerer Form*" zu bringen. Man empfahl dabei aber, „*daß die Aufmachung der Zwischenfälle sachlich bleibt*", da im Leser nicht die Erwartung geweckt werden dürfe, „*daß bald etwas geschieht*"; auf alle Fälle sollte die bereits vorhandene Unruhe „*nicht noch gesteigert werden*".

Offiziell reagierte das amtliche Berlin am 7. Mai 1939 mit dem Hinweis, „*daß der Führer selbst dem* polnischen Außenminister anläßlich dessen Aufenthalts in Berlin im Januar 1939 einen 25jährigen Nichtangriffspakt angeboten" habe, nachdem schon seit Herbst 1938 auf dem üblichen diplomatischen Weg davon die Rede gewesen sei. Es sei im übrigen auch nicht richtig, daß auf die polnischen Gegenvorschläge vom 26. März 1939 erst durch die Reichstagsrede des Führers eine Antwort erteilt worden wäre; vielmehr habe der Reichsaußenminister sofort bei Überreichung der Gegenvorschläge dem polnischen Botschafter gegenüber zum Ausdruck gebracht, daß der von Warschau eingenommene Standpunkt einer Ablehnung der von Deutschland am 21. März 1939 zur Diskussion gestellten Lösungsmöglichkeiten gleichkäme. Dieser negative Eindruck sei Botschafter Lipski auch in den unmittelbar darauffolgenden Tagen vom Auswärtigen Amt wiederholt bestätigt worden, betonte man in Berlin weiter. Auch der Vorschlag einer gemeinsamen deutsch-ungarisch-polnischen Garantie für die Unabhängigkeit der Slowakei sei vom Reichsaußenminister bereits am 21. März 1939 dem polnischen Missionschef in Berlin unterbreitet worden. Dieser Vorschlag wäre geeignet gewesen, Polens Befürchtung, daß das slowakische Schutzverhältnis eine deutsche Umklammerung Polens bedeute, von vornherein gegenstandslos zu machen.

Zu dem von Außenminister Beck und seinem Ministerium gezogenen Vergleich des deutsch-italienischen Freundschaftsverhältnisses mit dem englisch-polnischen Abkommen merkte die deutsche Reichsregierung an, daß eine solche Gegenüberstel-

lung den „*entscheidenden Punkt*" vernachlässige,
nämlich, daß sich das polnisch-englische Bündnis
gegen einen dritten Staat, das heißt gegen Deutschland, richte, während das italienisch-deutsche Verhältnis ausschließlich die Beziehungen zwischen
Rom und Berlin betreffe und gegen keinen anderen
Staat „*eine Spitze*" enthalte. Es sei im übrigen uner-
findlich, warum die polnische Regierung es unterlassen habe, rechtzeitig Aufklärungen über ihre Auffassung von der Vereinbarkeit des deutsch-polnischen
Abkommens mit der englisch-polnischen Garantie
zu erteilen. Weder habe der deutsche Geschäftsträger
in Warschau von einer solchen Aufklärungsabsicht
etwas bemerkt, noch habe sich der polnische
Botschafter in der fraglichen Zeit zu diesem Streitpunkt geäußert.

Einen Tag nach dieser amtlichen Stellungnahme
Berlins erließ das Reichspropagandaministerium am
8. Mai eine weitere Anweisung an die Presse und warnte
vor der Veröffentlichung unbestätigter und falscher
Meldungen über Zwischenfälle in Polen. Wörtlich
hieß es in dieser Anordnung: „*Es darf nicht der Eindruck entstehen, als stünden wir schon kurz vor entscheidenden Ereignissen. Daher Anweisung: Meldungen über Zwischenfälle in Polen bis auf weiteres
nur aus DNB, Veröffentlichung nur auf der zweiten
Seite ohne sensationelle Aufmachung.*" Den Zeitungen im Ostteil des Deutschen Reiches räumte das
Goebbels-Ministerium „*größere Freiheit auch für
eigene Berichterstattung*" ein, doch sollten auch diese
Blätter „*nur wirklich wesentliche Vorfälle melden*".

Gerüchte, Pläne und Berichte

Im Gegensatz zu dieser erstaunlichen Zurückhaltung der Presse diesseits der Oder wucherten in polnischen Blättern üppige Gerüchte. Da behauptete die polnische Agentur „*Iskra*" am 9. Mai, daß von deutscher Seite den Polen der Vorschlag gemacht worden sei, eine gemeinsame Angriffsaktion gegen Sowjetrußland zu unternehmen und die unterworfene Sowjetunion in eine deutsche und eine polnische Einflußzone aufzuteilen, wobei außer der Ukraine auch der Kaukasus, Weißrußland und die baltischen Randgebiete einbezogen worden seien. Die polnische Regierung habe jedoch dererlei Vorschläge entschieden zurückgewiesen und auf das gute polnisch-russische Verhältnis hingewiesen. In der deutschen Presse wurden diese polnischen Meldungen als unzutreffend und frei erfunden bezeichnet und gleichzeitig von den Kommentatoren betont, daß das ukrainische Problem von Polen bereits anläßlich des polnischen Angriffs auf Kiew im Frühjahr 1920 aufgerollt worden sei und daß die endgültige Grenzziehung zwischen der Sowjetunion und Polen den Polen einen erheblich größeren Teil des ukrainischen Siedlungsgebietes zugesprochen habe, als der angeblich so berüchtigte Vertrag von Brest-Litowsk vom März 1918. Auch in der Richtung nach dem Baltikum bedürfe der „*polnische Appetit eher Mahnungen zur Diät*", schrieben die reichsdeutschen Leitartikler.

Am gleichen 9. Mai, da die deutsche Presse dem polnischen Außenminister widersprach, stellte sich der britische Premierminister hinter die Ausführungen Josef Becks und bescheinigte ihnen einen *„zugleich festen und versöhnlichen Gehalt"*. Am 11. Mai 1939 bekräftigte Chamberlain in einer Rede vor einer Frauenversammlung der Konservativen Partei in London die britische Garantie an Polen und begründete sie erneut mit der Besetzung Böhmens und Mährens durch deutsche Truppen. Dabei führte er mit Blick auf die Danzig-Frage wörtlich aus: *„Nach Ansicht vieler Leute ist der Gefahrenpunkt Europas heute Danzig. Während unsere Zusicherungen an Polen klar und deutlich sind und obwohl wir froh wären, die Differenzen zwischen Polen und Deutschland durch Verhandlungen freundschaftlich beigelegt zu sehen, und trotzdem wir glauben, daß diese Differenzen in dieser Weise beigelegt werden könnten und sollten, sei festgestellt, daß ein Versuch, der gemacht werden würde, um die Lage durch Gewalt in einer Weise zu ändern, welche die polnische Unabhängigkeit bedroht, unvermeidlich einen allgemeinen Brand entfachen müßte, in den Großbritannien verwickelt sein würde."*

Diese Worte ließen an Deutlichkeit nichts zu wünschen übrig und wurden in Polen entsprechend befriedigt zur Kenntnis genommen, zumal sie mit der zweiten Lesung des Gesetzes über die Einführung einer beschränkten Dienstpflicht flankiert wurden.

Sehr entschlossen und entschieden gab sich auch der französische Ministerpräsident Daladier in einer

Regierungserklärung vom gleichen Tage, in welcher er ausführte: „*Gewisse Elemente hofften, daß Frankreich, das unbesiegbar ist, wenn es einig ist, durch die abwechselnden Drohungen und Friedensversprechungen seinen innersten Halt verlieren könnte. Es schien, als wolle man Frankreich mit dieser neuen Methode des Krieges ohne Schlachten, des Krieges der Unsicherheit, der Verängstigung, der enttäuschten Hoffnungen zermürben. Unser Wille aber beugt sich nicht und wird sich nicht beugen. Wir wissen, daß wir unser Vaterland, unsere Freiheiten, unseren Glauben, unsere Ideale und unsere Menschenwürde zu verteidigen haben. Wir sind bereit, zu einem gerechten Frieden die Hand zu bieten. Wer diesen Frieden verletzt, wird die Stärke unseres Heeres kennenlernen. Wenn man glaubt, uns zwischen Krieg und Frieden zermürben zu können, so erklären wir hier, daß wir diesen Versuchen standhalten. Weder Gewalt noch List können Frankreich etwas anhaben.*"

Die Polen, insonderheit der polnische Botschafter in Paris, Graf Lukasiewicz, hörten diese starken Worte nur mit gemischten Gefühlen und hätten statt ihrer lieber konkrete Maßnahmen der Verteidigungsbereitschaft gesehen. Die Franzosen ihrerseits warteten wiederum auf konkrete Beistandszusagen aus Washington, um die entschiedene Linie gegenüber Hitler-Deutschland auch weiterhin durchhalten zu können und nicht am Ende als Papiertiger dastehen zu müssen. Der amtierende französische Außenminister, Georges Bonnet, wandte sich daher Ende Mai bzw. Anfang Juni an seinen Botschafter in

Washington, René de Saint-Quentin, und beauf-
tragte ihn, auf die amerikanische Regierung entsprechend einzuwirken. Dabei bestätigte er in seinem
Schreiben auch indirekt die engen Beziehungen zu
den US-Botschaftern Joseph Kennedy (London) und
William Bullitt (Paris), wenn er notierte: *„Die Französische und die Britische Regierung haben im
Laufe der letzten Wochen durch Garantieverspre-
chen an Polen, Rumänien und die Türkei, durch Verhandlungen über einen Vertragsentwurf mit Sowjetrußland eine Politik verfolgt, die nur die volle
Zustimmung der Regierung der Vereinigten Staaten
finden kann, wie es übrigens Herr Bullitt in Paris und
Herr Kennedy in London in freundschaftlicher
Weise oft anerkannt haben. In der schweren Krise,
die Europa durchmacht, und nach den Hoffnungen,
die durch die schnelle Wandlung der öffentlichen
Stimmung in den Vereinigten Staaten erweckt worden sind, würde eine lediglich moralische Unterstützung seitens Amerikas eine grausame Enttäuschung
bedeuten; es ist notwendig, daß die öffentliche Meinung in Frankreich wie in England hinter dieser
moralischen Unterstützung eine mächtige materielle
Hilfe zu erkennen vermag.“*
Die französische Regierung ließ durch dieses
Schreiben erkennen, daß sie ihre Beistandsvereinba-
rungen mit Polen und Rumänien sowie der Türkei
nicht nur aus eigenem Antrieb einging, sondern auch
in Vollzug eines Washingtoner Wunsches, wie dies
kürzlich der Hamburger Historiker Dirk Bavendamm auch in einem Vortrag vor der Zeitgeschichtli-

chen Forschungsstelle in Ingolstadt dargelegt hat. Darüber hinaus bestätigte der französische Außenminister mit dieser Nachricht an Botschafter de Saint-Quentin indirekt die wichtige Rolle, die Christian William Bullitt in jenen Jahren spielte. Während dieser politischen und diplomatischen Aktivitäten auf hoher und höchster Ebene blieben auch die britischen, französischen und polnischen Militärs nicht untätig. So fanden zwischen dem 24. April und 4. Mai 1939 in London französisch-britische Generalstabsbesprechungen statt, bei denen auch eine alliierte Intervention in Belgien und in den Niederlanden in Betracht gezogen wurde. Wörtlich hieß es dazu im Bericht des französischen Militärattachés in London, General Lelong, an den Chef des französischen Generalstabes der Nationalen Streitkräfte, General Gamelin, vom 5. Mai 1939:

„Auf Wunsch der britischen Delegation ist in Betracht gezogen worden: 1. Die Möglichkeit einer Intervention in einer Stellung Antwerpen-Brüssel-Namur, für den Fall, daß es möglich wäre, eine solche Stellung rechtzeitig zu organisieren. 2. Die Bedeutung des Besitzes des belgischen und holländischen Staatsgebiets als Ausgangsbasis für eine Aufnahme der Offensive gegen Deutschland. Ohne Rücksicht darauf, bis zu welcher Tiefe unsere Intervention vorstoßen würde, ist anerkannt worden, daß die französischen und britischen Luftstreitkräfte im Augenblick des Bedarfs an allererster Stelle für den Angriff auf deutsche Kolonnen eingesetzt werden müssen, die in Belgien und Holland vorrücken, ganz gleich,

*ob diese Luftstreitkräfte ihre Stützpunkte auf franzö-
sischem oder britischem Staatsgebiet haben."*

Die anglofranzösischen Militärs hielten sich also
bei ihren Planungen nicht an der Neutralität Belgiens und Hollands auf, sondern gingen davon aus,
daß diese beiden Länder automatisch in das Kriegs-
geschehen einbezogen würden; vermutlich in Erfahrung des deutschen Vorgehens während des Ersten
Weltkriegs, als die Neutralität Belgiens durch den
deutschen Schlieffenplan mißachtet wurde. Wie aus
dem gleichen Schreiben General Lelongs hervorgeht, wollten London und Paris auch versuchen, weitere Alliierte im Osten zum Eintritt in den Krieg gegen Deutschland zu gewinnen, um dort eine *„ausgedehnte, feste und dauerhafte"* Front errichten zu
können. Ein Wunsch, dessen Verwirklichung letztlich die Beistandspakte mit Rumänien und der
Türkei dienen sollten. Ungleich wichtiger als der Beistand dieser beiden Balkanstaaten erschien den Engländern und Franzosen die Haltung der Vereinigten
Staaten und der Sowjetunion. Folgerichtig bemühten
sich London und Paris um ein Bündnis mit Moskau
und wandte sich Außenminister Bonnet mit dem bereits erwähnten Kabel an seinen Botschafter in
Washington. Die Resonanz aus den USA und der
Sowjetunion entsprach freilich noch nicht den an
der Themse und an der Seine gehegten Erwartungen.

Dagegen konnte Frankreich mit Polen klare und
konkrete Absprachen treffen. Dies bezeugt das Protokoll über die zwischen 15. und 17. Mai 1939 in Paris

geführten Gespräche zwischen dem polnischen Kriegsminister, General Kasprzycki, und General Gamelin vom 19. Mai 1939. Danach wurde folgendes miteinander festgelegt: *„I. Im Falle eines deutschen Angriffs auf Polen oder im Falle einer Bedrohung seiner Lebensinteressen in Danzig, die eine bewaffnete Aktion von seiten Polens hervorrufen würden, wird die französische Armee automatisch eine Aktion ihrer verschiedenen Streitkräfte in folgender Weise beginnen: 1. Frankreich führt sofort eine Luftaktion nach einem im voraus festgelegten Plan durch. 2. Sobald ein Teil der französischen Truppen bereit ist (etwa am dritten Tag) wird Frankreich fortschreitend Offensivaktionen mit begrenzten Zielen auslösen. 3. Sobald sich die Hauptanstrengung Deutschlands gegen Polen richten sollte, würde Frankreich (vom fünfzehnten Tage an) mit dem Gros (frz. „les gros") seiner Truppen eine Offensivaktion gegen Deutschland beginnen.*
II. In der ersten Phase des Krieges wird Polen mit allen seinen Streitkräften Defensivaktionen gegen die Deutschen durchführen und Offensivaktionen beginnen, sobald es die Umstände erlauben und unter den allgemeinen Bedingungen, die von den beiden Heeresleitungen vorgesehen sind."
Wie schon in den französisch-britischen Planungen ging man auch in der französisch-polnischen Allianz von einer Verletzung der Neutralität Belgiens bzw. der Schweiz aus, wenn es im Abschnitt III wörtlich hieß: *„Wenn umgekehrt das Gros (frz. „les gros") der deutschen Truppen Frankreich angreift, insbe-*

sondere durch *Belgien oder durch die Schweiz, was den Einsatz der französischen Armee bewirken würde, wird die polnische Armee sich bemühen, die größtmögliche Zahl der deutschen Truppen zu binden, unter den allgemeinen Bedingungen, die von den beiden Heeresleitungen vorgesehen sind."* Schließlich faßten die polnischen und die französischen Militärs auch noch ein aktives Eingreifen der osteuropäischen Verbündeten ins Auge, wenn sie im vorletzten Abschnitt IV. vereinbarten: *„Um das Potential der polnischen Armee an Material zu verstärken, halten es die beiden Obersten Heeresleitungen im gemeinsamen Interesse für unerläßlich, daß Frankreich der polnischen Regierung sofort materielle und finanzielle Hilfe leistet. Diese Hilfe wird es erlauben, die Stärke der polnischen Armee in positiver Weise zu erhöhen und die Kriegsindustrie in Polen zu entwickeln, sowohl für die Bedürfnisse der polnischen Armee als auch für den Bedarf seiner Verbündeten auf dem östlichen Operationsschauplatz."*

Als diese Absprachen in Paris unterzeichnet wurden, hielt Reichspropagandaminister Dr. Joseph Goebbels am 19. Mai 1939 in Köln ein Rede, in welcher er einen Überblick über die aktuelle politische Lage gab und die deutsche Sicht der Entwicklung zum Ausdruck brachte. Dabei suchte er auch die im März 1939 erfolgte Zerschlagung der sogenannten Rest-Tschechoslowakei zu rechtfertigen, indem er die Gründung des tschechoslowakischen Staates als zielbewußte Errichtung eines *„Aufmarschgebietes gegen Deutschland"* hinstellte, welches das Reich aus lebenswichtigen Interessen beseitigen mußte. Zur Danzig- und Korridor-Frage stellte der Berliner Minister fest, daß es „*gar nicht zu bezweifeln*" sei, „*daß Danzig eine deutsche Stadt sei*". Ebensowenig sei in Zweifel zu ziehen, „*daß diese Stadt zu Deutschland gehöre und zu Deutschland wolle*". Es sei daher eine „*sonderbare Logik*", wenn die Polen sagten, sie hätten auf Danzig deshalb berechtigten Anspruch, weil die Weichsel ein polnischer Fluß sei und Danzig die Weichselmündung beherrsche. Deutschland käme ja auch nicht auf den Gedanken, mit einer analogen Begründung etwa Rotterdam zu verlangen, weil es die Rheinmündung beherrsche. Ebensowenig sei die Rede davon gewesen, daß Deutschland Polen von der Ostsee abdrängen wollte. Schließlich könne wohl auch nicht ernstlich bezweifelt werden, daß eine Großmacht wie das Deutsche Reich mit seiner Ostprovinz verbunden sein und diese Verbindung exterritorialen Charakter haben müsse. Diese Forderung sei nicht mehr als recht und billig.

Bei gleicher Gelegenheit kritisierte Goebbels auch die britische Außenpolitik, die seiner Meinung nach auf eine Einkreisung Deutschlands abziele. Dieser Behauptung widersprach der französische Außenminister Bonnet in einer Rede am 21. Mai vor einem Kongreß der Kriegsteilnehmervereinigungen. Er betonte, daß Frankreich weder irgendwelche Haßgefühle gegen bestimmte Staaten und Völker hege noch „*eine andere Nation einzukreisen*" suche. Vielmehr habe man den festen Willen, „*mit den anderen Nationen ohne jeden Hintergedanken zusammenzuarbeiten*".

Am gleichen 21. Mai 1939, einem Sonntag, dem Muttertag, an welchem zum ersten Mal das von Hitler gestiftete Mutterehrenkreuz verliehen wurde, empfing der deutsche Führer in Berlin den italienischen Außenminister Ciano, der in die Reichshauptstadt gekommen war, um den am 8. Mai in Mailand abgeschlossenen politischen und militärischen Pakt zwischen Deutschland und Italien zu unterzeichnen.

Die deutsch-italienischen Begegnungen wurden von einer Meldung der Pressestelle des Senats der Freien Stadt Danzig überschattet, nach welcher in der Nacht zum 21. Mai ein Danziger Bürger von einem polnischen Staatsangehörigen, nämlich dem Chauffeur eines Kraftwagens, in welchem der polnische Legationsrat Terkofwski saß, *„ohne jede Veranlassung"* erschossen worden sei. Der Danziger Senatspräsident Greiser überreichte dem diplomatischen Vertreter Polens in der Freistadt eine Protestnote, in welcher eine eingehende Darstellung des Zwischenfalls gegeben wurde. Die polnische Nachrichten-Agentur P. A. T. schilderte den Vorfall in der Weise, daß ein provokatorischer Überfall auf den Kraftwagen des Diplomaten die Schüsse geradezu herausgefordert habe und mithin von polnischer Seite aus Notwehr gehandelt worden sei. So wiesen sich die deutsche und die polnische Seite die Verantwortung für diesen Zwischenfall gegenseitig zu. Zwei Tage später, am 23. Mai 1939, beschloß das sogenannte Dreierkomitee des Völkerbunds für Danzig, dem je ein Vertreter Englands, Frankreichs und Schwedens angehörten, in Übereinstimmung

mit der polnischen Regierung, an dem Statut der
Freien Stadt Danzig keine Änderung vorzunehmen
und gleichzeitig den Hohen Kommissar des Völkerbundes für Danzig, Carl-Jacob Burckhardt, zu ersuchen, sich baldmöglichst wieder in die Freie Stadt zu
begeben und einen Bericht über die dortige Lage zu
verfassen. Unabhängig davon kam es am 24. Mai
1939 zu einem scharfen Notenwechsel zwischen dem
polnischen Generalkommissär in Danzig und der
Danziger NS-Regierung über die Verantwortung für
den blutigen Zwischenfall vom 21. Mai. Die deutsche
Öffentlichkeit wurde über diese Vorgänge nur sehr
beiläufig informiert, da in Berlin immer noch die
Sprachregelung galt, daß über deutsch-polnische
Zwischenfälle tunlichst nicht in großer Aufmachung
berichtet werden soll.

Dafür tat sich in Berlin hinter den Kulissen um so
mehr. Der feierliche Staatsakt für den verstorbenen
General a. D. und SS-Obergruppenführer, Friedrich
Graf von der Schulenburg, am 23. Mai gab Hitler die
Gelegenheit, die zu diesem Anlaß in Berlin versam-
melten Spitzen des Heeres, der Luftwaffe und der
Kriegsmarine in einer mehrstündigen Geheimrede
mit seinen künftigen politischen und militärischen
Planungen bekannt zu machen. Trotz der vom NS-
Führer angeordneten Vertraulichkeit fertigte sein
Wehrmachtsadjutant, Oberstleutnant Schmundt, ein
Gedächtnisprotokoll an, das der Nachwelt als Kron-
zeugnis für die Hitler'sche Kriegspolitik gilt. Danach
soll der deutsche Kanzler seinen obersten Militärs
erklärt haben, *„daß wir um einen Krieg nicht herum-*

kommen werden" und dementsprechende Vorkehrungen zu treffen seien. Dezidiert über Polen heißt es
in diesem *„Schmundt-Protokoll"*: *„Der Pole ist kein
zusätzlicher Feind. Polen wird immer auf der Seite
unserer Gegner stehen. Trotz Freundschaftsabkom-
men hat in Polen immer die Absicht bestanden, jede
Gelegenheit gegen uns auszunutzen . . ."*, um dann
Hitler über das Danzig-Problem die Worte in den
Mund zu legen: *„Danzig ist nicht das Objekt, um das
es geht. Es handelt sich für uns um die Erweiterung
des Lebensraumes im Osten und Sicherstellung der
Ernährung sowie die Lösung des Baltikum-Problems.
Lebensmittelversorgung ist nur von dort möglich, wo
geringe Bevölkerung herrscht . . . "*
Nach derselben Überlieferung hielt Hitler für den
Fall einer Auseinandersetzung mit dem Westen den
Besitz eines *„größeren Ostraums"* für *„gut"*, zumal
dort auch Menschen *„zur Arbeitsleistung zur Verfügung"* stünden. Schließlich soll er in dieser *„Geheimrede"* nochmals auf Polen zurückgekommen sein
und gemeint haben: *„Das Problem ‚Polen' ist von der
Auseinandersetzung mit dem Westen nicht zu tren-
nen. Polens innere Festigkeit gegen den Bolschewismus ist zweifelhaft. Daher ist auch Polen eine zweifel-
hafte Barriere gegen Rußland. Kriegsglück im Westen mit schneller Entscheidung ist fraglich, ebenso
die Haltung Polens. Einem Druck durch Rußland
hält das polnische Regime nicht stand. Polen sieht in
einem Siege Deutschlands über den Westen eine Gefahr und wird uns den Sieg zu nehmen versuchen. Es
entfällt also die Frage, Polen zu schonen, und bleibt*

der Entschluß, bei erster passender Gelegenheit Polen anzugreifen. An eine Wiederholung der Tschechei ist nicht zu glauben. Es wird zum Kampf kommen. Aufgabe ist es, Polen zu isolieren. Das Gelingen der Isolierung ist entscheidend. Daher muß sich der Führer endgültigen Befehl zum Losschlagen vorbehalten. Es darf nicht zu einer gleichzeitigen Auseinandersetzung mit dem Westen (Frankreich und England) kommen. Ist es nicht sicher, daß im Zuge einer deutsch-polnischen Auseinandersetzung ein Krieg mit dem Westen ausgeschlossen bleibt, dann gilt der Kampf in erster Linie England und Frankreich. Grundsatz: Auseinandersetzung mit Polen — beginnend mit Angriff gegen Polen — ist nur dann von Erfolg, wenn der Westen aus dem Spiel bleibt. Ist das nicht möglich, dann ist es besser, den Westen anzufallen und dabei Polen zugleich zu erledigen. Es ist Sache geschickter Politik, Polen zu isolieren."

Die von einem volkspädagogisch kommentierenden Archivar als „eine der tollsten Reden" bezeichnete Ansprache des Reichskanzlers mutet in der Tat in mehrfacher Beziehung „toll" an. Sie wirkt zum einen auffallend visionär, wenn sie die künftige Entwicklung in Rechnung stellt und die möglicherweise eintretenden Ereignisse abwägt; und sie lenkt zum andern geradezu zwingend den Blick auf den nachmaligen Pakt mit Stalin, der Polen militärisch in die Zange nahm und entscheidend zum Sieg der deutschen Waffen beitrug. Diese verblüffende Ähnlichkeit der Hitler für den 23. Mai 1939 in den Mund gelegten Worte mit den nachmaligen Ereignissen

kann stutzig werden lassen bzw. zumindest zu der
Frage führen, welche Authentizität diese Quelle besitzt. Ihre Herkunft als Belegteil der Beweisauf-
nahme des Nürnberger Prozesses mag dem einen
ausreichen, dem anderen nicht. Angesichts entdeck-
ter Fälschungen bisheriger „Quellen" erscheint mehr
Vorsicht als bedenkenlose Übernahme am Platze.

Außerhalb jedes Echtheitszweifels steht dagegen
die Rede, die Molotow in seiner Eigenschaft als „Vor-
sitzender des Rates der Volkskommissare" (= Ministerpräsident) und „Volkskommissar für Äußeres" (=
Außenminister) am 31. Mai vor den beiden Kam-
mern des Obersten Sowjet hielt. Darin beschäftigte er
sich vornehmlich mit der aktuellen außenpolitischen Lage und kritisierte dabei besonders das Vorgehen der beiden Achsenmächte Deutschland und
Italien. Er bezeichnete sie als „Angreiferstaaten", die
sich ihrer Erfolge „brüsteten", während sich die „demokratischen Staaten", die sich von der Politik der
kollektiven Sicherheit abgewandt und einer Politik
der Widerstandslosigkeit gegen die Angreifer zuge-
wandt hätten, „die Bedeutung herabzumindern bemühten, welche die dadurch hervorgerufene Ver-
schlimmerung der internationalen Lage" habe. Als
„Höhepunkt dieser Politik der Nichteinmischung
und der Verständigung mit den Angreiferstaaten"
prangerte Molotow das Münchener Abkommen an.
Die Auslöschung der Tschechoslowakei im März
habe aber dann eindeutig bewiesen, „wohin diese
Politik der Nichtintervention führe". Desungeachtet
hätten aber die Angreiferstaaten ihre Aggressions-

und Expansionspolitik fortgesetzt und dabei sowohl der Unabhängigkeit Albaniens ein Ende gesetzt als auch Litauen das Memelland weggenommen. Da die Reaktionen der demokratischen Staaten auf diese Provokationen nicht klar erkennbar seien, müsse die Sowjetunion wachsam und der Worte Stalins eingedenk bleiben: *„Wir müssen klug sein und dürfen unser Land nicht durch gewohnheitsmäßige Kriegsprovokateure in Konflikte hineinziehen lassen, um für die anderen die Kastanien aus dem Feuer zu holen."*

In der Analyse der Lage traf sich Molotow mit US-Präsident Roosevelt, der das Münchener Abkommen bekanntlich auch als *„Kapitulation der demokratischen Staaten"* vor den Ansprüchen Hitlers charakterisiert hatte; in den daraus zu ziehenden Folgerungen wich er jedoch entscheidend von Washington ab. Statt die Beziehungen zu Berlin konsequent abzubauen, wie dies die Vereinigten Staaten seit dem Spätherbst 1938 taten, hielt die Sowjetregierung trotz der scharfen Worte ihres Ministerpräsidenten und Außenministers weiterhin unveränderten Kontakt mit der deutschen Staatsführung.

Polnische Pläne
für ein Nachkriegsdeutschland

Davon hatte man in Warschau freilich keine Kenntnis, sondern zeigte sich in erster Linie von den Ausführungen Molotows befriedigt; wertete man sie doch als eine indirekte Rückenstärkung der polnischen Haltung gegenüber Deutschland. Entsprechend selbstbewußt und siegessicher gab man sich an der Weichsel. Dies registrierten besonders zwei britische Emissäre, die das Londoner Foreign Office im Mai nach Polen entsandt hatte, um zusätzlich zu den Routinemeldungen der Botschaft und der Konsulate Informationen über die Stimmung der Polen und die Ansichten wichtiger Persönlichkeiten zur gegenwärtigen Lage zu sammeln. Da konnten sie erfahren, wie sich die polnischen Behörden in Ostoberschlesien seit der britischen Garantie an Polen *„schrecklich anmaßend"* zeigten und von einer *„schnellen Niederlage Deutschlands und einer Besetzung Breslaus"* sprächen. Wörtlich hieß es in dem von William Strang und Gladwyn Jebb am 9. Juni 1939 dem britischen Außenministerium vorgelegten Bericht: *„Wieder einmal verlangte es die* (polnischen) *Bauern auf einen Besitz südlich von Thorn, nach einem Gang gegen die Deutschen. Dieses bestätigte der geistig hochgebildete Leiter der Wirtschaftsabteilung im Außenministerium, Herr Wszelaki, der sagte, daß der Kriegsgeist und die antideutsche Einstellung der Bauern teils auf rassische und teils auf wirtschaftliche Gründe zurückzuführen sei (Bevölkerungswachstum und daraus folgender Appetit auf deutsches Bauernland)."* Geradezu prophetisch mutet die Befürchtung an, welche Jan Wszelaki im Gespräch mit den britischen Sonderbotschaftern äußerte, nämlich *„daß im Falle eines Kriegsausbruchs ein furchtbares Massaker unter den Volksdeutschen schwer zu verhindern sein könnte",* wenn man an die blutigen Pogrome von Bromberg, Warschau und in anderen polnischen Bezirken denkt, denen Anfang September Tausende von Volksdeutschen zum Opfer fielen.

Ebenso zutreffend erwiesen sich die Beobachtungen, welche die beiden englischen Diplomaten über die außenpolitische Haltung Polens machten. So notierten sie hinsichtlich einer Verständigungsmöglichkeit mit Berlin über die Danziger Frage: *„Jedenfalls gibt es hinsichtlich Danzigs bestimmte Konzessionen, die kein Pole freiwillig machen würde. Sie könnten genaugenommen weder die Anwesenheit deutscher Soldaten auf Danziger Gebiet noch einen wirtschaftlichen Anschluß Danzigs an das Reich zulassen. Ersteres bedeutete, der Korridor würde militärisch nicht zu halten sein; und das zweite würde Polens Handel, von dem nicht alles über Gdingen laufen könne, abwürgen. In beiden Fällen würde Polens Unabhängigkeit ernstlich eingeschränkt ... Kurzum, alle Polen seien zutiefst von der dem gegenwärtigen Arrangement innewohnenden Gerechtigkeit überzeugt, und es erschrecke sie, Engländer von der Rechtmäßigkeit der Ansprüche Herrn Hitlers sprechen zu hören."*

Offenbar war nicht nur der britische Botschafter in Berlin, Neville Henderson, von der Rechtfertigung der deutschen Ansprüche auf Danzig und die exterritorialen Verkehrsverbindungen nach Ostpreußen beeindruckt, sondern erkannten auch noch andere englische Diplomaten die Forderungen Berlins an Warschau als vertretbar an. Wie aus der weiteren

Darstellung des Berichts von Strang und Jebb hervorgeht, sperrten sich die Polen nicht nur wegen der befürchteten Parallele ihres möglichen Schicksals zu jenem der Tschechen im März 1939 — wobei man in Warschau ausdrücklich nichts gegen die vollzogene Eingliederung des Sudetenlandes in das Deutsche Reich einzuwenden hatte —, sondern bauten bei ihrem entschiedenen Ablehnungskurs auch auf den Sieg ihrer Waffen. Dies bestätigte nachdrücklich ein Gespräch, das Gladwyn Jebb anläßlich eines Banketts mit dem Hauptmitarbeiter des polnischen Generalstabschefs, General Stachiewitz, in Warschau hatte. Er notierte darüber: *„Ich kann nur soviel sagen, daß der Oberst, der während des Essens neben mir saß, ein intelligenter und vernünftiger Mann ist. Er bekundete freimütig, daß die polnische Armee in einiger Hinsicht ihre Mängel habe, daß er aber darauf baue, daß sie, wenn nötig, ihre Sache gut machen würde."*

Obwohl es bis zum tatsächlichen Ausbruch der Kampfhandlungen noch über ein Vierteljahr hin war, hatte man im polnischen Generalstab — ähnlich wie im deutschen Operationsplan *„Weiß"* — bereits konkrete Vorstellungen über die zu ergreifenden Maßnahmen, was freilich zu den selbstverständlichen Pflichtübungen jeder Heeresleitung gehört. Gladwyn Jebb hielt von seiner Unterhaltung mit dem erwähnten Oberst und den anderen polnischen Offizieren über die geplante militärische Strategie der polnischen Armee wörtlich in seinem Bericht fest: *„Teils von ihm* (dem Oberst) *und teils von ande-*

ren Herren erfuhr ich, daß man daran denke, zu Be-
ginn des Krieges Ostpreußen anzugreifen, weil es für
die Deutschen schwierig sein würde, die Provinz rasch
und ausreichend zu verstärken. Darüber hinaus sei
es dort möglich, von vielen Punkten aus gleichzeitig
anzugreifen. Die belebende Wirkung einer Beset-
zung Königsbergs könnte, so hoffe man, ein Gegen-
gewicht zu einem unvermeidlichen Rückzug vom
Vorpreschen im Westen bilden . . ." Im einzelnen erfuhr der Londoner Diplomat von seinem polnischen
Gesprächspartner und notierte in seinem Report:
„Die Polen glauben, daß in dem allgemeinen Krieg,
der nach ihrer Ansicht einem deutschen Angriff ge-
gen Polen folgen würde, Deutschland am Ende be-
siegt werden würde, und daß die polnische Armee,
wenn auch böse angeschlagen, dann aus den Pripjet-
Sümpfen oder dem ,Urwald' von Bialowiecza wieder
hervorkommen und darangehen würde, sich eines
Großpolens unter den durchaus gleichen Umstän-
den wie 1919 zu bemächtigen . . . Sie vertreten den
Standpunkt, daß irgendeine Art von deutschem
Zusammenbruch innerhalb eines Jahres nach dem
Ausbruch eines allgemeinen Krieges eine sehr reale
Möglichkeit sei; und wenn sie auch keinen Zweifel
hegen, daß die Deutschen im Anfangsstadium außer-
ordentlich gut kämpfen werden, sind sie zuversicht-
lich, daß der Ring halten und die Wirkung einer
Blockade sich sehr viel eher bemerkbar machen wird
als 1914 - 1918."
Dieser bemerkenswerten Siegeszuversicht, die
sich hauptsächlich auf die Erwartung eines *„allge-*

meinen Krieges" stützte, entsprach im übrigen auch
ein Gemälde, das der polnische Oberkommandie-
rende und militärische Nachfolger Josef Pilsudskis,
Marschall Aduard Rydz-Smigly, bereits im Sommer
1939 in Auftrag gab und das ihn hoch zu Roß in voller Gala-Uniform als Sieger unter dem Brandenbur-
ger Tor zu Berlin zeigte. Und laut Gedächtnisprotokoll des damaligen französischen Außenministers
George Bonnet über seine Unterredung mit dem polnischen Botschafter in Paris, Graf Juliusz Lukasiewicz, vom 15. August 1939 erwiderte der polnische
Missionschef auf den Hinweis, daß Hitler die polnische Armee innerhalb von drei Wochen zu besiegen
gedenke, wörtlich: *„Im Gegenteil, die polnische Armee wird vom ersten Tage nach Deutschland
eindringen."*
   Daß die polnischen Hoffnungen auf einen Sieg
über die deutsche Wehrmacht nicht gänzlich überzogen schienen, beweist eine Studie des britischen
Militärhistorikers John Kimche, in welcher anhand
der beiderseitigen Truppenstärken (der Polens,
Frankreichs und Englands einerseits und der Deutschlands andererseits) dargestellt wird, daß Deutschland
dieser rund dreifachen Übermacht bei gleichzeiti-
gem alliierten Angriff im Westen auf die Dauer nicht
hätte standhalten können und vermutlich bereits an
Weihnachten 1939 die Waffen hätte strecken müssen.
Bekanntlich unterließen es aber die Briten und die
Franzosen, ihrem Bündnispartner Polen durch Eröffnung einer effektiven Front im Westen entlastend
zu Hilfe zu kommen und verhielten sich in den

Augen der Polen letztendlich ähnlich wie knapp fünf Jahre später die Rote Armee, die an der Weichsel Gewehr bei Fuß stand, als die deutschen Truppen den Warschauer Aufstand der nationalpolnischen „Heimatarmee" niederschlugen; bittere Erfahrungen der Polen mit ihren Alliierten in West und Ost. Im Mai 1939 mochten sie aber an solche Enttäuschungen durch ihre Bündnispartner ganz und gar nicht denken, vielmehr hatten sie bereits optimistisch für die Zeit nach dem erwarteten Sieg über Deutschland geplant und aus ihren diesbezüglichen Plänen den britischen Diplomaten gegenüber auch gar keinen Hehl gemacht. So konnten Strang und Jebb im Juni 1939 ihrem Foreign Office melden: „... Jedenfalls schien es die allgemeine Auffassung zu sein, daß Ostpreußen von Polen annektiert werden müsse. Der stellvertretende Leiter der Abteilung Ost im Außenministerium ging tatsächlich so weit, klar zu sagen, daß dieses der polnische Plan sei. Er rechtfertigte ihn mit der Begründung, die (deutsche) Bevölkerung Ostpreußens sei im Abnehmen begriffen; daß vieles von dem Gebiet in Wirklichkeit sowieso polnisch sei, daß man jedenfalls Umsiedlungen vornehmen könne, und daß die Polen als junger und rasch wachsender Staat eine seiner Bedeutung angemessene Küstenlinie haben müßten."

Wie aus demselben Diplomatenbericht weiter hervorgeht, hegten polnische Regierungskreise aber auch noch andere Vorstellungen über ein künftiges Großpolen nach dem erwarteten Sieg über Deutschland. Gladwyn Jebb notierte darüber: „Aber da gibt

183

es noch ein größeres Projekt für Polens Zukunft nach einem siegreichen Krieg gegen Deutschland. Es ist die Konzeption eines Bundes-Polen, wozu Litauen gehört, mit einer Art Autonomie für die Ruthenen. Entsprechend diesem Traum würde Warschau das Zentrum einer gewaltigen Zusammenballung sein, deren westliche Grenzen bis fast zur Oder ausgreifen und mit einem südlichen Grenzland mit einem wiederhergestellten Ungarn." Nahmen die Planungen mit Ostpreußen in gewissem Sinne schon die Vertreibungen oder „Zwangsumsiedlungen" der Deutschen vorweg, zeichnete sich in diesem Plan zum Teil bereits die nachmalige Oder-Neiße-Grenze ab: freilich nicht im gleichen Landanspruch, wie er dann auf Druck Moskaus bis zur westlichen Neiße ausgedehnt wurde.

Auf fast unheimliche Art sollte schließlich das weitgehend Wirklichkeit werden, was Polen mit dem besiegten Deutschland vorhatten bzw. gern gesehen hätten. Es heißt darüber in dem britischen Diplomatenbericht: „Um meine polnischen Freunde auszuhorchen, habe ich sie gewöhnlich in einem bestimmten Stadium gefragt, was sie hinsichtlich der Deutschen vorzuschlagen hätten, wenn sich das Kriegsglück — wie sie es für wahrscheinlich hielten —zu ihren Gunsten entschieden hätte ... Die allgemeine Richtung schien zu sein, daß Deutschland in zwei oder drei Stücke geschnitten werden müsse und daß der größere Abschnitt aus einem südlichen und katholischen Block bestehen müsse, vielleicht unter dem Erzherzog Otto."

Sieht man von einigen wenigen Äußerlichkeiten ab, wie etwa von dem Umstand, daß die Bundesrepublik nicht von Erzherzog Otto (von Habsburg) regiert wird und daß aus dem süddeutschen Staat ein westdeutscher wurde, findet man die hauptsächlichsten Zukunftserwartungen der Polen von 1939 bezüglich Deutschlands erfüllt. Freilich das alles nicht auf eigene Veranlassung, sondern durch den Siegerspruch der „*Großen Drei*" von Jalta und Potsdam, und für Polen unter der drückenden Hypothek sowjetischer Mitbestimmung im eigenen Land, ein teurer, wohl zu hoher Preis für die weit ausgreifenden Großmachtpläne am Vorabend des Zweiten Weltkrieges.

Gladwyn Jebb, der nachmalige stellvertretende Unterstaatssekretär im britischen Ministerium für Kriegswirtschaft und spätere UN-Generalsekretär, beschließt den Bericht mit einer persönlichen Bemerkung, die offensichtlich auch von seinem damaligen Vorgesetzten und Reisekollegen, William Strang, gebilligt wurde, und in welcher er feststellte:

„*Abschließend ist es meine persönliche Ansicht, daß, wenn wir versuchen, uns um unsere Garantie herumzudrücken, die Polen ernsthaft in Erwägung ziehen werden, ihre gegenwärtige Haltung zu Deutschland zu revidieren. Selbst wenn es ihnen nicht gelingt, die Deutschen zu versöhnen (und das werden sie wahrscheinlich tun), dann könnte das erste Anzeichen wirklicher Schwäche unsererseits zu einem Signal für die Russen werden, sich mit den Deutschen auf der Grundlage einer vierten Teilung zu verständigen. Wenn das geschieht, dann werden die Auswirkungen*

*auf unsere Stellung in der Welt auch der mittelmäßig-
sten Intelligenz klar."*
Wenn auch der Hitler-Stalin-Pakt vom 23. August
1939 aus anderen Gründen und unter anderen Au-
spizien geschlossen wurde, so traf Jebbs Prognose
doch um so stärker für den Einmarsch der Roten
Armee in Ostpolen am 17. September 1939 und auf
den deutsch-sowjetischen Grenzvertrag vom 28. September 1939 zu. An solche düstere Möglichkeiten
mochten die Polen im Frühsommer 1939 jedoch keinen Gedanken verschwenden. Vielmehr waren sie zu
dieser Zeit zutiefst davon überzeugt, ihre Unabhängigkeit notfalls auch durch einen Waffengang gegen Deutschland zu behaupten und dabei den westlichen Nachbarn mit Hilfe Großbritanniens, Frankreichs und der Vereinigen Staaten in die Knie zwingen zu können.

Polnische Kriegserwartung

Diese Erwartung bestätigte auch der amerikanische Botschafter in Warschau, A. J. Drexel
Biddle, in einem Bericht an das State Department vom
12. Juni 1939. Darin schildert er ein Gespräch, das er
mit dem einflußreichen polnischen Handelsrat im
Warschauer Außenministerium, Jan Wszelaki, geführt hatte, und in dem der hohe polnische Regie-
rungsbeamte versichert hatte, daß die Polen bereit
wären, für ihren Staat das Leben einzusetzen. Vor al-

lem aber würde die polnische Armee einer deutschen
Aggression erfolgreich widerstehen, zumal dabei
auch noch auf die Hilfe rumänischer Truppen ge-
zählt werden könnte. Auf alle Fälle würden sich die
Polen, so Wszelaki zu Drexel Biddle, anders verhalten als die Tschechen und den aggressiven Deutschen
die Stirn bieten.

Die britische Garantie, die Rückenstärkung aus
Washington und nicht zuletzt das eigene Selbstbewußtsein schienen die polnische Führung immer
weiter weg von einer Konzilianz gegenüber dem
Deutschen Reich zu führen. Dies machte sich auch
in der Behandlung der Volksdeutschen in Polen seitens der Behörden zunehmend bemerkbar. Neben
den Klagen aus den ehemaligen preußischen Provinzen Posen und Westpreußen kamen seit der An-
nektion des Olsagebietes Anfang Oktober 1938 noch
die Beschwerden der deutschen Bevölkerung aus
diesem Landstrich hinzu. So mußte der deutsche
Konsul in Teschen, von der Damerau, am 2. Juni
1939 nach Berlin melden: „*Deutsches Volksheim
Karwin am 30. Mai durch Verfügung Wojewodschaft
in polnische Zwangsverwaltung übergegangen. Ge-
nossenschaftsorgane durch Zwangseinsetzung polo-
nisiert. 108 reichsdeutsche Teilhaber mit 256 Anteilen, 114 volksdeutsche Teilhaber mit 179 Anteilen.
Neubau des Heimes vor zwei Jahren fertiggestellt.
Repräsentatives Hauptgebäude, Turnhalle, Bühne,
große Gast- und Versammlungsräume, Sportplatz.
Gesamtwert 160 000 Zloty; Heim galt als Mittelpunkt großer Teile gesamten Olsa-Deutschtums.*"

Vier Tage später, am 6. Juni 1939, hatte Konsul von
der Damerau schon wieder eine Klage aus dem
Teschener Gebiet nach Berlin zu kabeln und darin
mitzuteilen: „Im Anschluß an die bereits durch
Presse und Rundfunk bekanntgegebene Beschlag-
nahme des Schülerheimes in Oderberg und die
drahtlich mitgeteilte Entdeutschung des Volkshei-
mes in Karwin ist nunmehr am 6. 6. 1939 auch in der
Deutschen Volksbank in Teschen ein polnischer
Zwangsverwalter eingesetzt worden. Das in vorzügli-
chem Bauzustand befindliche Gebäude der Volksbank repräsentiert einen Wert von etwa 400 000
Zloty. Die Volksbank war das letzte deutsche Geldin-
stitut des gesamten Amtsbezirks. Das in Oderberg
enteignete Schülerheim war gleichfalls das einzige
seiner Art. Es besaß moderne internatsmäßige Ein-
richtungen für insgesamt 60 Schüler. Das Gebäude
wurde vor etwa 7 Jahren als Neubau aufgeführt und
stellt einen Wert von etwa 160 000 Zloty dar. Die seitens des Konsulats vornehmlich mit Bezug auf das
Volksheim Karwin erhobenen Vorstellungen bleiben
seitens der Wojwodschaft bisher unbeantwortet."
Die polnischen Behörden, insonderheit der als
polnisch-nationalistisch bekannte Wojwode von
Polnisch-Schlesien, Grazynski, antworteten also
nicht nur den einheimischen Volksdeutschen auf
ihre Eingaben nicht, sondern ließen auch offizielle
reichsdeutsche Interventionen ohne Antwort. Damit
nicht genug. Der als Anwalt des Deutschtums in
Polen weithin bekannte ehemalige Senator Rudolph
Wiesner wurde — wie zahlreiche andere Volks-

deutsche — ebenfalls von der polnischen Polizei unter dem Verdacht der Spionage festgenommen und damit symbolisch ein Schlag gegen die deutsche Minderheit insgesamt geführt.

In Berlin legte man diese immer dichter einlaufenden Beschwerden aus Polen vorderhand kommentarlos zur Seite und hielt sich noch an die Sprachregelung vom 6. bzw. 8. Mai 1939, nach welcher *„nur wirklich wesentliche Vorfälle"* gemeldet werden sollten; offenbar waren die vorgetragenen Beschwerden aus dem Teschener Land noch keine *„wirklich wesentliche Vorfälle"* und blieben daher in der Öffentlichkeit unbeachtet. Dieses Stillschweigen auf die polnischen Übergriffe bedeutete jedoch nicht, daß Berlin dem Treiben tatenlos zusah. Vielmehr arbeitete man im Oberkommando der Wehrmacht eifrig an detaillierten Operationsplänen für einen Feldzug gegen Polen.

Deutsche Operationspläne

Eine einschlägige *„Geheime Kommandosache"* ist auf den 14. Juni 1939 datiert und besagt, daß der deutsche Einmarsch in Polen *„überraschend mit in Grenznähe bereitgestellten und vorwiegend gepanzerten und motorisierten Kräften"* eröffnet werden soll, *„um einer geordneten polnischen Mobilmachung und Versammlung zuvorzukommen"*. Wörtlich hieß es in dem Operationspapier: *„Die* *hierbei gegenüber der polnischen Grenzsicherung bestimmt erwartete Anfangsüberlegenheit und Überraschung soll durch schnelles Nachführen weiterer Teile des Heeres auch gegenüber dem aufmarschierenden polnischen Heer aufrecht erhalten werden. Dementsprechend haben alle Teile durch schnelles Handeln und rücksichtslosen Angriff sich die Vorhand gegenüber dem Gegner zu wahren.*" Für den Fall, daß sich eine Überraschung bei Kriegsbeginn *„wegen fortgeschrittener Abwehrbereitschaft des polnischen Heeres"* nicht erzielen ließe, sah der Operationsplan *„die Eröffnung der Feindseligkeiten erst nach Versammlung ausreichender weiterer Kräfte"* vor. Im einzelnen sollte der Angriff in zwei Heeresgruppen erfolgen: aus dem Norden mit zwei Armeen und aus Schlesien mit drei Armeen. Dabei wurde der südlichen Heeresgruppe die Aufgabe zugedacht, *„unter Zusammenfassung starker Kräfte"* aus Schlesien heraus anzugreifen und in Richtung Warschau vorzustoßen. Wörtlich: *„Die Heeresgruppe Süd ... setzt sich unter voller Ausnutzung der Schnelligkeit ihrer gepanzerten und motorisierten Verbände möglichst frühzeitig und mit möglichst starken Kräften in den Besitz der Weichsel beiderseits Warschau. Ziel der Heeresgruppe Süd ist, die in Westpolen noch haltenden Feindkräfte im Zusammenwirken mit der aus Pommern-Ostpreußen vorgehenden Heeresgruppe Nord zu vernichten."* Wie der Verlauf des Polenfeldzuges später zeigte, hielt sich die deutsche Armeeführung weitgehend an diese Planungen und konnte den „Blitzkrieg" im Osten gewinnen.

Zwei Tage nach Festlegung dieses geheimen Operationsplans gingen den reichsdeutschen Redaktionen am 16. Juni 1939 vertrauliche Informationen zu, nach denen am folgenden Samstag in Danzig *„ein wichtiger politischer Vorgang abrollen werde",* wenn Propagandaminister Goebbels auf einer Großkundgebung in der Freien Stadt sprechen und *„sehr scharf"* die Rückgliederung Danzigs ins Reich fordern werde. Dabei wurden die Zeitungen angewiesen, diese *„Danziger Aktion"* in großer Aufmachung an die Spitze der Sonntagsblätter zu setzen, da es sich bei dem Goebbels'schen Unternehmen um einen ersten Versuchsballon handle, *„der die internationale Atmosphäre für die Regelung der Danziger Frage prüfen soll".* Anlaß für den solchermaßen angekündigten Danzig-Besuch des Reichspropagandaministers war die *„NS-Kulturwoche"* in der Freistadt.

Deutsch-polnischer Propagandakrieg

Wie geplant, konnte Goebbels am 17. Juni vom Balkon des Danziger Stadttheaters zu Tausenden seiner Parteigenossen sprechen und dabei erstmals in aller Öffentlichkeit scharfe Angriffe gegen die polnische und die britische Regierung richten. Als *„Gesandter des Führers",* wie er sich vorstellte, warf er den Polen Scharfmacherei und *„Großsprechereien"* vor, wenn diese davon sprächen, die Deutschen bei einem etwaigen Krieg „*in einer kommenden Schlacht bei Berlin zusammenzuhauen*". Den Engländern hielt er vor, dem „*Chauvinismus der Polen*" durch ihre Garantie „*einen Blankowechsel*" ausgestellt und damit das deutsch-polnische Verhältnis entscheidend belastet zu haben. All dies würde aber nichts daran ändern, daß Danzig deutsch sei und zum Reich wolle, wie der Führer in seiner letzten Reichstagsrede unmißverständlich erklärt habe. Schließlich stehe der Führer zu den Danzigern und spreche „*keine leeren Worte*".

Diese Bemerkung war zweifellos der am Vortage angekündigte „*Versuchsballon*", welcher „*die internationale Atmosphäre für die Regelung der Danziger Frage*" im deutschen Sinne testen sollte.

Als erste Reaktion auf den Auftritt Goebbels' in Danzig verbreiteten sich im Ausland Gerüchte, nach welchen 20 000 deutsche Soldaten slowakisches Gebiet und zwar Stillein, in Richtung polnischer Grenze passiert hätten, um eine entsprechende Operation vorzubereiten. Gleichzeitig wurden Nachrichten kolportiert, daß Deutschland und Ungarn angeblich die Teilung der Slowakei vereinbart hätten und es zu diesem Zwecke deutsche Truppenkonzentrationen in der Nähe von Mährisch-Ostrau sowie eine Verkehrssperre zwischen Iglau und Brünn gäbe. Sowohl das halbamtliche „*Slowakische Pressebüro*" als auch das „*Deutsche Nachrichtenbüro*" dementierten umgehend und entschieden diese Gerüchte und bezeichneten sie als „*bösartige Hetzmeldungen*". Die Quellen dieser Falschmeldungen waren nicht in Polen, sondern im westlichen Ausland, wo sie dann von der Nachrichten-Agentur „*Associated Press*" verbreitet und von englischen Zeitungen sowie Rundfunkstationen übernommen wurden.

Das amtliche Polen gab der herausfordernden Rede Propagandaminister Goebbels' am 29. Juni eine ebenso klare wie selbstbewußte Antwort. An diesem Tag beging die polnische Republik den sogenannten „*Tag des Meeres*", zu welchem Staatspräsident Moscicki eine Rede hielt, in welcher er zur strittigen Danzig- und Korridor-Frage ausführte: „*Gdingen und Danzig stellen die offene Türe Polens gegen die weite Welt dar. Wenn unsere Gedanken heute dem Lauf der Weichsel nach Gdingen und Danzig folgen, so ist das nur der Ausdruck für das stündliche und tägliche Gefühl aller Polen für Polnisch-Pomerellen und den polnischen Küstenstrich an der Ostsee, der für unseren Staat eine Lebensnotwendigkeit bedeutet. Je mehr die außenpolitischen Verhältnisse sich zuspitzen, um so größer ist die Entschlossenheit der polnischen Nation zur Behauptung dieses Küstenstrichs an der Ostsee, der die Stabilität ihrer Zukunft sichert. Polen hat mit der Wiedereinnahme seiner Stellung an der Ostsee dem Frieden gedient. Wir wollen auch in aller Zukunft an diesem Friedenswerk mitwirken. Wir leben zwar in einer Zeit des Rüstungswettlaufes, doch sind wir entschlossen, am polnischen Ufer der Ostsee den Frieden aufrechtzuerhalten; aber diese Absicht zwingt uns, die polnischen Streitkräfte zur See zu vermehren. Mächtig auf der Erde und in der Luft, wollen wir*

*auch auf dem Meer stark werden zur Sicherstellung
der Seemission der polnischen Nation."* Die selbstbewußten Worte Moscickis entsprachen nicht nur dem
damals geläufigen Stil politischer Selbstdarstellung,
sondern waren auch bewußt in Richtung Berlin und
Danzig gesprochen.

In Berlin hatte der Reichskanzler und Oberste Befehlshaber der Wehrmacht am 24. Juni eine *„Anweisung zur Vorbereitung der unversehrten Besitz-
nahme der Brücken über die untere Weichsel",* also
zwischen Danzig und dem polnischen Korridor,
ausgeben lassen und eine Operationsplanung für die
Besetzung *„des deutschen Freistaates Danzig"* in
Auftrag gegeben. Bei den zur *„unversehrten Besitz-
nahme"* vorgesehenen Weichselbrücken handelte es
sich um die Eisenbahn- und Straßenbrücken bei
Dirschau, die beim deutschen Einmarsch in Polen
am 1. September 1939 dann doch von den Polen ge-
sprengt wurden. In Danzig war der nationalsozialistische Senat dabei, die Stadtpolizei über das Übliche
hinaus zu verstärken und entsprechende Unter-
künfte und Vorräte bereitzustellen. Die polnische
Regierung sprach von der *„Organisation eines Frei-
korps"* und erhob ihre warnende Stimme bzw. ließ
Präsident Moscicki den polnischen Standpunkt
verdeutlichen.

Die von der polnischen Presse verbreiteten Meldungen über eine Einschmuggelung reichsdeutschen
Militärs nach Danzig wurden von Danziger Seite
„nachdrücklichst" dementiert. Die Zeitung *„Danziger Vorposten"* meinte, daß Danzig nichts von den

Augen der Öffentlichkeit zu verbergen habe, *„da in dieser Zeit der Bereitschaft nichts Illegales"* geschehe. Das Ausland müsse freilich einsehen, daß man von Danzig nicht verlangen könne, es solle gleichgültig bleiben, wenn von polnischer Seite gegenüber dieser ungeschützten Stadt Kriegsdrohungen ausgesprochen würden. In Danzig geschehe auf militärischem Gebiet nichts, was sich mit der Mobilisierung und Militarisierung vergleichen ließe, wie sie in Polen und Frankreich gegenwärtig Dauerzustand seien. Das bedeutete nach Meinung des Danziger NS-Blattes allerdings nicht, *„daß die Danziger Polizeiorgane nicht in der Lage sind, in der Danziger Bevölkerung das Gefühl der Sicherheit und die Garantie für Ruhe und Arbeit zu schaffen und zu stärken"*.

Die polnische Regierung reagierte auf die verbreiteten Nachrichten über und aus Danzig am 30. Juni mit einer Presseinformation, in welcher sie unmißverständlich erklärte: *„Die Regierung wahrt voll und ganz kaltes Blut und wird sich nicht zu irgendeiner übereilten Aktion hinreißen lassen. Sollte jedoch in Danzig irgendeine Initiative unternommen werden, so ist die polnische Regierung für Gegenmaßnahmen vorbereitet. Es sollte kein Zweifel darüber herrschen, daß ein in Danzig von innen oder außen her unternommener Gewaltakt als casus belli und als casus foederis betrachtet werden wird, als was er gemäß den Ausführungen von Lord Halifax in seiner Rede (vom 29. Juni) auch in England betrachtet werden würde. Die Vorgänge in Danzig sind möglicherweise als Fortsetzung der Politik der moralischen*

*Provokation anzusehen, die vielleicht dazu be-
stimmt ist, Gegenaktionen, wie zum Beispiel die
Mobilmachung, herauszufordern. Polen wird sich
jedoch nicht aufreizen lassen, sondern seine Gegenmaßnahmen der Natur der Ereignisse in Danzig
anpassen."*

Die britische „Anti-Aggressionsfront" entsteht

Mitten in diese spannungsgeladenen Erklärungen und Gegenerklärungen platzten polnische, englische, französische und amerikanische Zeitungen mit der Meldung, daß die Nationalsozialisten
für den 2. Juli einen Putsch in Danzig planten, indem
Hitler an diesem Tage nach Danzig kommen und dort
die Anschlußerklärung an das Reich verkünden werde. Die militärischen Maßnahmen zur Sicherung
dieses Unternehmens seien auf deutscher Seite bereits
im größten Umfang getroffen worden. Obwohl von
deutscher Seite alle diese Gerüchte umgehend und
nachdrücklich zurückgewiesen wurden, mochte
man sie in den westlichen Hauptstädten nicht so
ohne weiteres von der Hand weisen. So erklärte der
französische Außenminister Bonnet dem deutschen
Botschafter in Paris am 1. Juli, daß Frankreich
ebenso wie Großbritannien getreu den übernommenen Verpflichtungen fest entschlossen sei, *„nicht zu
dulden, daß der Status quo in Danzig oder im polni-*

schen *Korridor geändert werde, sei es durch eine Gewalthandlung von außen, sei es durch eine einseitige Aktion von innen".* Und der britische Premierminister Chamberlain kritisierte am 3. Juli vor dem englischen Unterhaus die Verstärkung der Danziger Polizei durch den NS-Senat der Stadt als *„extensive Maßnahme militärischen Charakters".* Seine Regierung stehe deshalb in ständigem Kontakt mit den Regierungen Polens und Frankreichs. Schließlich unterstrichen am gleichen Tag auf dem Jahresbankett der Französisch-Englischen Gesellschaft in Paris der britische Kriegsminister Hore-Belisha und der französische Außenminister Bonnet die Stärke ihrer Kriegsflotten bzw. ihrer Landstreitkräfte und kündigten ihren entschlossenen Widerstand gegen jegliche Hegemonie auf dem Festland an.

In Berlin verzichete man weitgehend auf öffentliche Repliken und tat an der Staatsspitze sehr beschäftigt. Nicht einmal die Verhaftung von 16 Hitlerjungen durch Polen, die bei einem Grenzübertritt bei Rummelsburg in Pommern erfolgte, durfte in den reichsdeutschen Zeitungen erwähnt werden. Dafür kam vom Oberkommando der Wehrmacht am 4. Juli der vertrauliche Hinweis, daß zu den diesjährigen Herbstübungen der Wehrmacht *„in größerem Umfange"* Reserven eingezogen würden. Daher würde beispielsweise in Ostpreußen die Ernte von den dann zur Verfügung stehenden Kräften nicht eingebracht werden können, so daß entsprechende Kräfte des Reichsarbeitsdienstes eingesetzt werden müßten.

Sei es, daß der britische Geheimdienst von diesen Planungen des OKW Kenntnis erhielt, sei es, daß man in London nach wie vor an einen Putsch der Nationalsozialisten in Danzig glaubte, auf alle Fälle hielt es der englische Premierminister Chamberlain für angebracht, am 10. Juli vor dem britischen Unterhaus zu erklären: „*Die jüngsten Vorkommnisse in Danzig haben unvermeidlich zu Befürchtungen Anlaß gegeben, daß beabsichtigt sei, den künftigen Status der Stadt durch eine einseitige, mit verborgenen Methoden organisierte Aktion zu regeln und auf diese Weise Polen und andere Mächte vor eine vollendete Tatsache zu stellen . . . Wir haben garantiert, daß wir Polen unseren Beistand geben im Falle einer klaren Bedrohung seiner Unabhängigkeit, der mit seinen nationalen Streitkräften Widerstand zu leisten es als lebenswichtig betrachtet, und wir sind fest entschlossen, diese Verpflichtung auszuführen.*" Über Danzig und die mit ihm zusammenhängenden Streitpunkte zwischen Berlin und Warschau meinte der britische Premierminister bei gleicher Gelegenheit: „*Vom völkischen Gesichtspunkt aus ist Danzig eine fast ganz deutsche Stadt, aber das Gedeihen seiner Einwohner hängt in sehr hohem Maße vom polnischen Handel ab. Die Weichsel ist Polens einziger Wasserweg zur Ostsee, und der Hafen an ihrer Mündung ist deshalb von vitaler strategischer und wirtschaftlicher Bedeutung für Polen. Wenn eine andere Macht sich in Danzig festsetzt, könnte sie, wenn sie es wünschte, Polens Zugang zur See blockieren und damit die Möglichkeit haben, Polen wirtschaftlich und militärisch zu erdrosseln.*"

Damit übernahm Chamberlain weitgehend die polnische Sicht des Danzig-Problems, was in einer reichsdeutschen Stellungsnahme zu seinen Ausführungen als Ermunterung des *„polnischen Chauvinismus"* kritisiert wurde. Mit der von ihm ausgesprochenen Garantie, so der Berliner Kommentar, habe er (Chamberlain) nicht nur die Polen zur Unnachgiebigkeit animiert, sondern ihnen auch die Entscheidung darüber überlassen, wann ihre vitalen Interessen bedroht seien und Großbritannien mithin Beistand zu leisten habe. Und dies alles, um die polnische Regierung *„zum Eintritt in die Front der Einkreisungsmächte"* zu bewegen, wodurch letztlich *„eine schnelle und vertrauensvolle Regelung der mitteleuropäischen Fragen verhindert"* werde.

In die Berliner Vorstellung vom *„englischen Einkreiser und Kriegstreiber"* paßte auch die Empfehlung des früheren britischen Marineministers Duff Cooper vom 12. Juli, die englische Flotte zu mobilisieren, Luftwaffenverbände nach Frankreich zu verlegen und gemeinsam mit den Franzosen auf dem Festland Manöver abzuhalten, um auf diese Weise alle Welt von der Entschlossenheit Londons zu überzeugen, eingegangene Verpflichtungen ernst zu nehmen. Premierminister Chamberlain mochte zwar nicht alle Ratschläge Duff Coopers aufnehmen und in die Tat umsetzen, doch ließ er immerhin am 12. Juli einen Übungsflug britischer Bombergeschwader über französischem Gebiet durchführen, um auf diese Weise die Möglichkeit eines englischen Eingreifens auf dem Kontinent unter Beweis zu stellen, was in der britischen und der französischen Presse mit entsprechender Genugtuung vermerkt wurde. Zugleich kündigte der Londoner Regierungschef für August und September kombinierte Flotten- und Luftmanöver unter Einbeziehung der Reserveflotte an, an welchen nach Chamberlains Worten rund 130 Kriegsschiffe teilnehmen würden. 30 000 Engländer hatten bereits für den 15. Juli den Einberufungsbefehl erhalten und gingen in den nächsten Tagen bei der Miliz unter Waffen.

Der französische Nationalfeiertag zur Erinnerung an den Sturm auf die Bastille am 14. Juli 1789 gab der britischen und der französischen Regierung erneute Gelegenheit zur Demonstration militärischer Stärke und gemeinsamen Handelns. Er wurde in Paris durch eine große Militärparade eingeleitet, an welcher 30 000 Mann, einschließlich farbiger Truppen und der Fremdenlegion, 350 Flugzeuge, 120 motorisierte Geschütze und 350 Panzer teilnahmen. Die Beteiligung britischer Gardetruppen und Flugzeuge sowie die Anwesenheit des britischen Kriegsministers Hore-Belisha und des Chefs des Generalstabs, Lord Gort, bei der Parade unterstrichen demonstrativ das entschlossene französisch-britische Einvernehmen. Diese Absicht wurde durch telegraphische Botschaften des französischen Präsidenten Lebrun an König Georg und des Ministerpräsidenten Daladier an Premierminister Chamberlain noch bekräftigt.

Gleichsam im Schatten dieser Machtdemonstrationen empfing Hitler am 13. Juli den nationalsozialistischen Gauleiter von Danzig, Albert Forster, zu einer persönlichen Unterredung auf dem Berghof und löste bei Bekanntwerden dieses Treffens in der internationalen Presse eine Flut von Gerüchten und Mutmaßungen aus. Die meisten Vermutungen gingen dahin, daß die Danziger Nationalsozialisten Hitler zum Präsidenten der Freien Stadt Danzig wählen und auf diese Weise durch Personalunion die Stadt mit dem Deutschen Reich vereinen wollten. Die polnische Regierung reagierte auf diese Vermutungen mit der amtlichen Mitteilung vom 18. Juli, in welcher es hieß: *„Ohne Rücksicht auf die Art, in welcher Deutschland die Freie Stadt Danzig dem Reiche einzugliedern wünscht, erklären die polnischen politischen Kreise, daß schon die Tatsache des Anschlusses allein eine unerlaubte Beugung des derzeitigen politischen und gesetzlichen Standes der Dinge darstellen und deshalb auch die entsprechende Antwort nach sich ziehen würde."*

Drohungen aus Berlin

Diesen unmißverständlichen Worten aus Warschau antwortete der Oberbefehlshaber des Heeres, Generaloberst von Brauchitsch, anläßlich einer Feier zum Gedenken des verstorbenen Generalfeldmarschalls von Hindenburg am Ehrenmal von Tannenberg in einer Ansprache an die Offiziersschüler des Heeres am 19. Juli mit den markigen Sätzen: *„...
Eine Antwort aber auch an diejenigen, die vermeint-*

liche Rechte auch in diesen uralten, in tausendjähriger Tradition mit deutschem Wesen und deutscher Geschichte verbundenen Boden jetzt feststellen und glauben machen wollen, daß die Kraft zu seiner Behauptung nicht mehr die alte sei! Ein Irrtum, den ein Soldat nicht gern mit dem Wort widerlegt. Ich brauche nur auf Euch, Fähnriche des Lehrgangs 1939, zu blicken, um zu wissen: Ihr verkörpert das gleiche Soldatentum, das hier so tapfer kämpfte, das, an Zahl seinen Gegnern unterlegen, dennoch siegte! Ihr würdet, wie Eure Väter, auch mit Freunden Euer Bestes, Euer Blut, für Volk und Führer hingeben! Wir suchen den Kampf nicht, wir fürchten ihn aber noch viel weniger ... Über Gräber und Kreuze vieler Jahrhunderte, in denen immer wieder dieser Boden als deutsches Eigentum behauptet wurde, geht unser Weg vorwärts! Zur Ehre und Größe unseres Vaterlandes!"

Einen Tag nach dieser antipolnischen Rede des Oberbefehlshabers des Heeres meldete am 20. Juli der französische Konsul aus Hamburg, daß starke deutsche Truppenverbände nachts in aller Heimlichkeit Hamburg verließen, um nach Pommern verlegt zu werden. Bei der engen militärischen Kooperation zwischen Paris und London ist zu vermuten, daß der in jenen Tagen gerade zu Besuch in Polen weilende britische Generalinspekteur der überseeischen Streitkräfte, General Sir Edmund Ironside, diese gemeldeten Truppenbewegungen auch mit seinen polnischen Gastgebern besprochen hat.

Am 21. Juli wurde in Berlin ausländischen Pressevertretern in einer Erklärung des Propagandamini-

steriums mitgeteilt, daß die Angliederung Danzigs
ans Reich letztlich unvermeidlich sei. Einen Kompromiß zwischen der deutschen Forderung und dem
polnischen Standpunkt gebe es nicht; man baue jedoch auf eine friedliche Regelung. Aus diesem Grunde wolle man auch von einem geplanten Flottenbesuch in Danzig absehen, um Polen nicht herauszufordern. Immerhin sollten rund 20 Schiffe den Hafen
der Freistadt anlaufen, was in Warschau notgedrun-
gen zu Nervosität hätte führen müssen. Wie später
bekannt wurde, hatte sich besonders der Staatssekretär im Auswärtigen Amt, Ernst von Weizsäcker,
gegen den Flottenbesuch in Danzig ausgesprochen.
Er kannte — wie kaum ein zweiter Verantwortlicher
in der Reichsregierung auf Grund der im Auswärtigen Amt einlaufenden Botschafts- und Konsularbe-
richte — die Einstellung und Haltung der maßgebli-
chen polnischen Persönlichkeiten; darunter auch die
Ansicht des Marschalls Rydz-Smigly. Dieser hatte
wiederholt erklärt, daß sich Polen, wenn es nötig sein
sollte, auch allein und ohne Hilfe fremder Staaten für
Danzig schlagen würde, denn ein Anschluß Danzigs
an Deutschland hätte für Polen *„dasselbe Ergebnis
wie eine neuerliche Teilung Polens”*.
  Von dieser Entschlossenheit Polens mochte sich
der Danziger NS-Gauleiter Albert Forster nicht beeindrucken lassen. Als *„verantwortlicher Lenker der
Danziger Politik”*, der in *„dauernder Fühlung mit
den zuständigen Stellen des Reiches stehe”*, wie er
sich gern vorstellte, meldete er sich am 24. Juli zu
Wort, um sich öffentlich über *„ein Dutzend durch*

nichts gerechtfertigter Provokationen von polnischer Seite" zu beschweren. Dabei griff er auch England und seine Politik scharf an, indem er ausführte: *„Es zeugt von einer Verantwortungslosigkeit sondergleichen, wenn man, besonders von England aus, Polen aufzuhetzen versucht, in der Frage Danzig unter keinen Umständen nachzugeben. Man ist also in London eher bereit, Hunderttausende von Menschen auf das Schlachtfeld zu führen, als 400 000 Deutschen ihr selbstverständliches Recht zu geben. Dieses Gebaren zeigt am besten die Friedensliebe, die angeblich in den westlichen Staaten vorherrschen soll"*, um dann starke Worte in Richtung Warschau zu machen: *„Als führende Männer würden wir verantwortungslos handeln, wenn wir angesichts der ständigen polnischen Drohungen gegenüber Danzig und den in Reden und in polnischen Zeitungen nahezu jeden Tag zum Ausdruck kommenden Forderungen, Danzig dem polnischen Staat einzuverleiben, nicht Maßnahmen zu unserem Schutze ergreifen würden. Was uns in solchen kritischen Zeiten innerlich ruhig und gläubig in die Zukunft sehen läßt, ist die heilige Überzeugung, daß das Großdeutsche Reich als unser Mutterland hinter uns steht und uns sofort zu Hilfe kommen würde."*

Aus den betont englandfeindlichen Worten Forsters wird unschwer die Handschrift Hitlers deutlich. Dieser sah nach wie vor in Großbritannien die treibende Kraft gegen Deutschland und suchte dessen Politik bei jeder sich bietenden Politik anzuprangern.

Der Haltung Frankreichs widmete die deutsche Staatsführung dagegen kaum erwähnenswerte Aufmerksamkeit, obwohl Paris bislang der klassische Bundesgenosse Warschaus gewesen ist und sich die französische Regierung ebenso klar und eindeutig wie das britische Kabinett gegen jede Änderung des Status quo von Danzig ausgesprochen hat. Zuletzt in einer Note des französischen Außenministers George Bonnet an den deutschen Botschafter in Paris, Graf Welczeck, vom 1. Juli 1939. Darin stellte der Pariser Außenamtschef unmißverständlich fest: *„Es ist also meine Pflicht, auf das schärfste festzustellen, daß jegliche Unternehmung, welcher Art sie auch sei, die darauf hinzielen würde, den Status quo in Danzig zu ändern, und als deren Folge der bewaffnete Widerstand Polens ausgelöst würde, das Französisch-Polnische Abkommen in Kraft setzen und Frankreich zwingen würde, Polen sofort Beistand zu leisten."* Ribbentrop beantwortete diese Note an den deutschen Botschafter in Paris mit einem persönlichen Brief an seinen französischen Amtskollegen und teilte diesem unter dem Datum des 13. Juli 1939 mit: *„Deutschland muß, ebenso wie es sich niemals in vitale französische Interessensphären eingemischt hat, eine Einmischung Frankreichs in seine vitalen Interessensphären mit aller Entschiedenheit ein für allemal ablehnen. Die Gestaltung des Verhältnisses Deutschlands zu seinen östlichen Nachbarn berührt keinerlei französische Interessen, sondern ist ureigenste Angelegenheit der deutschen Politik. Die Reichsregierung sieht sich daher nicht in*

der Lage, Fragen der deutsch-polnischen Beziehungen mit der Französischen Regierung zu erörtern,
oder dieser gar das Recht zu einer Einflußnahme auf
Fragen zuzugestehen, die mit der zukünftigen Gestaltung des Schicksals der deutschen Stadt Danzig
zusammenhängen."
Der im Brief festzustellende gereizte Ton mündet
in den nachfolgenden Sätzen in die Drohung, die
polnische Armee bei einem provozierten Angriff zu
vernichten und dafür notfalls auch einen militärischen Konflikt mit Frankreich in Kauf zu nehmen.
Ribbentrop dazu wörtlich: *„Die bereits erwähnte, im
Schlußsatz Ihrer Notiz enthaltene Feststellung würde
nach ihrem Wortlaut bedeuten, daß Frankreich
Polen das Recht zugesteht, sich jeder beliebigen
Änderung des Status quo in Danzig militärisch zu
widersetzen und daß, wenn Deutschland eine solche
Vergewaltigung deutscher Interessen nicht duldet,
Frankreich Deutschland angreifen will. Sollte dies
tatsächlich der Sinn der französischen Politik sein,
so müßte ich Sie bitten, zur Kenntnis zu nehmen, daß
solche Drohungen den Führer in seinem Entschluß,
die deutschen Interessen mit allen ihm zur Verfügung stehenden Mitteln wahrzunehmen, nur noch
bestärken würden. Der Führer hat immer die deutsch-
französische Verständigung gewünscht und einen
nochmaligen Krieg zwischen den beiden Ländern,
die durch keinerlei vitale Interessengegensätze mehr
getrennt werden, als Wahnsinn bezeichnet. Liegen
die Dinge aber so, daß die französische Regierung
den Krieg will, so wird sie Deutschland jederzeit be-*

reit finden. Die Verantwortung für einen solchen Krieg würde dann ausschließlich die Französische Regierung vor ihrem Volk und vor der Welt zu tragen haben . . . "

Ähnlich wie Hitler und andere Führungspersönlichkeiten des Dritten Reiches unterstellte Ribbentrop in seinem Schreiben den Westmächten eine anmaßende Bevormundung der deutschen Politik und eine mißgünstige Schiedsrichterrolle über deutsche Interessen in Osteuropa. Diese Anmaßung glaubte man in Berlin ebenso zurückweisen zu müssen wie die bevormundende Reglementierung deutscher Interessenwahrnehmung gegenüber Polen. Man hatte an der Spree den tief sitzenden Verdacht, daß sich England und Frankreich immer noch für den Weltpolizisten gegenüber Deutschland hielten und ein Erstarken des Reiches glaubten verhindern zu dürfen. Während man in der Reichskanzlei sah, wie sich Engländer und Franzosen wie ganz selbstverständlich auf der ganzen Welt das sicherten oder holten, was sie für ihren Machtzuwachs brauchten. Eine Ungleichheit, die man in Berlin als eine Verewigung der Versailler Gewaltfriedensordnung empfand und unter allen Umständen überwinden wollte, um nicht länger „*Paria der europäischen Mächte*" zu sein, wie es Hitler und Goebbels einmal ausdrückten. Die deutschen NS-Führer litten offensichtlich unter der Vorstellung, von den beiden Westmächten als Großmacht nicht ganz ernst genommen und als bloßer Juniorpartner behandelt zu werden. Eine Einbildung, die sich mit ihrem übersteigerten Selbstverständnis nicht vertrug und dann zu solchen Ankündigungen und Drohungen Hitlers und seiner Mitarbeiter führte.

Dabei darf man nach Würdigung der tatsächlichen Interessenlage davon ausgehen, daß das Deutsche Reich gegenüber den Westmächten keine Eroberungspläne hegte und mithin an einer kriegerischen Auseinandersetzung mit England und Frankreich völlig desinteressiert war. Dieses ihr eigenes Desinteressement an der Außen- und Machtpolitik der beiden Westmächte glaubten die Männer in Berlin auch den Anglofranzosen zumuten zu dürfen und waren daher über ihren diesbezüglichen Irrtum so betroffen und reagierten gereizt. Nach dem Grundsatz, daß einem der Nachbar gleichfalls gönnen solle, was man ihm auch zugesteht, glaubte man in Berlin von England und Frankreich mehr Verständnis und Entgegenkommen erwarten zu dürfen, als dies London und Paris erkennen ließen. So schlug bei allen hochoffiziellen deutschen Stellungnahmen und amtlichen Verlautbarungen stets ein beleidigter Ton eines Zukurzgekommenen durch und führte zu den bekannten Schärfen in amtlichen Noten und öffentlichen Führerreden.

Den Polen verabreichte man dabei allenfalls Seitenhiebe, weil man sie zum Teil als Opfer der mißgünstigen bis böswilligen anglofranzösischen Einkreisungspolitik betrachtete und daher nicht als die eigenen Widersacher empfand. In die Berliner Vorstellung, in England und Frankreich die eigentlichen Gegenspieler zu haben, welche Deutschland unter allen Umständen kurz und klein halten wollten, paßte auch, was der deutsche Botschafter aus London am 10. Juli 1939 vertraulich nach Berlin kabelte, nämlich daß *„durch die gegen Deutschland gerichtete Einkreisungsaktion der Regierung, durch die Aufrüstungspropaganda, die Einführung der allgemeinen Wehrpflicht, die Luftschutzorganisation, vor allem durch die Flut antideutscher Propaganda in Presse, Kino, Theater und Rundfunk die für emotionelle Reaktionen empfängliche öffentliche Meinung Englands in einen Geisteszustand versetzt worden ist, der den Begriff ‚Krieg' zum Mittelpunkt des Denkens und der Gespräche macht"*.

Die Fronten verhärten sich

Mit diesen in Berlin bekannt gewordenen Aktionen der Briten und Franzosen wie auch durch die unmißverständlichen Erklärungen Polens sollte es der deutschen Reichsregierung nunmehr hinlänglich klar geworden sein, daß ein weiteres Rütteln am Status von Danzig und ein Infragestellen der politischen Regelung des Korridors letztlich zu einer militärischen Auseinandersetzung mit Polen und den Westmächten führen und sich mithin ein *„Münchener Abkommen"* über Danzig oder den Korridor bzw. ein März 1939 mit einem ungestraften deutschen Einmarsch im Korridor nicht wiederholen dürfte.

Warschau erklärte wiederholt und unmißverständlich den überkommenen Status quo von Danzig zum Ehrenpunkt, der nicht verhandlungsfähig sei, und die verbündeten Westmächte bestärkten Polen in seiner Haltung nachdrücklich. Im Sinne der Beck'schen psychologischen Strategie gegenüber Hitler, nämlich klare Kompromißlosigkeit und entschlossene Stärke zu zeigen, meldeten sich in den späten Julitagen zunehmend mehr Militärs zu Wort. Unter diesen in den Vordergrund tretenden Persönlichkeiten spielte naturgemäß Marschall Rydz-Smigly eine herausragende Rolle. Und so nahm es nicht wunder, daß er auch bevorzugt von ausländischen Diplomaten um eine Lagebeurteilung angegangen wurde.

US-Botschafter Drexel Biddle gehörte zu seinen ausgewählten Gesprächspartnern und meldete ausführlich über seine Unterhaltungen mit dem polnischen Oberstkommandierenden nach Washington. Dabei erscheint das Geheimtelegramm vom 26. Juli 1939 *„For the President and the Secretary"*, also an den amerikanischen Außenminister und an Präsident Roosevelt, besonders aufschlußreich. Es beinhaltete die neueste militärische Lagebeurteilung des obersten polnischen Soldaten und zeugt von der schier unaufhaltsamen Entwicklung zu einer kriegerischen Auseinandersetzung zwischen Polen und Deutschland. Etwa, wenn die polnische Armeeführung zwei Divisionen zusätzlich an die polnisch-deutsche Grenze verlegte, stationierten die Deutschen im Gegenzug drei Divisionen in den Grenzstreifen gegenüber. In den letzten Tagen, so erläuterte Rydz-

Smigly dem US-Botschafter, hätte eine Konzentration deutscher Truppen vis-a-vis von Posen stattgefunden; und in allerjüngster Zeit im Gebiet von Breslau-Oppeln, was aber für Polen noch nicht alarmierend wäre. Nach Meinung des polnischen Marschalls würden die Deutschen rund zwei Wochen benötigen, um hinreichend Kräfte für einen Schlag gegen Polen zu mobilisieren. Nach jüngsten geheimdienstlichen Erkenntnissen, so vertraute Rydz-Smigly dem amerikanischen Botschafter an, gäbe es bei den deutschen Offizieren eine Urlaubssperre und wären im Ernteeinsatz befindliche Reservisten für den 10. August 1939 zur militärischen Verwendung vorgesehen. Die Wahrscheinlichkeit eines Krieges sei in letzter Zeit größer gewesen als die Möglichkeit seiner Verhütung, doch hätte sich die Politik der Stärke und Entschlossenheit bewährt und die Anti-Aggressionsfront an Stärke zugenommen, was zu Lasten der Achsenmächte gegangen sei. Die Zeit arbeite letztlich gegen Deutschland; nach einem Jahr dürfte die militärische Stärke der Anti-Aggressionsfront (= Polen mit England und Frankreich samt ihren Verbündeten) ziemlich sicher jene der Achse eingeholt haben und in zwei Jahren sogar überflügeln. So seien sich Rydz-Smigly und Außenminister Beck in der Überzeugung einig, daß nur eine feste Haltung der Anti-Aggressionsfront letztlich ein wirksames Gegengewicht gegen Deutschlands Expansionsgelüste darstelle, und daß die Sprache der Stärke die einzige sei, die Hitler mit Erfolg zum Stehen bringen könne. Der braune Diktator gebrauche seine Streitkräfte eigentlich mehr als Erpressungsmittel denn als militärisches Instrument. Gleichwohl würde Hitler natürlich wachsam bleiben, um jedes Zeichen von Schwäche der Anti-Aggressionsfront für sich auszunutzen und loszuschlagen, meinte der polnische Marschall.

Im Washingtoner State Department hielt man dieses Telegramm Biddles für so bedeutsam und wichtig, daß Unterstaatssekretär Sumner Welles es zusammen mit anderen Depeschen aus Warschau Präsident Roosevelt zur persönlichen Kenntnisnahme zuleitete, wie eine Briefanlage ausweist. Der amerikanische Staatschef konnte demnach zufrieden zur Kenntnis nehmen, daß die von ihm ausgegangenen und von Botschafter Bullitt an die Polen vermittelten Ermunterungen zum entschlossenen Widerstand gegen eine etwaige deutsche Expansion nach dem Osten Resonanz gefunden haben.

Von dieser Kampf- und Kriegsbereitschaft des polnischen Volkes wußte auch der deutsche Botschafter in Warschau, Hans-Adolf Graf von Moltke, zu berichten. In einem Diplomatenkabel vom 1. August 1939 beschreibt er den Widerstandswillen der Bevölkerung in den *„polnischen Kerngebieten"* und führt dabei wörtlich aus: *„Von besonderer Bedeutung für die Gesamthaltung Polens sind Stimmung und Widerstandswille der Bevölkerung, den seit nunmehr vier Monate andauernden Zustand der Teilmobilisierung und politischen Unsicherheit zu ertragen, ohne daß es bisher zu einem Zusammenbruch oder auch nur wesentlichen Abflauen der Stimmung, ge-*

schweige denn zu einem Auftreten defaitistischer Strömungen gekommen wäre. *Der alte Haß gegen alles Deutsche und die Überzeugung, daß es Polens Schicksal ist, mit Deutschland die Waffen zu kreuzen, sitzen zu tief, als daß die einmal entfachten Leidenschaften so bald wieder zusammensinken könnten. So hat die Regierung es leicht, ihren nationalistischen Parolen die gewünschte Wirkung zu verschaffen, und fast überall findet ihre Propaganda einen günstigen Nährboden.*"

Und über die Rolle und Einstellung der polnischen Geistlichkeit im Jahre 1939 berichtet Botschafter von Moltke nach Berlin: „*Der polnische Klerus . . . stellt sich für die persönliche Beeinflussung der Bevölkerung im Sinne der polnischen antideutschen Propaganda um so williger restlos zur Verfügung, als seine eigenen Ziele sich völlig mit denen des Staates decken: Man kann sogar sagen, daß sich der polnische Klerus vielfach an die Spitze der deutschfeindlichen Bewegung gesetzt hat. Er verkündet dem Volke, daß Polen vor einem ‚heiligen Krieg' gegen das deutsche Neu-Heidentum steht. Er verbreitet unaufhörlich Nachrichten über die angebliche Unterdrückung der Katholiken im Reich und läßt sich an Kriegslust kaum noch übertreffen. So wird berichtet, daß einzelne Geistliche auf dem flachen Lande schon Gottesdienste für den polnischen Sieg abhalten und erklärt haben, daß sie nicht für den Frieden beten könnten, da sie für den Krieg seien. Ein von Kardinal Augustyn Hlond angeordneter Bittgottesdienst für den Frieden wurde von den Geistlichen vielfach in der Weise umgestaltet, daß für*

*einen polnischen Sieg gebetet wurde. Bei der Unbildung
der großen Masse kann man sich vorstellen, welche
Wirkung derartige kirchliche Einflüsse hervorrufen."*
Diese Schilderungen wurden im Auswärtigen Amt
sorgfältig studiert und zum Teil auch an die Reichskanzlei bzw. an das Oberkommando der Wehrmacht
nachrichtlich weitergeleitet, um sich für eine entsprechende Einschätzung der einzelnen polnischen Be-
völkerungsschichten vorbereiten zu können. Dabei
wurden insbesondere die Aussagen über die Haltung
und Agitation der Mehrheit der polnischen Geistlichkeit von deren früherem Verhalten — etwa bei
den Volksabstimmungen in Oberschlesien — weitgehend gestützt und vom späteren Verlauf der Entwicklung bestätigt.

Wenige Tage nach Moltkes Bericht kam es zwischen
dem Danziger Senat und der polnischen Regierung zu
einem Notenwechsel über Zahl und Tätigkeit der polnischen Zollinspektoren in der Freistadt. Dabei wurde
von Danziger Seite die Stärke der polnischen Zollinspektoren als überzogen bezeichnet, da sie sich von 9 im
Jahre 1920 über 27 im Jahre 1929 auf nunmehr 100 erhöht habe und dazu mißbraucht werde, sich in andere
Angelegenheit einzumischen. Eine Beschwerde, die
von Warschau zurückgewiesen wurde, da Polen das vertraglich zugesicherte Recht habe, die Zahl der Zollinspektoren nach eigenem Ermessen festzusetzen.
Schließlich verständigte man sich auf dem Verhand-
lungswege.

Gleichwohl blieb das Thema Danzig auf der Tages-
ordnung polnischer Äußerungen. So beschäftigte sich

Marschall Rydz-Smigly anläßlich der Legionärstagung in Krakau in einer öffentlichen Rede mit dem Status und der Lage der Freistadt und führte dazu vor einer vieltausendköpfigen Menge aus: *„Danzig, das mit Polen seit Jahrhunderten verbunden ist, stellt die Lunge unseres wirtschaftlichen Organismus dar. Polen hat seine Stellungnahme ohne Zweideutigkeit präzisiert. Nicht wir sind es, welche sich der internationalen Verpflichtungen entledigen; unsere ganze Handlungsweise in Danzig beinhaltet nichts anderes als eine Antwort auf die der Gegenseite. Wenn jemand sich einbildet, daß unsere Vaterlandsliebe uns geringere Rechte und Pflichten auferlegt als anderen, so warnen wir vor diesem großen Irrtum."* Wie berichtet wird, soll Rydz-Smigly auf diese Worte aus der Menge der Ruf entgegengeschallt haben: *„Auf nach Danzig!"*

Dagegen ist dokumentarisch belegt, daß es in den ersten August-Tagen zu einem scharfen Notenwechsel zwischen Warschau und dem NS-Senat von Danzig über die polnische Drohung, bestimmte Waren nicht mehr aus der Freistadt einzuführen, gekommen ist. In diesen diplomatischen Schlagabtausch schaltete sich am 9. August 1939 auch der Staatssekretär im Auswärtigen Amt, Ernst Freiherr von Weizsäcker, ein, indem er dem polnischen Geschäftsträger in Berlin, Fürst Lubomirski, das Befremden der Reichsregierung über die feindselige Haltung Polens zum Ausdruck brachte. Wörtlich teilte von Weizsäcker dem Vertreter Warschaus mit: *„Die Reichsregierung hat mit großem Befremden von der Note der Polnischen*

Regierung an den Senat der Freien Stadt Danzig
Kenntnis erhalten ... Die Reichsregierung sieht sich
veranlaßt, die Polnische Regierung darauf hinzuwei-
sen, daß eine Wiederholung solcher ultimativer For-
derungen an die Freie Stadt Danzig und die Andro-
hung von Vergeltungsmaßnahmen eine Verschärfung
in den deutsch-polnischen Beziehungen herbeiführen
würde, für deren Folgen die Verantwortung aus-
schließlich auf die Polnische Regierung fallen würde
und für die die Reichsregierung schon jetzt jede Ver-
antwortung ablehnen muß."

Die von Staatssekretär von Weizsäcker erwähnte
polnische *„Androhung von Vergeltungsmaßnah-*
men" bezog sich nicht allein auf eine mögliche Erweiterung der polnischen Boykottliste, sondern schloß
auch von polnischer Seite angedrohte militärische
Aktionen ein; hatte doch Tage zuvor ein Warschauer
Blatt die Beschießung Danzigs für den Fall angedroht,
daß Deutschland eine einseitige Lösung des Danzig-
Problems versuchen sollte. Die *„Berliner Börsenzei-*
tung" nannte dies eine *„offizielle Aufforderung zum*
Krieg" und sah in ihr eine Folge der Krakauer Rede
Marschall Rydz-Smiglys, um dann anzumerken:
„Der Blutrausch, in den das polnische Volk in den
letzten Wochen in unverantwortlicher Weise von den
ersten Persönlichkeiten des polnischen Staates
hineingehetzt worden ist und der nun zum Ausbruch
drängt, läßt die klare, ungeheuerliche Tatsache in Er-
scheinung treten, daß die Polen einen heimtücki-
schen Überfall auf die deutsche Stadt Danzig vorbe-
reiten. Die Leute, die es für richtig halten, diesen

Wahnsinnigen einen Blankoscheck auszustellen, sollten endlich sehen, zu welch furchtbarem Verbrechen sie ihren Vasallen den Weg geebnet haben. Der erste Schuß auf Danzig aus einem polnischen Geschütz wird in unsern Augen ein genügender Anlaß sein, um den Polen eine Antwort zu erteilen, deren Lettern den Schlußsatz der gegenwärtigen polnischen Geschichte darstellen werden." Erinnern auch Passagen an Beobachtungen der beiden britischen Emissäre Jebb und Strang, wie etwa die Feststellung, daß sich manche polnische Kreise nach der englischen Polengarantie vom 31. März 1939 *„anmaßend"* und *„siegessicher"* gegeben hätten, und muten andere Stellen, wie jene über das Ende der polnischen Geschichte, geradezu prophetisch an, und wenn man an Polens Schicksal der nächsten fünf Jahre denkt, so ordnete das *„Luzerner Tagblatt"* diese deutschen Stimmen wohl richtig ein, wenn es am 9. November 1939 von *„Deutscher Pressepolemik gegen Polen"* schrieb.

Ungleich ernster als diese Pressefehde nahm die politische Welt die Reise des Danziger Gauleiters Forster zu Hitler nach Berchtesgaden am 8. August, nachdem eine *„Persönlichkeit der Wilhelmstraße"* zu den Besprechungen des Reichskanzlers mit dem Danziger NS-Führer bemerkt hatte, sie wären *„ein wichtiger Schritt auf dem Wege zur Lösung der Danziger Frage"* und aus gut unterrichteter Quelle verlautete, Forster sei mit dem Anliegen zu seinem Führer geflogen, *„diplomatische Unterstützung"* für Danzig im Falle des Ausbruches einer Krise um die Freistadt zu bitten. Dies würde möglicherweise die Übernahme der bisher durch Polen wahrgenommenen außenpolitischen Vertretung Danzigs durch das Deutsche Reich bedeuten.

Offenbar vor dem Hintergrund dieser Vermutungen empfanden die Polen die Mitteilungen Staatssekretärs von Weizsäcker vom 9. August an den polnischen Geschäftsträger in Berlin, Fürst Lubomirski, als unzulässige Einmischung in polnische Zuständigkeiten und reagierten entsprechend gereizt. Das kam deutlich in der Erklärung des stellvertretenden polnischen Unterstaatssekretärs im Warschauer Außenministerium, Miroslaw Arciszewski, gegenüber dem deutschen Geschäftsträger an der Weichsel, Johann von Wühlisch, zum Ausdruck. Da hieß es unter dem Datum des 10. August 1939 wörtlich: *„Die Regierung der Republik Polen hat mit höchst lebhaftem Erstaunen Kenntnis genommen von der vom Staatssekretär im deutschen Ministerium des Auswärtigen am 9. August 1939 dem polnischen Geschäftsträger ad interim in Berlin abgegebenen Erklärung über die bestehenden Beziehungen zwischen Polen und der Freien Stadt Danzig. Die Polnische Regierung sieht tatsächlich keine rechtliche Grundlage, die die Einmischung Deutschlands in diese Beziehungen rechtfertigen könnte"*, um dann etwas herablassend die deutsche Seite wissen zu lassen: *„Wenn die Meinungen über das Danziger Problem zwischen der polnischen und der Deutschen Regierung ausgetauscht worden sind, so ist dies lediglich auf Grund des guten Willens der Polnischen Regierung und nicht infolge* einer Verpflichtung irgendwelcher Art geschehen", und anschließend mit scharfen Worten festzustellen: *„In Beantwortung der obenerwähnten Erklärung der Deutschen Regierung sieht sich die Polnische Regierung verpflichtet, die Deutsche Regierung warnend davon in Kenntnis zu setzen, daß sie in Zukunft wie bisher, auf jeden Versuch der Behörden der Freien Stadt, der die von Polen kraft seines Abkommens daselbst innegehabten Rechte und Interessen gefährden könnte, durch Anwendung von Mitteln und Maßnahmen reagieren wird, die anzuwenden sie allein für richtig hält, und sie wird jede künftige Einmischung der Deutschen Regierung zum Schaden dieser Rechte und Interessen als einen Angriffsakt betrachten."*

Für den Abend des gleichen Tages, an dem diese polnische Erklärung der deutschen Botschaft in Warschau zur Kenntnis gebracht wurde, war eine öffentliche Rede des Danziger Gauleiters Albert Forster angesetzt. Da Forster direkt von Hitler kam, gingen politische Beobachter davon aus, daß der deutsche Führer die Rede seines Danziger Statthalters dazu benutzen werde, um seine eigenen politischen Vorstellungen über die Zukunft des Freistaats bekanntzugeben. Britische Kreise vermuteten sogar, daß das Redemanuskript Forsters aus der Hand Hitlers stammen dürfte. In Warschau nahm man den angekündigten Auftritt Forsters jedenfalls so ernst, daß der polnische Rundfunk wenige Stunden vor Beginn der Veranstaltung den Gauleiter vor unüberlegten Äußerungen warnte und mit den Worten schloß: *„Wir hoffen,*

*daß Herr Forster bei seiner Rede die Worte des Mar-
schalls Rydz-Smigly, die er in Krakau aussprach, in
Erinnerung haben wird, nämlich:* ‚*Polen kennt keinen Frieden, der für den einen ‚Nehmen' und für
den anderen ‚Geben' heißen soll.*" Diese Rundfunk-
botschaft wurde in polnischer Sprache verbreitet,
über den Langwellensender Warschau aber auch in
deutsch ausgestrahlt.

Als dann schließlich die Stunde des Ereignisses gekommen war und sich auf den Danziger *„Langen
Markt"* an die 30 000 Personen versammelt hatten,
zu denen noch einige Zehntausende kamen, die sich
in den Zufahrtsstraßen und auf zwei weiteren Plätzen
eingefunden hatten, erlebte die Welt kaum mehr als
eine weitere Probe nationalsozialistischer Rhetorik.
Forster erklärte zu Beginn seiner Rede, daß die Versammlung durch die *„alltäglichen Drohungen der
Polen"* erzwungen worden sei und nunmehr Gelegenheit bieten solle, die Meinung der Danziger *„endlich
einmal sehr eindeutig und klar"* zum Ausdruck zu
bringen. Gleichwohl wolle er, Forster, mit dieser Pro-
testkundgebung keine neuen Sensationen in die Welt
setzen und forderte die ausländischen Journalisten
auf, auch dies nicht von ihm zu erwarten. Als Beweis
für seine Behauptung, daß die Unruhe und Aufregung
nicht von Danzig, sondern von Polen in die Welt getragen werde, zitierte der Gauleiter eine Reihe polnischer Presseveröffentlichungen der letzten Monate
und antwortete darauf mit den Worten: *„Kriegsdrohungen, und mögen sie noch so herausfordernd sein,
schrecken uns keineswegs und werden in Danzig*

keinerlei Anzeichen von Angst hervorrufen. *Wir Nationalsozialisten haben dafür gesorgt, daß die Danziger Bevölkerung in dieser spannungsreichen Zeit ihre
Nerven nicht verliert* . . . *Wir haben in Danzig in den
letzten Wochen alles getan, um jeden Überfall oder
Handstreich ganz gleich welcher Art, auf Danzig ab-
zuwehren und entsprechend zu beantworten* . . .",
um dann in Richtung Warschau zu verkünden: *„Polen
mag sich darüber im klaren sein, daß Danzig nicht
allein und verlassen auf dieser Welt steht, sondern
daß das Großdeutsche Reich, unser Mutterland, und
unser Führer Adolf Hitler, jederzeit entschlossen sind,
im Falle eines Angriffes von polnischer Seite in der
Abwehr desselben uns zur Seite zu stehen."*
Forster führte sodann eine Auswahl englischer
und französischer Stimmen über *„das Verbrechen
des Versailler Diktates in Bezug auf Danzig und die
Grenzziehung im Osten"* und listete seinen — oder
Hitlers — Standpunkt in 5 Thesen auf. Danach war
Danzig *„seit seiner Gründung immer eine urdeutsche
Stadt"*, wurde im Jahre 1919 *„trotz mehrfachen einmütigen Protestes seiner Bevölkerung vom Mutter-
lande abgetrennt"*, erfuhr seitdem wirtschaftliche und
kulturelle Schädigungen, erduldete allerhand polnische Schikane und schaue nunmehr *„mit seltener
Geschlossenheit"* auf Adolf Hitler, welcher die *„Heimkehr ins Reich"* ermöglichen *„und damit dem 1919
verweigerten Selbstbestimmungsrecht wieder Geltung"* verschaffen werde. Forster schloß mit den Worten: *„Möge der Tag nicht fern sein, an dem wir wiederum hier zusammenkommen, nicht mehr zur Pro-*

testkundgebungen, sondern zur Feier der Wiedervereinigung Danzigs mit dem Großdeutschen Reich!"
Die Resonanz auf diese Rede fiel naturgemäß un-
terschiedlich aus. Während reichsdeutsche und italienische Zeitungen Forsters Ausführungen entsprechend lobten und herausstellten, kommentierten britische und französische Blätter die Rede vorwiegend
kritisch. So vertrat der Londoner „Daily Telegraph"
die Ansicht, daß Forsters Ansprache dazu beitragen
werde, die bestehenden Spannungen in Europa noch
zu erhöhen. Die letzte Entscheidung über die weitere
Entwicklung liege jedoch bei Hitler. „Solange Hitler
nicht gesprochen hat", so das britische Blatt, „wissen
wir nicht die Bedeutung der Worte: ‚Die Stunde der Befreiung ist nahe' ". Im übrigen bezeichnete der „Daily
Telegraph" den Versuch, die Verantwortung für die
Entwicklung der Danziger Krise den Polen zuzuschie-
ben als „eine Umkehrung der geschichtlichen Tatsachen". Der Danziger „Times"-Korrespondent meinte
dagegen, daß Gauleiter Forster aus Berchtesgaden mit
der Weisung Hitlers nach Danzig zurückgekehrt sei,
eine Doppelstrategie in der Danziger Frage zu verfolgen, nämlich einerseits auf Verhandlungen über den
akuten Zollkonflikt zu drängen, gleichzeitig aber die
Pressekampagne für eine Rückkehr der Freistadt in
das Deutsche Reich fortzuführen.
Tatsächlich wurden für den 14. August Gespräche
zwischen dem nationalsozialistischen Senatspräsi-
denten Greiser und dem polnischen Generalkommis-
sar Chodacki in den Amtsräumen des Völkerbunds-
kommissars Burckhardt über die strittige Frage der

Zahl der polnischen Zollinspektoren vereinbart und im Reich zur gleichen Zeit die Angriffe auf die polnische Politik verschärft. So prangerten am 11. August viele deutsche Zeitungen mit großen Schlagzeilen angebliche Mißhandlungen von 18 Deutschen im Kattowitzer Polizeigefängnis durch polnische Sicherheitskräfte an und forderten entsprechende Gegenmaßnahmen. Dagegen verschwieg man in der gleichgeschalteten NS-Presse im Reich die im Anschluß an die Forster-Rede aufgetretenen Unruhen und antinationalsozialistischen Kundgebungen in Danziger Straßen sowie die Verbreitung eines Flugblattes der Danziger „Freiheitspartei", auf welchem zu lesen war: „Wir wollen nicht ins Reich zurück! Wir wollen nicht, daß in unseren Straßen Blut fließt. Wir Danziger verabscheuen dieses Spiel mit dem Feuer. Alle anständigen Danziger sind die Paraden, die Grüßerei, die Herumschnüffelei und die Überwachung ihrer Privatleben reichlich satt!"

Beiderseitige Kräftedemonstration

Während dieser Vorgänge in und um Danzig blieben auch Polens Verbündete Frankreich und Großbritannien nicht untätig. Sie demonstrierten zum einen militärische Bereitschaft und präzisierten zum andern ihren politischen Standort bzw. lancierten Lösungsmöglichkeiten in die Öffentlichkeit. So führten die Briten in der zweiten Augustwoche die „gewaltigsten *Luftmanöver durch, die je abgehalten wurden"* und gingen dabei von einem Angreifer „*Westland*" auf dem Kontinent aus. Insgesamt 1 300 Maschinen „*modernster und schnellster Bombenflugzeuge und Jäger*" nahmen an den Übungen teil. Sie wurden flankiert von einer großen Flottenparade, welcher auch König Georg beiwohnte.

Zur gleichen Zeit erklärte Winston Churchill in einer Rundfunkrede, daß es keinen Krieg geben würde, wenn Hitler keinen anfinge, denn: „*Niemandem ist es auch nur im Traum eingefallen, Deutschland anzugreifen*", aber: „*England und Frankreich sind entschlossen, nur zur Selbstverteidigung oder zur Verteidigung ihrer Alliierten Blut zu vergießen!*" Schließlich konterkarierten einflußreiche britische Parteipolitiker diese Erklärung Churchills durch einen öffentlich zur Diskussion gestellten Friedensplan, welcher unter anderem vorsah: „*Die Forderung, daß die Neuordnung der Verhältnisse in Europa auf der Basis der Gleichheit erfolgen müsse, und nicht von den Siegern den Unterlegenen aufgezwungen werden dürfe.*" Eine Vorstellung, die dem außenpolitischen Programm des deutschen Kanzlers weitgehend Rechnung trug. Ferner: „*Die Anerkennung der Notwendigkeit einer Ergänzung der deutschen Wirtschaft durch die Wirtschaft Mittel- und Südosteuropas, und demzufolge die Anerkennung des politisch-wirtschaftlichen Vorrangs des Deutschen Reiches in diesen Gebieten, der jedoch nicht zur Beherrschung der betreffenden Staaten führen dürfe.*" Wiederum ein Zugeständnis an deutsche Erwartungen. Des weiteren:

„*Die Zusage, daß England, wenn Deutschland das Opfer eines unprovozierten Angriffs werden sollte, in einem hieraus entstehenden Kriege neutral bleiben würde.*" Ein Angebot an Berlin, das nicht nur die Furcht vor einer Einkreisung nehmen sollte, sondern das sich auch stark an die britische Garantie für Polen anlehnte. Schließlich die Eröffnung: „*Wenn Deutschland bereit sei, auf dieser Grundlage mitzuarbeiten, so solle ihm eine seiner Bedeutung entsprechende Rolle bei der Neuordnung Europas zugestanden werden. Deutschland solle auf der Basis einer Treuhänderschaft Anteil am Kolonialbesitz der Welterhalten.*" Auch diese Zukunftsperspektive trug langgehegten deutschen Wünschen weitgehend Rechnung und hätte ernsthafte Erwägungen verdient.

In Berlin hielt man dagegen diese Überlegungen für wenig seriös und bezeichnete sie unverblümt als Gerüchte, die dann ernst zu nehmen wären, wenn es „*die von England eingeleitete Einkreisungspolitik*" nicht geben würde. Man wollte dabei offensichtlich an der Spree übersehen, daß die von deutscher Seite als „*Einkreisungspolitik*" qualifizierte Bemühung Großbritanniens, die Sowjetunion in eine „*Friedens*"- oder „*Anti-Agressionsfront*" gegen Deutschland einzugliedern, damals bereits weitgehend gescheitert war. Polen hatte sich nämlich Anfang August definitiv geweigert, der Roten Armee ein Durchmarschrecht durch sein Land zuzugestehen. Diese Konzession war aber von Moskau zur unabdingbaren Voraussetzung für eine Mitgliedschaft in der „*Friedensfront*" gegen Hitler-Deutschland erklärt worden. Gleich-

wohl hielten die NS-Führer an ihrer Vorstellung vom
„Einkreiser" und *„Kriegstreiber"* England fest, wie
die Äußerungen Hitlers und Gauleiter Forsters in jenen Tagen ausweisen. Neu war allenfalls die immer
schärfer werdende Sprache über Polen und seine
führenden Politiker. Etwa wenn Hitler in einem Gespräch mit dem Völkerbundskommissar Burckhardt
am 13. August in Berchtesgaden Außenminister Beck
beschuldigte, aussichtsreiche Verhandlungen zwischen Danzig und dem polnischen Vertreter Chodacki kurzerhand abbrechen zu lassen und angebliche Danziger Übergriffe in die Welt hinauszuposau-
nen, oder Gauleiter Forster anläßlich einer Danzig-
Kundgebung in Fürth (seiner Heimatstadt) am 12.
August wörtlich über die Polen ausführte: *„Sie* (die
Polen) *sind eine anmaßende und größenwahnsinnige
Gesellschaft, die jeglichen Sinn für die Wirklichkeit
und für reales politisches Denken verloren hat. Man
müßte solchen Menschen, wie den Polen, die zum
größten Teil noch nicht einmal lesen und schreiben
könne, das Politikmachen überhaupt verbieten;
Europa hätte nur nutzen davon."* Am Schluß lief es
aber dann fast immer darauf hinaus, daß *„England
und Frankreich Polen zum Krieg anstacheln"* (Hitler
zu Burckhardt) oder *„die Engländer Polen zum
Widerstand gegen Danzig und Deutschland aufhet-
zen"* (Forster).
 Nach der Überlieferung Burckhardts war Hitler in
jenen Tagen bereits fest entschlossen, gegenüber
Polen den Weg der Gewalt zu beschreiten; ein Eindruck, den Paul Schmidt in seiner Aufzeichnung

über die Unterredung Hitlers mit dem italienischen Außenminister, Graf Ciano, auf dem Obersalzberg vom 12. August 1939 teilte; notierte er doch wörtlich in seinem Bericht: *„Der Führer erwiderte, daß für die Lösung des polnischen Problems keine Zeit zu verlieren sei. Je weiter man in den Herbst hineinkomme, desto schwieriger würden militärische Operationen im Osten Europas werden. Ab Mitte September sei infolge der Wetterverhältnisse die Luftwaffe in diesen Gebieten kaum noch einzusetzen, während die motorisierten Kräfte durch den Zustand der Straßen, die sich infolge der im Herbst einsetzenden Regen schnell in einen Morast verwandelten, ebenfalls unverwendbar würden. Von September bis Mai sei Polen ein großer Sumpf und für irgendwelche militärischen Handlungen völlig ungeeignet. So könnte Polen im Oktober Danzig einfach besetzen — und das hätte es wohl auch vor — ohne daß Deutschland irgendetwas dagegen tun könne; denn Danzig beschießen und zerstören käme natürlich nicht in Frage."* Nach Paul Schmidts Überlieferung standen Mussolini und sein Außenminister Ciano einer kriegerischen Lösung des Danzig-Problems ablehnend gegenüber und suchten den Reichskanzler für einen zeitlichen Aufschub zu gewinnen, denn *„sei erst einmal eine gewisse Zeit verstrichen, so würden die Reibungspunkte und die Keime der Uneinigkeit unter den Partnern der Einkreisungsfront sich wieder stark bemerkbar machen und die Front allmählich zersetzen".* In den offiziellen Verlautbarungen lasen sich die Berichte über die stattgefundenen Begegnungen und Gespräche freilich anders.

Da wurde der Öffentlichkeit bekanntgegeben, daß der *„Hochkommissar des Völkerbundes für Danzig, Dr. Burckhardt, dem Führer am 13. August einen Besuch in Berchtesgaden abgestattet"* und danach *„einen Bericht an die polnische Regierung sowie an die britische Regierung, da England im Dreierkomitee des Völkerbundes für Danzig den Vorsitz hat, übermittelt"* habe. Der erwähnte Bericht selbst wurde freilich nicht veröffentlicht, so daß sich über seinen mutmaßlichen Inhalt alsbald Gerüchte verbreiteten. Diese wollten von *„Friedensplänen"* wissen, insbesondere von dem Vorhaben, eine neue Viermächtekonferenz zwischen England, Frankreich, Deutschland und Italien abzuhalten. Der Umstand, daß der US-amerikanische Delegierte bei der Konferenz der Interparlamentarischen Union in Oslo, Hamilton Fish, nach einem Besuch Deutschlands den Vorschlag einer Viermächtekonferenz und einer Art geistigen Waffenstillstandes von 30 Tagen zur Regelung aller internationalen Streitigkeiten machte, gab den umlaufenden Gerüchten neue Nahrung.

Die britische Agentur Reuter teilte jedoch dann am 17. August mit, daß in amtlichen englischen Kreisen nichts von Friedensplänen oder einer angeblich ins Auge gefaßten Viererkonferenz bekannt sei; vielmehr halte man diese Fehlinformationen für Zweckgerüchte, um in Warschau *„Verdacht hinsichtlich der wahren Absichten der britischen Regierung zu erwecken, Polen wäre das erste Land, das man zu einer solchen Konferenz, falls sie zustandekäme, einladen müsse. Die Frage, ob eine solche Konferenz überhaupt wünschens-*

wert sei, sei nicht von der britischen Regierung zu entscheiden; sie brauche daher auch dazu nicht Stellung
zu nehmen." Abschließend betonte die Londoner Regierung noch ihren Respekt vor der „bewundernswür-
digen Ruhe und Geduld der polnischen Regierung angesichts der ständig wachsenden Provokationen".

Von deutscher Seite wurde diese Mitteilung der Reu-
ter-Agentur wiederum als „ein typisches Dokument
englischer Propaganda" bezeichnet. Erst streue man
in Paris und London Gerüchte über die Möglichkeit
einer Viererkonferenz aus, so hieß es in Berlin, um
dann zu behaupten, die Konferenzgerüchte stamm-
ten aus Deutschland, um damit Verwirrung zu stiften.
Das Lob für Polens „bewundernswürdige Ruhe und
Geduld" sei im übrigen der Gipfel britischer Heuche-
lei, während sich „der polnische Chauvinismus in
Wahrheit von Tag zu Tag" steigere und „in einem Ter-
rorregiment gegenüber den Volksdeutschen" austobe.
Abschließend warnte die deutsche Seite die beiden
Westmächte samt ihren polnischen Bundesgenossen
mit den Worten: „Man wird allerdings nicht die
Hoffnung haben können, daß die deutschen Warnungen noch das Ohr der Engländer oder Franzosen oder
gar der Polen finden. Vielleicht aber hört man noch
die Stimmen aus Rom, die die Lage dahin bezeichnen,
daß es nunmehr fünf Minuten vor zwölf sei und Polen
einlenken könne, indem es die einwandfreien Rechte
Deutschlands anerkenne und erfülle. Andernfalls
würden die Achsenmächte gezwungen sein, sich zu
wehren und auf anderem Wege ihren begründeten
Ansprüchen Geltung zu verschaffen."

Diese Inanspruchnahme Italiens für die deutsche Position stellte angesichts der vom italienischen Außenminister Ciano überlieferten Einschätzungen der Lage eine mehr als eigenwillige Interpretation der damaligen Haltung Roms dar. Nach den überkommenen Berichten sah die italienische Regierung das deutsch-polnische Verhältnis keineswegs als so zugespitzt an, daß es *„fünf vor zwölf"* wäre, vielmehr suchte Rom auf Zeit zu spielen und die Spannungen zwischen Berlin und Warschau nicht in einen kriegerischen Konflikt münden zu lassen. Das bezeugt auch die Aufzeichnung Paul Schmidts über das Gespräch zwischen Hitler und Ciano am 12. August auf dem Obersalzberg. Und der von deutscher Seite gemachte Hinweis auf die *„militärischen Konferenzen"* Mussolinis mit dem italienischen Generalissimus Badoglio konnte letztlich auch nicht überzeugen, da die Abneigung Roms gegenüber einer militärischen Auseinandersetzung an der Seine ebenso bekannt war wie an der Themse und an der Weichsel. Insofern verriet das deutsche Drohgehabe mehr eigene Unsicherheit als Überlegenheitsgefühl und wurde in den westlichen Hauptstädten auch so gesehen.

Letztlich wußte man das auch in Berlin und arbeitete daher intensiv an der Vorbereitung eines Überraschungsbündnisses mit Moskau, um durch eine Allianz mit Stalin das ganze Bündnis- und Beistandsgebäude der sogenannten Anti-Aggressionsfront zum Einsturz zu bringen. Ausweislich der vertraulichen amerikanischen Botschaftsberichte aus Moskau steuerte Berlin seit Frühsommer 1939 auf eine solche

Verständigung mit dem Kreml hin. Erster sichtbarer
Erfolg dieser Annäherung war die Unterzeichnung
eines deutsch-sowjetischen Handels- und Kreditab-
kommens am 19. August. Darin räumte das Deutsche
Reich der Sowjetunion einen Kredit von 200 Millionen Reichsmark ein, welchen die UdSSR für den
Bezug deutscher Waren verwenden durfte. Zugleich
verpflichtete sich Moskau, innerhalb der nächsten
zwei Jahre sowjetische Waren an Deutschland im
Werte von 180 Millionen Mark zu liefern. Zwei Tage
später, am 21. August 1939, verlautbarte die sowjetische Nachrichten-Agentur TASS, daß Deutschland
und die UdSSR übereingekommen seien, eine *„Veränderung ihrer Politik herbeizuführen und den
Krieg durch Abschluß eines Nichtangriffspaktes zu
bannen"*. Zu diesem Zwecke würde *„in einigen Tagen
der Reichsminister des Auswärtigen ‚Ribbentrop'
Moskau besuchen, um die Besprechungen fortzuführen."* Das *„Deutsche Nachrichten-Büro"* (DNB)
ergänzte und präzisierte am gleichen Tage diese Meldung aus Moskau, indem es den Abschluß eines
Nichtangriffspaktes als unmittelbar bevorstehend
bezeichnete und Ribbentrops Eintreffen in Moskau
auf den 23. August datierte.

Obwohl die angesehene italienische Zeitung *„Giornale d'Italia"* den Abschluß des deutsch-russischen
Nichtangriffspaktes klar als Rückschlag für die westliche *„Einkreisungspolitik"* bezeichnete und Polen
nunmehr *„vereinsamt"* sah bzw. meinte, *„diese neue
Lage kann nicht ohne Folgen für Polen bleiben"*,
zeigte man sich in Warschau in keiner Weise von die-

sem neuen deutsch-sowjetischen Einverständnis beeindruckt oder gar eingeschüchtert. Vielmehr erklärte die polnische Telegraphenagentur am 22. August klipp und klar, daß die Ankündigung des bevorstehenden Abschlusses eines Nichtangriffspaktes zwischen Deutschland und der Sowjetunion in den polnischen Kreisen *„keinen großen Eindruck gemacht"* habe, zumal dieser Abschluß *„keine tatsächliche Änderung des Gleichgewichts der Streitkräfte in Europa"* bringe. Gleichsam wie eine Antwort auf die italienische Stimme stellte die polnische Agentur fest: *„Der Abschluß des Nichtangriffspaktes wird keinen Einfluß auf die Lage und die Haltung Polens ausüben."*
Entsprechend dieser selbstbewußten Haltung gaben sich die polnischen Behörden gegenüber den Volksdeutschen zunehmend feindseliger und ließen auch das Verhältnis zu Deutschland auf lokaler Ebene von Tag zu Tag eisiger werden. So wurde der sogenannte kleine Grenzverkehr zwischen Polen und dem Reich am 17. August von polnischer Seite gesperrt und eine wohlvorbereitete Aktion gegen die deutsche Volksgruppe in Oberschlesien ins Werk gesetzt. Dabei wurden sämtliche Geschäftsstellen der *„Jungdeutschen Partei"*, der Gewerkschaften deutscher Arbeiter und Angestellter des deutschen *„Volksblocks"* und des deutschen *„Kulturbundes"* kurzerhand geschlossen. In der Stadt Bielitz wurden nach einem Bericht des deutschen Konsuls von der Damerau vom 18. August schon Tage vorher der deutsche Turnverein, der deutsche Gesangverein, der deutsche *„Wandervogel"* und der deutsche Lehrlingsverein be-

hördlich aufgelöst. Ferner wurden — allein in dieser Stadt — fünf Schankkonzessionen entzogen und bei Haussuchungen verschiedene Radiogeräte beschlagnahmt. Nach Angaben des *„Deutschen Nachrichten-Büros"* betrug die Gesamtzahl der in Oberschlesien verhafteten Deutschen über eintausend Personen, die offensichtlich mit dem Zweck gefangen genommen wurden, um sie notfalls als Geiseln zu benutzen. Der Terror der polnischen Behörden sowie die vorgenommenen Verschleppungen, Einkerkerungen und Überfälle hätten zu einer Massenflucht der Volksdeutschen über die Reichsgrenze geführt.

Von polnischer Seite wurden diese deutschen Meldungen als pure Hetze und Propaganda bezeichnet und darauf hingewiesen, daß lediglich einige Dutzend Volksdeutscher festgenommen worden seien, weil sie einer verbreiteten Spionageorganisation in Ostoberschlesien angehörten. Bei den anderen erwähnten Beschwerdefällen handle es sich lediglich um Urteile lokaler Gerichte wegen Beleidigungen des polnischen Staates oder der polnischen Armee. Gleichermaßen selbstbewußt trat Warschau damals auch gegenüber den westlichen Bundesgenossen auf, als diese nochmals versuchten, Polen für eine Militärkonvention mit Moskau zu gewinnen und von ihm die Erlaubnis zu erhalten suchten, die Rote Armee notfalls auf polnischem Gebiet operieren zu lassen. Außenminister Beck stellte zu diesem Begehren kategorisch fest: *„Ich lasse nicht zu, daß man in irgendeiner Weise über die Benutzung eines Teils unseres Gebietes durch ausländische Truppen diskutiert. Wir* *haben keine Militärkonvention mit der Sowjetunion; wir wollen keine haben."* Und als die französische Regierung noch einmal auf ein Nachgeben Warschaus drängte, um Moskau doch noch in die Anti-Aggressionsfront gegen Deutschland zu bringen, hörte man von der Weichsel den beziehungsvollen Satz: *„Mit den Deutschen laufen wir Gefahr, unsere Freiheit zu verlieren; mit den Russen verlieren wir unsere Seele."*

Trotz dieser definitiven Absage an ein militärisches Zusammengehen mit der Sowjetunion, signalisierte die französische Regierung den russischen Verhandlungspartner ein Einlenken Warschaus, um Moskau nicht zur deutschen Seite abschwenken zu lassen. Immerhin hatte man in Paris mit Beunruhigung von der Nachricht über einen bevorstehenden deutsch-sowjetischen Pakt erfahren und mit nicht weniger Besorgnis von weiteren deutsch-russischen Aktivitäten Kenntnis bekommen — auf der anderen Seite aber auch aus London gehört, daß sich Molotow zur Fortführung der beiderseitigen Gespräche mit dem britischen Botschafter auf den 23. und 24. August verabredet hatte. Da sollten dann die Verhandlungen zu einem positiven Ergebnis führen und die Anti-Aggressionsfront endlich im Osten stehen. Den polnischen Bundesgenossen glaubte man in Paris mit einem großzügigen Kredit für französische Rüstungslieferungen in Höhe von 430 Millionen Francs doch noch umstimmen zu können, zumal sich um Danzig die Spannungen gerade wieder verschärften. Da hielt Gauleiter Forster am 20. August

auf dem Kreistag der NSDAP in Danzig-Langfuhr
eine Rede und führte darin wörtlich aus: *„Der gegenwärtige Zustand mit den Grenzen kann und darf nicht
bestehen bleiben! Mag die Lage auch ernst sein, jeder
Volksgenosse und jede Frau müssen wissen, daß es
im Leben von Völkern Fragen gibt, die gelöst werden
müssen, und wenn es noch so schwer geht. Eine solche
Frage ist die Danziger Frage."* Worte, die in ihrer be-
drohlichen Markigkeit an jene erinnerten, die vier-
zehn Tage zuvor Marschall Rydz-Smigly in Krakau
über Danzig und die polnische Kampfentschlossen-
heit gesprochen hatte. Damit nicht genug. Zwei Tage
später, am 22. August, hielt Reichsminister Dr. Hans
Frank, der spätere Chef des *„Generalgouvernements"*
auf einer Tagung *„deutscher Rechtswahrer"* in
Zopott eine Rede, in welcher er den *„Kampf Danzigs
einen Rechtskampf"* nannte und mit den Sätzen
schloß: *„Die Durchführung der Rückkehr Danzigs
in das Reich ist die Wiedergutmachung eines 400 000
Deutschen angetanen Unrechts. Die Wiederherstellung des echten Rechtszustandes stellt keinerlei
Unrecht gegenüber Dritten dar. Dies gilt insbesondere gegenüber der Republik Polen. Die Übernahme
des Danziger Rechtsgebietes in das deutsche Reichs-
rechtsgebiet würde keine Verletzung der polnischen
Rechtshoheit bedeuten. Die Danziger Bevölkerung
bekennt sich zur deutschen Rechtsgemeinschaft und
hat damit schon längst die Entscheidung über ihre
rechtliche Zugehörigkeit zum Deutschen Reich getroffen. Diese deutsche Stadt Danzig ist keine Freie
Stadt Danzig, mag sie noch so sehr in dieser Figur im*

Katalog des Völkerbundes erscheinen, frei wird diese Stadt erst, wenn sie der großen freien Gemeinschaft unseres Reiches endlich wieder zugeführt wird."

Am gleichen Tag, da Hans Frank die Rückkehr Danzigs in das Deutsche Reich forderte, hatte Adolf Hitler die militärischen Führer auf den Obersalzberg gerufen, um ihnen seine Sicht der politischen Lage in Europa zu geben. Er konstatierte dabei einleitend, daß auf der Seite Deutschlands so starke Persönlichkeiten wie Benito Mussolini und Francisco Franco stünden, während es im gegnerischen Lager *„keine Herren"* und *„keine Tatmenschen"* gäbe. Hitler laut Niederschrift des Leiters des Amtes *„Ausland/ Abwehr im OKW"*, Admiral Wilhelm Canaris: *„Auf der Gegenseite ein negatives Bild, soweit es die maßgebenden Persönlichkeiten betrifft. In England und Frankreich gibt es keine Persönlichkeit von Format... Unsere Gegner haben Führer, die unter dem Durchschnitt stehen. Keine Persönlichkeiten, keine Herren, keine Tatmenschen..."* Danach erklärte er das Verhältnis zu Polen für *„untragbar"* und die Lage der Polen für genau so, wie er sie haben wollte, um erfolgreich losschlagen zu können. Seine bisherige Politik gegenüber Warschau sei durch das Eingreifen Englands entscheidend gestört worden, so daß er daraus die Konsequenzen ziehen und sich zum Handeln entschließen müsse.

Wie er dabei vorzugehen gedachte, erläuterte Hitler in einer zweiten Ansprache nach dem Mittagessen und führte darin laut Canaris wörtlich aus: *„Ich werde propagandistischen Anlaß zur Auslösung des*

Krieges geben, gleichgültig ob glaubhaft. *Der Sieger wird später nicht danach gefragt, ob er die Wahrheit gesagt hat oder nicht. Bei Beginn und Führung des Krieges kommt es nicht auf das Recht an, sondern auf den Sieg."* Entsprechend sei *„größte Härte"* und *„brutales Vorgehen"* geboten und Mitleid fehl am Platze. Jede sich bildende lebendige polnische Kraft sei *„sofort wieder zu vernichten",* da die *„restlose Zertrümmerung Polens"* das militärische Ziel sei. Als voraussichtlichen Angriffstermin (*„Auslösung"*) gab er schließlich *„Samstag morgen"* (26. August) an. Seine wiederholt zum Ausdruck gebrachte Siegeszuversicht begründete Hitler in seiner Ansprache an die Oberbefehlshaber auch mit dem Mißerfolg der Westmächte bei ihrem Bemühen, die Sowjetunion in eine *„Anti-Aggressionsfront"* gegen das Reich einzubeziehen, und seiner bevorstehenden Verständigung mit Stalin. Er glaubte mit dem beschlossenen Nichtangriffspakt mit Moskau nicht nur die von den Anglofranzosen betriebene Einkreisung Deutschlands verhindert zu haben, sondern setzte auch darauf, daß sein Zusammengehen mit Rußland die Westmächte von ihrer Polen-Garantie abrücken lassen würde, so daß die Möglichkeit geboten schien, *„einen Stoß ins Herz von Polen zu führen",* wie er sich wörtlich ausdrückte. — Genau diese Erwartung sollte blanke Illusion sein.

Am gleichen Tage, da er seinen Heerführern seine Zukunftspläne auf dem Obersalzberg eröffnete, schrieb Premierminister Chamberlain einen Brief an ihn, in welchem er die Warnung aussprach anzunehmen,

„*daß eine Intervention seitens Großbritanniens zugunsten Polens nicht mehr eine Eventualität darstellt, mit der zu rechnen notwendig ist*". Um keine Zeit zu verlieren, ließ der britische Regierungschef seine Botschaft noch am Abend nach Berlin kabeln und Botschafter Henderson anweisen, unverzüglich um einen Empfang beim Reichskanzler nachzusuchen. Nach einem Telefongespräch mit Staatssekretär von Weizsäcker bestellte sich Hitler den englischen Botschafter für den nächsten Tag auf den Obersalzberg, wo es dann zu einer lebhaften Aussprache zwischen dem britischen Missionschef und dem deutschen Führer kam, in welcher die Engländer beschuldigt wurden, durch ihre Polen-Garantie eine einvernehmliche Regelung zwischen Berlin und Warschau über die aufgetretenen Streitpunkte hintertrieben zu haben. Die von Chamberlain und Henderson vorgebrachten Gegenargumente mochte Hitler nicht gelten lassen und verfiel schließlich in Drohungen gegen Großbritannien.

In seinem Antwortschreiben an Chamberlain vom 23. August bekräftigte Hitler nicht nur seine Entschlossenheit, „*die sofortige Mobilmachung der deutschen Wehrmacht*" anzuordnen, falls England militärische Maßnahmen ergreifen sollte, sondern führte auch bittere Klage über eine polnische „*Welle furchtbaren Terrors*" gegen die eineinhalb Millionen Volksdeutschen. Für das Deutsche Reich als „*Großmacht*" sei es unerträglich, diesem polnischen Greuel tatenlos zuzusehen, doch hätten sich die Polen durch die britische Garantie erst zu einer solchen deutsch-

feindlichen Haltung hinreißen lassen; wie Hitler
auch London die Schuld an den mittlerweile eingetretenen Spannungen zwischen Berlin und Warschau
gab und die britische Regierung für die sich zuspit-
zende Krise um Danzig verantwortlich machte.

Verständlicherweise zeigte sich Botschafter Henderson bei der Lektüre des ihm ausgehändigten Antwortschreibens betroffen und niedergeschlagen und brachte dies auch in seinem Gespräch mit dem Kanzler
zum Ausdruck. Entschieden widersprach er Hitlers
Behauptung, *„daß es in der britischen Regierung
Leute gäbe, die den Krieg wollten"* und nahm dabei
besonders den Premierminister in Schutz, der *„stets
ein Freund Deutschlands"* gewesen sei. Schließlich
habe Chamberlain es bislang beharrlich abgelehnt,
Churchill ins Kabinett aufzunehmen. Die Einstellung
gegen Deutschland sei nicht der Wille des englischen
Volkes, sondern allenfalls Merkmal bestimmter Personen und Kreise, wozu der Botschafter *„Juden"* und
„Nazi-Feinde" zählte. Hitler konzedierte zwar, daß
es einige Ausnahmen gebe, zu denen er auch Henderson rechnete, nannte aber sein Verhältnis zu England
„eine Reihe von Enttäuschungen". Auf den deutsch-
britischen Streitpunkt Polen zurückkommend führte
Hitler nach den Aufzeichnungen des Dolmetschers
Karl Heinrich von Loesch vom Büro des Reichsaußenministers von Ribbentrop wörtlich aus: *„Bei
der nächsten polnischen Provokation werde ich handeln. Die Fragen Danzigs und des Korridors werden
liquidiert, so oder so. Ich bitte Sie, das zur Kenntnis
zu nehmen."* Nach einem kurzen Wortwechsel über

die englische Politik beendete der Reichskanzler die Unterredung mit dem Hinweis, daß der Text des Antwortschreibens am nächsten Tage in London durch den deutschen Botschafter übergeben werden würde. Der deutschen Öffentlichkeit wurde über dieses Gespräch in einer amtlichen Verlautbarung mitgeteilt, daß *„der Führer dem britischen Botschafter keinen Zweifel ließ darüber, daß die von der britischen Regierung eingegangenen Verpflichtungen Deutschland nicht zu einem Verzicht auf die Vertretung nationaler lebenswichtiger Interessen veranlassen könnten"*. Die gleichgeschaltete deutsche Presse wurde angewiesen, die englische Politik als *„konfus"* hinzustellen, da sie darauf hinauslaufe, die leichtfertig eingegangenen Verpflichtungen gegenüber Polen *„blindlings"* zu erfüllen und damit gegen Vernunft und Verstand zu verstoßen. So konnte man beispielsweise im *„Würzburger Generalanzeiger"* vom 24. August 1939 folgerichtig lesen: *„In dem Kommuniqué der englischen Regierung über die gestrige Kabinettssitzung wird bestätigt, daß England seine Verpflichtungen gegenüber Polen in vollem Umfang blindlings erfüllen will. Statt Polen zur Vernunft zu bringen, unterstützt man Polens Kriegsgeschrei ebenso wie seine größenwahnsinnige Handlungsweise. Wie unter diesen Umständen Chamberlain es wagen konnte, dem Führer eine „Botschaft" zu senden, ist ein neues Rätsel der konfus gewordenen britischen Politik."*
Unbeschadet der Selbstverständlichkeit, daß die britische Regierung und ihr Premierminister Briefe schreiben können, an wen sie wollen, nahm sich die-

se Wertung der englischen Politik durch die deutsche veröffentlichte Meinung nicht sonderlich überzeugend aus, wollten doch die aus London vernommenen Stimmen in erster Linie warnen und eine direkte deutsch-polnische Konfrontation abwenden. Aus diesem Grunde hatte Chamberlain in seinem Schreiben an Hitler auch seine Bereitschaft erklärt, *„zu der Schaffung von Bedingungen beizutragen"*, welche einen deutsch-polnischen Ausgleich beförderten. In Berlin glaubte man offenbar nicht mehr auf ein solches britisches Wohlwollen angewiesen zu sein, stand doch die große Überraschung des Hitler-Stalin-Paktes unmittelbar bevor, von welcher man sich eine umgehende Distanzierung Londons von seinem Hilfeversprechen an Warschau erwartete. Mit einem dann isolierten Polen meinte man aber nach Belieben umgehen zu können und keine Rücksicht auf ein mögliches Eingreifen von Drittstaaten nehmen zu müssen.

Im Vertrauen auf eine solche Entwicklung aktualisierten die Nationalsozialisten das Danzig-Problem, indem sie die polnische Seite mit der Mitteilung herausforderten, daß ab dem 23. August 1939 *„der Gauleiter von Danzig das Staatsoberhaupt der Freien Stadt Danzig ist"*. Der bisherige Senatspräsident Artur Greiser wurde gleichzeitig zum Ministerpräsidenten ernannt. Als rechtliche Grundlage für diese Veränderungen diente den Nationalsozialisten in Danzig das *„Gesetz zur Behebung der Not von Volk und Staat"* vom 24. Juni 1933, welches nichts anderes als eine Kopie des reichsdeutschen Ermächtigungsgesetzes vom 24. März 1933 war.

Polen, das für die völkerrechtliche Vertretung Danzigs nach außen zuständig war, hielt sich zunächst mit einer Reaktion auf diesen Schritt der Nationalsozialisten zurück und intensivierte stattdessen seine Beziehungen zu den beiden Westmächten. Die Nachricht vom bevorstehenden Abschluß eines deutsch-russischen Vertrages ließ es Warschau trotz zur Schau getragener Gelassenheit doch ratsam erscheinen, die Verbindungen zu London und Paris zu festigen, um nicht am Schluß isoliert zwischen den beiden benachbarten Großmächten zu stehen.

Hitlers Pakt mit Stalin als halber Erfolg

Genau dies war bekanntlich das Ziel der neuen Hitler'schen Rußlandpolitik, die am Abend des 23. August 1939 ihre Erfüllung finden sollte. Bevor es soweit war, mußte der deutsche Führer noch ein weitgehendes Zugeständnis machen, nämlich Stalin in einem geheimen Zusatzprotokoll zum offiziellen deutsch-sowjetischen Vertrag das Baltikum, Ostpolen und Bessarabien als sowjetisches Einflußgebiet überlassen.

Ribbentrop, der zwar „*umfassende Vollmacht*" von Hitler erhalten hatte und die vom Sowjetdiktator verlangten Zugeständnisse auch von sich aus hätte erfüllen können, bekam jedoch Bedenken, als sein sowjetischer Kollege Molotow auch die baltischen

Häfen Libau und Windau als Moskauer Einflußge-
biete forderte. Er ließ deshalb in Berlin bzw. bei Hitler auf dem Berghof rückfragen, ob er diesen sowjetischen Wunsch erfüllen dürfe. Nach Eingehen der
Zustimmung Hitlers *(„Ja, einverstanden")* konnten
der offizielle Nichtangriffs- und Konsultationspakt
und das Geheime Zusatzprotokoll gegen Mitternacht
des 23. August unterzeichnet werden. Der das Schicksal Polens folgenschwer treffende Punkt 2 des *„Geheimen Zusatzprotokolls"* lautete: *„Für den Fall einer
territorial-politischen Umgestaltung der zum polnischen Staat gehörenden Gebiete werden die Interessensphären Deutschlands und der UdSSR ungefähr
durch die Linie der Flüsse Pissa, Narew, Weichsel
und San abgegrenzt. Die Frage, ob die beiderseitigen
Interessen die Erhaltung eines unabhängigen polnischen Staates erwünscht erscheinen lassen und wie
dieser Staat abzugrenzen wäre, kann endgültig erst
im Laufe der weiteren politischen Entwicklung ge-
klärt werden. In jedem Falle werden beide Regierungen diese Frage im Wege einer freundschaftlichen
Verständigung lösen."*

Gegen ein Uhr nachts meldete Ribbentrop seinem
Führer telefonisch den Abschluß des Vertrages und
seines Zusatzabkommens.

Die Nachrichtenagenturen verbreiteten seit dem
frühen Morgen des 24. August die Meldung von der
Unterzeichnung des deutsch-sowjetischen Paktes
und lösten mit ihren näheren Inhaltsangaben Überraschung und politische Hektik in den westlichen
Hauptstädten aus. Immerhin verpflichteten sich

Deutschland und die Sowjetunion für 10 Jahre, sich
gegenseitig nicht anzugreifen, keinen dritten Angreifer zu unterstützen und keinem Bündnis gegenein-
ander beizutreten, womit Rußland nicht nur endgültig aus einer möglichen Anti-Aggressionsfront gegen Deutschland ausgeschieden, sondern dem Reich
auch freie Hand gegen Polen gegeben war. Hätte
man in London und Paris auch noch erfahren, daß
Stalin, der erstmals als Parteisekretär mit einem ausländischen Staatsmann verhandelte, beim festlichen
Schlußakt im Kreml feierlich versichert hat, den Vertrag sehr ernst zu nehmen und seinen Partner nie zu
betrügen, wäre die Beunruhigung über diesen
deutsch-sowjetischen Vertragsabschluß vermutlich
noch ungleich größer gewesen.

Sie reichte ohnehin schon aus, um die britische
Regierung um die Einberufung einer Sondersitzung
des englischen Unterhauses nachsuchen zu lassen
und nicht bis zum vorgesehenen regulären Termin
Anfang Oktober zu warten. Premierminister Chamberlain wollte auf die neu eingetretene Lage mit einer
außenpolitischen Erklärung und der Vorlage eines
Ermächtigungsgesetzes reagieren; oder, wie er sich
selber ausdrückte, um *„neue und drastische Schritte
zu unternehmen, die durch den Ernst der Lage notwendig geworden sind"*. Zu ihnen gehörte die regie-
rungsamtliche Versicherung Londons, daß die von
Großbritannien eingegangenen *„Verpflichtungen
gegenüber Polen und anderen Ländern"* vom Abschluß des deutsch-sowjetischen Vertrages *„unbe-
rührt"* geblieben seien, also weiterhin ihre volle Gül-

tigkeit hätten. Chamberlain gab zwar zu, daß das von
Ribbentrop in Moskau getroffene Abkommen für ihn
und seine Regierung *„eine Überraschung sehr uner-*
freulichen Charakters" gewesen sei und wie das
Schleudern einer *„Bombe"* gewirkt habe, daß es aber
gleichwohl die Haltung Großbritanniens gegenüber
seinen Bündnispartnern nicht zu beeinträchtigen
vermöchte.

Zum Zeichen, daß man sich auf alle Eventualitäten einrichte, brachte Chamberlain sodann die Vorlage des angekündigten Ermächtigungsgesetzes ein,
welches am gleichen Tage von beiden Häusern des
Parlaments gebilligt und noch am Abend des 24.
August vom König ausgefertigt wurde. Seine 12 Pa-
ragraphen enthielten eine Reihe von Ausnahmever-
fügungen, in denen die Regierung ermächtigt wurde,
„im Interesse der nationalen Verteidigung Personen
zu verhaften, zu verurteilen und zu bestrafen"; ferner
geheime Gerichtsverhandlungen durchzuführen,
Wohnungen durchsuchen zu lassen und *„hinsichtlich*
des Besitzes und der Kontrolle der Vermögen Verfü-
gungen zu erlassen und entsprechende Maßnahmen
auch in den Kolonien zu treffen". — Mit Hilfe dieses
„Ermächtigungsgesetzes" wird die Regierung Churchill später den amerikanischen Diplomaten Tyler
Kent, welcher als Dechiffrierbeamter der US-Bot-
schaft in London Kenntnis von den neutralitätswidri-
gen Aktivitäten seines Präsidenten (Roosevelt) bekam und sie in Washington anprangern wollte, in
einem Geheimverfahren verurteilen und auf diese
Weise mundtot machen.

Gleichzeitig mit dem Unterhaus hielt auch das Oberhaus eine Sitzung ab, auf welcher Außenminister Lord Halifax zur internationalen Lage sprach. Er führte darin im wesentlichen dasselbe aus, was Premierminister Chamberlain im Unterhaus sagte. Er wandte sich dabei besonders scharf gegen den *„Hegemonialanspruch einer europäischen Macht"*, womit er den innersten Kern der britischen Polen- und Europa-Politik bloßlegte und zugleich das alte englische *„Balance-of-Power"*-Prinzip bekräftigte. Danach ging es der britischen Politik nur vordergründig um die Freiheit und Unabhängigkeit der Polen und letztlich um die Sicherung der englischen Weltgeltung durch das Gleichgewicht der Mächte auf dem europäischen Kontinent. Polen kam in der Konzeption Londons lediglich die Rolle des *„europäischen Festlanddegens"* zu, mit Hilfe dessen Großbritannien eine mögliche Vormacht auf dem Kontinent niederzuhalten gedachte. Das bedeutete, daß England gegen jenen Staat militärisch aktiv wurde, der sich über die Existenz Polens ausbreitete, also den *„Festlanddegen"* selber in die Hand nahm. Diesen Doppelanspruch Londons, sowohl dominierende Weltmacht zu sein als auch über die machtpolitische Ausgewogenheit Europas zu wachen, mochte man in Berlin nicht anerkennen, sondern empfand ihn als eine Bevormundung des Reiches, die man nicht hinnehmen wollte. Man verstand sich an der Spree nicht als der Juniorpartner, der sich stets und in allem nach den Vorstellungen des Älteren zu richten hatte, sondern begriff sich als *„germanisches Brudervolk"*, dem die gleichen Machtansprüche zustanden wie den Engländern. Dabei war man bereit, die britische Seemacht und Weltgeltung zu respektieren, wenn sich London seinerseits verstünde, Deutschland freie Hand in Europa zu lassen.

Dieses Selbstbewußtsein gegenüber England glaubte man sich in Berlin angesichts des *„Geheimen Zusatzabkommens"* mit Stalin offenbar leisten zu können und sich auch nicht von den einschlägigen Drohgebärden Frankreichs beeindrucken zu lassen. In Paris trat der Kabinetts- und der Ministerrat zusammen, wobei sich laut Pressecommuniqué Ministerpräsident Daladier *„lange mit Generalissimus Gamelin unterhalten"* hat und auch alle *„militärischen Sicherheitsmaßnahmen"* gebilligt wurden. Derselben Quelle zufolge empfing der französische Regierungschef am gleichen Tage noch ostentativ den Armee-Oberbefehlshaber sowie den Marine- und den Luftfahrtminister *„zu einer Beratung"*, bei welcher beschlossen wurde, *„daß die Regierung die bereits getroffenen Sicherheitsmaßnahmen mit neuen Maßregeln ergänze"*. Danach wurde die Einberufung weiterer Wehrpflichtjahrgänge verfügt und öffentlich plakatiert und zugleich durch Maueranschläge verordnet, daß *„ab Mitternacht des 24. August auf dem Gebiet von Paris das Requirierungsrecht des Kriegsministers in Kraft tritt"*. Von allen diesen Vorkehrungen gab Ministerpräsident Daladier am Abend dem polnischen Botschafter Graf Lukasiewicz Kenntnis und versicherte dabei, daß Frankreich *„in genauer Übereinstimmung mit der britischen Haltung seine Ver-*

pflichtungen ohne Deutelei und ohne Zeitverlust in vollem Umfang erfüllen" würde.

Worte und Versicherungen, die den polnischen Missionschef an seinen Bericht vom 29. März 1939 an das Warschauer Außenministerium erinnert haben dürften, in welchem er von den *„Erfahrungen der letzten zwanzig Jahre"* schrieb, *„in deren Verlauf England und Frankreich nicht nur keine einzige internationale Verpflichtung gehalten haben, sondern auch niemals imstande waren, ihre eigenen Interessen auf gehörige Weise zu verteidigen".* Immerhin konnte Lukasiewicz nicht wissen, sondern nur fürchten, daß sich die beiden Westmächte in der Tat nur verbal den Polen zur Seite stellten und ihnen im Ernstfall dann nicht beistanden, wie sich knapp zehn Tage später herausstellen sollte. Vom Gegenteil schien der stellvertretende deutsche Außenminister, Staatssekretär Ernst Freiherr von Weizsäcker, überzeugt, als er doppeldeutig Hitlers Arrangement mit Stalin mit den Worten interpretierte: *„Der Sinn des Führers war darauf gerichtet, durch Brutalität die englische Regierung von ihren Garantieverpflichtungen für Polen abzudrängen. Er rechnet damit, daß am 24. unter dem Eindruck unseres Coups in Moskau Chamberlain stürze und die Garantie-Idee falle."*

In der Tat sollte Großbritannnien durch den Molotow-Ribbentrop-Pakt von der Einlösung seines Beistandsversprechens gegenüber Polen abgeschreckt und Deutschland dadurch machtpolitischer Spielraum im Osten verschafft werden — und tatsächlich war Neville Chamberlain die längste Zeit im Premierminister-Amte; nur verliefen die nachmaligen Ereignisse doch zunächst augenscheinlich ganz anders, auch wenn sie letztlich zum erwarteten Resultat führten, nämlich Polen in militärischer Isolation sahen und Chamberlain im Mai 1940 aus Downing-Street 10 ausziehen ließen.

Aktivitäten in Ost und West

Vorerst ließen die Mächte in Ost und West die politischen Muskeln spielen und suchten die Widerparts durch berechnete Stärkedemonstrationen zu beeindrucken.

So empfing der italienische *„Duce"* Benito Mussolini am 24. August 1939 ostentativ die Generalstabschefs des Heeres, der Marine, der Luftwaffe und der Miliz, *„um mit ihnen eine Reihe von Fragen militärischen Charakters zu besprechen"* und verfügte das Nachbarland Holland eine Urlaubssperre für die Angehörigen der Küstenverteidigung, der Fliegerabwehr und des Grenzschutzes und hob *„bis auf weiteres die Beurlaubungen in der Armee"* auf. In Danzig wurde das am 24. Juni 1933 verabschiedete *„Ermächtigungsgesetz"* (,Gesetz zur Behebung der Not von Volk und Staat') zur Anwendung gebracht und der Gauleiter der Freistadt zum Staatsoberhaupt proklamiert und Senatspräsident Greiser zum Ministerpräsidenten ernannt. Ein Akt, der in Warschau zusätzliche Beunruhigung auslösen mußte.

Das empfand auch der am 2. März 1939 zum Papst gewählte Pius XII. so, als er sich am gleichen 24. August entschloß, über den Rundfunk einen Friedensappell an die Welt zu richten und die *„Führer der Völker, die Menschen der Politik und der Waffen"* auf eine gütliche Beilegung des entstandenen Konfliktes zu verpflichten suchte; *„denn"*, so der Pontifex, *„mit dem Frieden ist nichts verloren, alles aber kann mit dem Kriege verloren sein"*. In dieselbe Richtung zielte ein Appell, den US-Präsident Roosevelt am gleichen Tage an den italienischen König, Viktor Emanuel III. richtete, da die *„Verantwortlichkeit für das Schicksal der Menschheit in erster Linie bei den Staatsoberhäuptern ruhe"* und er, Roosevelt, sich zu seiner Initiative insbesondere deswegen ermutigt fühle, *„weil Italien und die Vereinigten Staaten durch traditionelle Bande verknüpft seien und überdies zwischen den Bürgern Amerikas und Italiens auch blutmäßige Verbindungen bestehen."* Begründungen und Überlegungen, die in der Tat keiner weiteren Bekräftigung bedurften, sondern für sich sprachen. Gleichwohl mag bemerkenswert bleiben, daß sich das nordamerikanische Staatsoberhaupt nicht im gleichen Anliegen an den König von England wandte, obschon es doch zwischen Briten und US-Amerikanern noch ungleich mehr *„blutmäßige Bande"* und sonstige Verbindungen gab.

Stattdessen rief Franklin Roosevelt am nachfolgenden 25. August, als die britische Regierung mit Polen einen förmlichen militärischen Beistandspakt unterzeichnete, den deutschen Führer in einer per-

sönlichen Botschaft zu Mäßigung und Friedfertig-
keit auf. Dabei bot er auch die guten Dienste seiner
Regierung an und teilte Hitler mit: *„Es erübrigt sich
vielleicht zu widerholen, daß im Falle der Zustimmung der deutschen und der polnischen Regierung,
die zwischen ihnen bestehenden Gegensätze auf
friedlichem Wege zu lösen, die Regierung der Vereinigten Staaten stets bereit ist, ihrerseits . . . die Bereinigung der die Welt gefährdenden Probleme zu för-
dern."* Ein Angebot, auf welches das Berliner Aus-
wärtige Amt dann im Dezember 1939 zurückkam, als
es über den norwegischen Mittelsmann Trygve Gran
die Vereinigten Staaten um die Vermittlung von Friedensgesprächen zwischen Deutschland und den beiden Westmächten ersuchte.

Legt man das Verhalten der US-Regierung vom
Dezember 1939 als Maßstab an die Aufrichtigkeit
der Roosevelt-Botschaft vom 25. August, vermag
man den Worten des US-Präsidenten keine große
Glaubwürdigkeit zuzusprechen. Und dies um so weniger, als noch ein weiterer gewichtiger Umstand gegen die Ehrlichkeit der beteuerten Vermittlungsbe-
reitschaft des amerikanischen Staatschefs spricht;
nämlich seine insgeheime Mitwisserschaft am Inhalt
des Zusatzabkommens zum Hitler-Stalin-Pakt vom
23. August 1939. Wie ein am 24. August 1939 um 11.15
Uhr im State Department eingegangenes Telegramm
des US-Botschafters in Moskau, Steinhardt, *(„465,
August 24, noon")* ausweist, wurde die amerikanische
Botschaft in Moskau bereits wenige Stunden nach
Unterzeichnung des Geheimen Zusatzabkommens

von einem Eingeweihten über die wichtigsten Absprachen dieses Abkommens informiert und gab diese hochbrisante Kenntnis umgehend nach Washington weiter. Bei der großen Bedeutung dieser Meldung aus Moskau erscheint es nur folgerichtig, daß Präsident Roosevelt sofort informiert wurde, um entsprechend reagieren zu können, zumal er sich gerade in jenen entscheidenden Tagen so augenscheinlich um die Entwicklung in Europa kümmerte und mit persönlichen Appellen intervenierte. Denn neben Kanzler Hitler stand auf seiner Adressenliste auch der polnische Präsident Moscicki, dem Roosevelt gleichfalls am 25. August 1939 eine persönliche Botschaft zukommen ließ. Darin findet sich jedoch keine Anspielung auf die von Hitler und Stalin am 23. August vereinbarte einflußmäßige Aufteilung Polens zwischen Rußland und dem Deutschen Reich, um Polen zu warnen oder zu einem gewissen Einlenken zu veranlassen, damit kein Krieg ausbricht — geschweige daß Roosevelt in seinem Schreiben an Hitler diesen der heimlichen Komplicenschaft mit Stalin bezichtigte.

Statt dieser zweifellos wirkungsvollen politisch-moralischen Druckmittel bediente sich der amerikanische Staatschef abgegriffener Beschwörungsformeln und linkischer Lösungsvorschläge, indem er direkte deutsch-polnische Verhandlungen bzw. die Installierung eines Schiedsgerichts respektive die Vermittlungsdienste eines neutralen Staates anregte und dabei die Vereinigten Staaten als ehrlichen Makler anbot. Schon fast naiv schrieb Roosevelt dem polnischen Staatspräsidenten: „*Wenn Sie geneigt sind, durch die Anwendung einer dieser drei oben angeführten Methoden die Lösung zu suchen, so kann ich Sie der begeisterten und vollen Sympathie der Regierung und der Bevölkerung der Vereinigten Staaten versichern. Ich richte die Aufforderung an Sie — wie ich eine solche auch an die deutsche Regierung gerichtet habe — sich während der Prüfung der oben angeführten Methoden aller positiv feindlichen Handlungen zu enthalten. Ich glaube, es ist auch Ihnen bekannt, daß ich, im Namen der Vereinigten Staaten sprechend, stets im Interesse des Friedens meinen ganzen Einfluß geltend gemacht habe und auch weiter geltend machen werde.*" Der solchermaßen beeindruckte Moscicki dankte dem amerikanischen Präsidenten am folgenden Tage und entschied sich für den Weg der unmittelbaren Verhandlungen mit Deutschland bzw. mit der Einleitung eines Schlichtungsverfahrens, was Roosevelt in einem abermaligen Appell an Hitler noch am gleichen Tage nach Berlin weitermeldete, um „*noch das Leben zahlloser Menschen zu retten*", wie er sich in seiner Botschaft an den deutschen Reichskanzler ausdrückte.

Wieder ließ Roosevelt die Gelegenheit, den deutschen Diktator unter Druck zu setzen und mit der Offenbarung des „*Geheimen Zusatzabkommens*" zu drohen, ungenutzt vorübergehen, so daß sich die Zweifel in die Aufrichtigkeit seiner Friedensbemühungen verstärken. Schwerlich vorzustellen, daß Hitler bei einer entsprechenden Bloßstellung seiner Komplicenschaft mit Stalin auch am 25. August den Befehl zum Angriff gegen Polen gegeben hätte, wie er dies an diesem Tag tatsächlich für den 26. August 1939 verfügte. Da hätte es auch des Briefes Benito Mussolinis an den braunen Führer nicht bedurft, um diesen dann doch noch von seiner kurzfristigen Angriffsabsicht abzubringen, wie es dann in Wahrheit geschah. Das Einlaufen des deutschen Kriegsschulschiffes *„Schleswig-Holstein"* in die Danziger Gewässer und sein Ankern im Hafen von Neufahrwasser hätte dann ebensowenig zur Vorbereitung oder Auslösung des kriegerischen Konfliktes mit Polen führen müssen wie die Pressemeldungen mit den Schlagzeilen *„Polenterror zur Unerträglichkeit gesteigert"* oder *„Deutsche Arbeiter und Angestellte in Lodz vogelfrei"*, hatte doch die deutsche Minderheit in Polen schon ganz andere Bedrückungen zu bestehen gehabt. Vermutlich wäre es aber auch gar nicht zu diesen Ausschreitungen der polnischen Nationalisten gekommen, hätte Roosevelt der Warschauer Regierung bedeutet, daß an den Grenzen Polens sich die mächtigste Allianz des Kontinents formierte, um beim nächstbesten Termin gegen den polnischen Staat loszumarschieren.

Während der amerikanische Staatschef den besorgten Friedensvermittler spielte, seine größte Trumpfkarte aber nicht zog, bereiteten sich die meisten europäischen Staaten auf die schier unabwendbare kriegerische Auseinandersetzung vor. In London traf eine türkische Militärmission ein, um im Kriegsministerium Verhandlungen zu führen; in

Brüssel beriet das Kabinett einen Gesetzesentwurf, der dem belgischen König „*im Kriegsfall Sondervollmachten erteilt*"; in Paris wurde die französische Regierung ermächtigt, „*jede Publikation zu verhindern, die sie für die Interessen der Nation und der öffentlichen Ordnung als gefährlich beurteilt*" — und in Berlin wurde nicht nur der für die Zeit vom 2. bis 11. September 1939 angesetzte Reichsparteitag der NSDAP abgesagt, sondern auch „*der gesamte Luftverkehr mit inländischen und ausländischen Luftfahrzeugen über dem deutschen Hoheitsgebiet mit sofortiger Wirkung verboten*", wie der „*Reichsminister der Luftfahrt und Oberbefehlshaber der Luftwaffe*" am 26. August bekannt gab. Der stellvertretende NS-Parteivorsitzende und Reichsminister, Rudolf Heß, betonte in einer Rede auf der siebenten Reichstagung der Auslandsdeutschen in Graz, daß das deutsche Volk „*zur Fahne des Führers*" stehe, „*komme, was da wolle*".

Die letzten gegenseitigen Appelle

Dieser war in jenen Tagen und Stunden damit beschäftigt, in Gesprächen mit dem englischen und dem französischen Botschafter die beiden Westmächte von ihrer Polengarantie abzudrängen; ein Vorhaben, das in beiden Fällen scheiterte. Sowohl Henderson als auch Coulondre versicherten, daß ihre Regierungen zu ihrem gegebenen Wort stehen würden.

Erklärungen, welche durch die Ratifikation des englisch-polnischen Militärabkommens vom 6. April 1939
nachdrücklich unterstrichen wurden. Als sich Hitler
von der bekräftigten Bündnistreue der Anglofranzosen
nicht überzeugen ließ, sondern die Staatsmänner an
Themse und Seine letztlich als *„feige Demokraten"* betrachtete, die er bei der Münchener Konferenz Ende
September 1938 kennengelernt habe, schrieb ihm der
französische Ministerpräsident Daladier am 26. August
einen persönlichen Brief. In ihm teilte er dem deutschen
Diktator freimütig mit: *„Kein Franzose hat mehr als
ich selbst getan, um zwischen unseren beiden Völkern
nicht nur den Frieden, sondern eine aufrichtige Mitarbeit in ihrem eigenen Interesse sowie im Interesse
Europas und der Welt zu bekräftigen"*, um dann auf die
deutsch-polnischen Spannungen mit den Worten zu
sprechen zu kommen: *„ . . . so können Sie nicht zweifeln, daß Frankreich seine Verpflichtungen anderen
Mächten gegenüber treu erfüllt"*, aber gleichzeitig
auch zu versichern: *„daß es unter den zwischen
Deutschland und Polen mit Bezug auf die Danziger
Frage entstandenen keine gibt, die nicht einem solchen* (Schlichtungs-)*Verfahren unterbreitet werden
könnte zwecks einer friedlichen und gerechten
Lösung. Auf meine Ehre kann ich auch bekunden,
daß es in der klaren und aufrichtigen Solidarität
Frankreichs mit Polen und seinen Verbündeten
nichts gibt, was die friedliche Gesinnung meines Va-
terlandes irgendwie beeinträchtigen könnte."*
   Wie überliefert wird, wollte Hitler dieses Schreiben
Daladiers, das auch einige sehr persönliche Passa-

gen aufweist, zunächst als Geheimsache behandeln
und nicht als offizielle Regierungsmitteilung werten.
Schließlich hielt er es doch für angebracht, auf Daladiers Beschwörungen einzugehen und schickte dem
französischen Ministerpräsidenten am 27. August
ein Antwortschreiben, in welchem er alle Register
der Überredungskunst zog und in wiederholten persönlichen Anreden ausführte: *„Das Versailler Diktat
war untragbar. Kein Franzose von Ehre, auch Sie
nicht, Herr Daladier, hätte in einer ähnlichen Lage
anders gehandelt als ich. Ich habe nun in diesem
Sinne auch versucht, die allerunvernünftigste Maßnahme des Versailler Diktats aus der Welt zu schaffen. Ich habe der polnischen Regierung ein Angebot
gemacht, über das das deutsche Volk erschrocken ist.
Kein anderer als ich konnte es überhaupt wagen, mit
einem solchen Angebot vor die Öffentlichkeit zu treten. Es konnte daher auch nur einmalig sein."*
   Hitler spielte mit diesen Worten auf die Offerte an,
welche er am 21. März 1939 durch seinen Außenminister Ribbentrop dem polnischen Botschafter
Lipski zur Weiterleitung nach Warschau übermitteln
ließ. Danach sollte Danzig zum Reich zurückkehren
und eine exterritoriale Eisen- und Autobahnverbindung zwischen Ostpreußen und Pommern errichtet
werden, dafür aber der polnische Korridor und die
übrige deutsch-polnische Grenze anerkannt und garantiert werden. Eine Regelung, die Weimarer Regierungen in der Tat nicht ins Auge zu fassen wagten,
wie Äußerungen des langjährigen Reichsaußenministers Stresemann oder des preußischen Mini-

sterpräsidenten, Otto Braun, SPD, belegen. Die Gründe für die ablehnende Haltung der Polen lokalisierte Hitler hauptsächlich in London, wenn er dem französischen Ministerpräsidenten in seinem Antwortschreiben darlegte: *„Ich bin nun zutiefst überzeugt, daß, wenn besonders von England aus damals, statt in der Presse gegen Deutschland eine wilde Kampagne loszulassen und Gerüchte von einer deutschen Mobilmachung zu lancieren, Polen irgendwie zugeredet worden wäre, vernünftig zu sein, Europa heute und auf 25 Jahre den Zustand tiefsten Friedens genießen könnte. So aber wurden durch die Lüge von der deutschen Aggression die polnische öffentliche Meinung aufgeregt, der polnischen Regierung die eigenen notwendigen klaren Entschlüsse erschwert und vor allem die dann folgende Abgabe des Garantieversprechens der Blick für die Grenze realer Möglichkeiten getrübt. Die polnische Regierung lehnte die Vorschläge ab. Die polnische öffentliche Meinung begann in der sicheren Überzeugung, daß ja nun England und Frankreich für Polen kämpfen würden, Forderungen zu erheben, die man vielleicht als lächerliche Verrücktheit bezeichnen könnte, wenn sie nicht so unendlich gefährlich wären.”*

Die von Hitler in diesem Zusammenhang angeführten polnischen „Forderungen” bzw. „lächerlichen Verrücktheiten” sind offenbar die von Warschau in seinem Memorandum vom 25. März 1939 vorgetragenen Gedanken über ein polnisch-deutsches Arrangement; diese könnten aber weder als „Forderungen” bezeichnet noch gar als „lächerliche

258

Verrücktheit" disqualifiziert werden, suchten sie
doch den Transitverkehr zwischen dem Deutschen
Reich und Ostpreußen nach Kräften zu erleichtern
und einem direkten deutsch-polnischen Verständi-
gungsgespräch den Weg zu ebnen.

Ähnlich überzogen wie die Qualifikationen der
polnischen Verständigungsvorschläge vom März
mußten Daladier auch Hitlers Ausführungen über
das Schicksal der deutschen Minderheit in Polen an-
muten, schrieb der deutsche Führer doch darüber
dem französischen Regierungschef: *„Damals setzte
ein unerträglicher Terror, eine physische und
wirtschaftliche Drangsalierung der immerhin über
eineinhalb Millionen zählenden Deutschen in den
vom Reich abgetretenen Gebieten ein. Ich will hier
nicht über die vorgekommenen Scheußlichkeiten
sprechen. Allein auch Danzig wurde mit fortgesetz-
ten Übergriffen polnischer Behörden steigend zum
Bewußtsein gebracht, daß es scheinbar rettungslos
der Willkür einer dem nationalen Charakter der
Stadt und der Bevölkerung fremden Gewalt ausgelie-
fert ist."*

Daladier dürften solche Schilderungen und Formulierungen noch aus der Sudetenkrise im Ohr gewesen sein, als Hitler das Schicksal der Deutschböh-
men mit ähnlichen Worten beschrieb, um die Lage
zusätzlich zu dramatisieren und den deutschen
Standpunkt als den menschlich verständlichsten
hinzustellen.

Unerwartet dürften hingegen den französischen
Ministerpräsidenten die nachfolgenden Ausführun-

gen des deutschen Reichskanzlers berührt und wohl auch gleichzeitig zum Nachdenken gebracht haben, wenn er von Hitler mit den Worten angegangen wurde: *„Darf ich mir nun die Frage erlauben, Herr Daladier, wie würden Sie als Franzose handeln, wenn durch irgendeinen unglücklichen Ausgang eines tapferen Kampfes eine Ihrer Provinzen durch einen von einer fremden Macht besetzten Korridor abgetrennt würde, eine große Stadt — sagen wir Marseille — verhindert würde, sich zu Frankreich zu bekennen, und die in diesem Gebiete lebenden Franzosen nun verfolgt, geschlagen, mißhandelt, ja bestialisch ermordet würden? Sie sind Franzose, Herr Daladier, und ich weiß daher, wie Sie handeln würden. Ich bin Deutscher, Herr Daladier. Zweifeln Sie nicht an meinem Ehrgefühl und an meinem Pflichtbewußtsein, genau so zu handeln. Wenn Sie nun dieses Unglück hätten, das wir besitzen, würden Sie dann, Herr Daladier, verstehen, wenn Deutschland ohne Veranlassung dafür eintreten wollte, daß der Korridor durch Frankreich bleibt, daß die geraubten Gebiete nicht zurückkehren dürfen, daß die Rückkehr Marseilles nach Frankreich verboten wird? Ich kann mir jedenfalls nicht vorstellen, Herr Daladier, daß Deutschland aus diesem Grunde gegen Sie kämpfen würde. Denn ich und wir alle haben auf Elsaß-Lothringen verzichtet, um ein weiteres Blutvergießen zu vermeiden. Um so weniger würden wir Blut vergießen, um ein Unrecht aufrechtzuerhalten, das für Sie untragbar sein müßte, wie es für uns bedeutungslos wäre. Alles, was Sie in Ihrem Brief, Herr Da-*

ladier, schreiben, empfinde ich genau so wie Sie. Vielleicht können gerade wir uns als alte Frontsolda-ten auf manchen Gebieten am leichtesten ver-stehen..."

Die nachfolgenden Passagen des Hitler-Briefes bedeuteten dann freilich keine Überraschung für den französischen Ministerpräsidenten mehr, be-kräftigte doch der braune Führer darin seinen bereits bekannten Standpunkt in der Danzig-, Minderheiten- und Korridorfrage, und dies in einer Form, die schon ultimativ anmutete. Dabei scheute er vor Übertrei-bungen nicht zurück, wenn er die Lage an der deutsch-polnischen Grenze „*mazedonische Zustän-de*" nannte und von „*fast zwei Millionen Menschen*" sprach, welche als deutsche Minderheit von den Polen mißhandelt würden. Die tatsächlich vorge-kommenen Grenzzwischenfälle wurden durch diese Aufbauschungen ebenso in ihrer Glaubwürdigkeit erschüttert wie die wirklich von den Polen an den Volksdeutschen begangenen Ungerechtigkeiten. Die Formulierung: „*Ich würde aber an einer ehrenvollen Zukunft meines Volkes verzweifeln, wenn wir unter solchen Umständen nicht entschlossen wären, die Frage so oder so zu lösen.*" erinnerte auffällig an Hit-lers verbale Drohung gegen Benesch im September 1938.

Bleibt offen, ob der deutsche Regierungschef mit diesen „*starken Worten*" nur bluffen wollte oder es tatsächlich auf einen kriegerischen Konflikt ankom-men lassen mochte, wie nach dem Krieg allgemein verbreitet wurde. Immerhin hatte er bisher alle Revisionen des Versailler Vertrags ohne Blutvergießen durchgesetzt und war die deutsche Wehrmacht erst vor rund vier Jahren durch die Einführung der allgemeinen Wehrpflicht über die 100 000-Mann-Stärke hinaus aufgestockt worden, also herkömmlicherweise letztlich noch nicht effektiv einsatzbereit. Ein Befund, den die obersten deutschen Militärführer dem Reichskanzler wiederholt nahezubringen versuchten, wenn sie sich von dessen außenpolitischen Plänen überfordert fühlten. Auf der anderen Seite hatte er aber mit dem Angriffsbefehl für den 26. August ein klares Zeichen für seine aggressive Entschlossenheit gesetzt und damit letztlich aufkommende Zweifel an seinen kriegerischen Absichten ausgeschlossen. Freilich ist die Rücknahme des Angriffsbefehls auch nicht zu übersehen und darf nicht ungewürdigt bleiben.

Sie stand im Zusammenhang mit einer Vermittlungsaktion, um welche sich Hermann Göring in Verbindung mit dem schwedischen Industriellen Birger Dahlerus bemüht hatte und die außerhalb der normalen diplomatischen Wege eine Verhandlungsbasis zwischen Berlin und London bzw. zwischen Berlin und Warschau herstellen sollte. Sie gipfelte im übrigen in 6 Punkten, die der schwedische Unterhändler der britischen Regierung im Auftrage Hitlers übermitteln bzw. zur Annahme vorlegen sollte. Neben der Anregung, zwischen Berlin und London einen Pakt oder ein Bündnis abzuschließen, den deutschen Wunsch nach Kolonien zu respektieren und das Britische Empire notfalls durch die deutsche

Wehrmacht schützen zu lassen, sagten sie zum deutsch-polnischen Konflikt wörtlich aus: „... 2. *England soll mitwirken, daß Deutschland Danzig und den Korridor erhält, jedoch mit Ausnahme eines Freihafens in Danzig, der Polen zur Verfügung stehen solle. Polen solle außerdem einen Korridor nach Gdingen erhalten und ganz über diese Stadt und ein hinreichend großes Gebiet um sie herum verfügen. 3. Deutschland verpflichtet sich, Polens Grenzen zu garantieren ... 5. Für die Behandlung der deutschen Minderheit in Polen sollen ausreichende Garantien geschaffen werden ... "* Abgesehen vom Minderheitenschutz für die Volksdeutschen in Polen hatte Hitler die übrigen Punkte bereits am Vortag dem britischen Botschafter Henderson zur Weiterleitung nach London zur Kenntnis gegeben.

Die britische Regierung teilte sowohl amtlich als auch dem Sonderemissär Dahlerus mit, daß sie ihre guten Dienste bei der Vermittlung zwischen Berlin und Warschau anbiete, von ihrem Wort, den Polen bei Gefahr beizustehen, aber nicht abrücken könne, wenn sie nicht vertragsbrüchig und unglaubwürdig werden wolle. Für die Kolonialfrage sei der Zeitpunkt ihrer bestmöglichen Lösung im Augenblick noch nicht gegeben, und in Bezug auf den vorgeschlagenen Pakt bzw. das angeregte Bündnis müßten genaue Klärungen der deutschen Vorstellungen stattfinden. Im Londoner Foreign Office befürchtete man nämlich, durch ein etwaiges Bündnis mit Hitler-Deutschland bei vielen seiner Alliierten auf Unverständnis zu stoßen. Der außenpolitische Berater des englischen

Außenministeriums, Sir Robert Vansittard, wie auch der britische Außenminister, Viscount Halifax, selber sahen im deutschen Bündnisangebot eine Falle Hitlers und suchten ihr möglichst aus dem Wege zu gehen. So erhielt Botschafter Henderson schließlich am 30. August 1939 folgende Weisung von Halifax: *„Ein Bündnis (was ein militärisches Bündnis bedeuten muß, wenn es irgend etwas bedeuten soll) ist selbstverständlich keine praktische Politik. Wir sollten vorsichtig sein und es den Deutschen nicht gestatten, uns auf einen so gefährlichen Grund ziehen zu lassen. Sonst könnten die Deutschen verlautbaren lassen, daß ein Gespräch über ein Bündnis stattgefunden habe. Das würde den denkbar schlechtesten Eindruck in den Vereinigten Staaten und allen befreundeten Ländern hervorrufen...”*

Bemerkenswert erscheint der Hinweis auf den Eindruck in den Vereinigten Staaten. Danach hielt der britische Außenminister die US-Führung für eine Art von moralischer Instanz, vor welcher man bestehen mußte und konnte daher kaum Kenntnis von Roosevelts Wissen um das *„Geheime Zusatzabkommen”* zum Hitler-Stalin-Pakt haben. Hätte man an der Themse gewußt, daß Roosevelt den Länderschacher zwischen Hitler und Stalin kannte, ihn aber nicht anprangerte, wäre man vielleicht weniger gehemmt dem deutschen Bündnisangebot gegenübergestanden. Nicht auszuschließen, daß Roosevelt genau diese Möglichkeit eines britisch-deutschen Einverständnisses mit der Geheimhaltung seiner Informationen verhindern wollte und es schließlich auch konnte.

Auf alle Fälle hätte Robert Vansittard nicht so über
Berlin und seine Politik geschrieben, wie er das am
29. August 1939 tat, als er in einer überlieferten Aufzeichnung notierte: „... *Wenn wir zulassen, daß
noch weitere solche Versuche uns auf solch gefährlichen Grund führen, werden wir erleben, daß die
Deutschen gegen uns genau dasselbe Spiel spielen,
das wir gegen sie im Hinblick auf den russisch-
deutschen Pakt spielen"* — nämlich die Wider-
sprüchlichkeit der Berliner Politik herausstellen und
den Mangel ihrer politisch-moralischen Gradlinig-
keit anprangern. — *„Wenn die Deutschen schlau
genug sind, es durchsickern zu lassen",* so Vansittard
weiter in seiner Notiz vom 29. August 1939, *„glaube
ich, daß sehr viel Entrüstung und Mißtrauen in England zu gewärtigen haben und vor allem eine große
Einbuße an Vertrauen und den Vorwurf der Perfidie
in Frankreich, der Türkei, Polen, Rumänien, Griechenland usw. Ich glaube, daß Sir Neville Henderson
Instruktionen erhalten sollte, diesen Gegenstand
überhaupt zu vermeiden oder ihn ganz anders zu beantworten, wenn er wieder von den Deutschen zur
Sprache gebracht wird. Faktisch kann keine Rede
von irgend etwas dieser Art innerhalb der voraus-
sehbaren Zeit sein."* Dann folgte ein Satz, den
Außenminister Halifax wörtlich von Vansittard
übernahm, nämlich: *„Ein Bündnis bedeutet ein
Militärbündnis, wenn es überhaupt etwas bedeutet",*
um mit den Überlegungen fortzufahren: *„Gegen wen
sollten wir uns mit solch einer Bande wie das gegenwärtige Regime in Deutschland verbünden?*

Auch nur die leiseste Andeutung davon würde uns in den Vereinigten Staaten ruinieren. Ein Vertrag ja, ein Bündnis nein. Auch nur mit solch einer Idee zu spielen, würde bedeuten, daß wir die letzten Ziele Deutschlands aus dem Auge verlieren, die sicherlich — ob nun heute oder später — die Zerstörung Polens in seinen gegenwärtigen Formen einschließen, ganz abgesehen von der Tatsache, daß es noch immer Hitlers Absicht ist, Europa zu beherrschen und sogar die herrschende Macht in der Welt zu werden, wobei die Zerstörung Polens nur der nächste Schritt ist. Das kann nur durch die schließliche Zerstörung des Britischen Reiches erreicht werden . . ."

Wie die nachfolgenden Ereignisse bestätigten und die überlieferten Dokumente belegen, wurde die Vansittard-Linie bald auch die Halifax- und Henderson-Linie. So bescheinigte Halifax den Aufzeichnungen Vansittards *„Substanz"* und gab dem britischen Botschafter in London entsprechende Anweisung — und trat Henderson am 29. August Hitler gegenüber in einer ganz und gar unbritischen und undiplomatischen Art gegenüber, indem er dem deutschen Führer nicht nur in die Parade seiner Ausführungen fuhr, sondern ihn sogar an Lautstärke übertönte. Nach eigenem Bekunden ging Henderson bei seiner Unterredung mit Hitler dazu über, *„Herrn Hitler zu überschreien"* und gebrauchte während der ganzen Unterhaltung *„dieselbe heftige Sprache".* Dabei sagte er dem deutschen Führer, *„wenn er Krieg wolle, könne er ihn haben"* und daß *„England nicht weniger entschlossen wäre und ein wenig län-*

ger aushalten würde als es Deutschland könne".
Wenn Henderson in seinem einschlägigen Botschaftsbericht vom 30. August dann bedauerte, sich übernommen zu haben, jedoch hinzufügte, *„es mit einem
klaren Zweck und mit den besten Absichten"* getan
zu haben, läßt dies mehrere Deutungen zu:

Es kann zum einen die schlicht verständliche
Reaktion eines Mannes sein, der angesichts der dra-
matisch zugespitzten Lage die übernommenen Dip-
lomatenfloskeln vergaß und als Mensch und Mann
auftrat, der letztlich nichts zu verlieren, aber für sein
Land viel zu gewinnen hatte. Es konnte aber auch
der erste sichtbare Ausfluß der neuen harten Linie
Londons bzw. des Foreign Office vor dem Hintergrund der massiven Roosevelt'schen Einflußnahme
auf die englische und polnische Politik gewesen sein
— oder auch die schlaglichtartig deutlich gewordene
„Arbeitsteilung" der anglofranzösischen Politik gegenüber dem Reich, wonach Großbritannien die
Aufgabe hatte, Deutschland zu *„mäßigen"* und
Frankreich die Polen zu Konzilianz veranlassen
sollte.

Dieser Deutungsmöglichkeit steht freilich der
Umstand entgegen, daß nach einer Aufzeichnung
des polnischen Unterstaatssekretärs im Außenministerium, Graf Szembek, über eine Unterredung mit
dem britischen Botschafter in Warschau, Sir Howard
Kennard und dessen französischen Kollegen, Leon
Noël, vom 29. August 1939, zwar der englische Missionschef etwas gegen die Bekanntgabe der polnischen Mobilmachung einzuwenden hatte, Noël aber

keinen Einwand erhoben habe. Und daß sich Henderson in seiner Aussprache mit Hitler am 29. August gegenüber dem deutschen Führer im Ton „*übernommen*" hatte, mußte nicht unbedingt ein Zeichen britischer Mäßigung sein, sondern konnte — im Gegenteil! — sogar in Berlin als Provokation aufgefaßt werden. Im übrigen schien sich Neville Henderson auch 24 Stunden später in einem Gespräch mit Reichsaußenminister von Ribbentrop wenig zurückhaltend gegeben zu haben und dem deutschen Außenamtschef gegenüber alles andere als diplomatisch-höflich gewesen zu sein, überliefert doch der als Augen- und Ohrenzeuge anwesende Dolmetscher Paul Schmidt, daß er jeden Augenblick mit dem Hinauswurf des englischen Missionschefs durch den Reichsaußenminister gerechnet habe, so hart waren beide während der Unterredung aneinander geraten. Der „*neue Ton aus London*" dürfte daher einen anderen Hintergrund haben als bisher gern verbreitet wurde. Er dürfte von Roosevelt angestimmt und den Gefolgsleuten Churchills sowie den „*Falken*" im britischen Foreign Office übernommen und zum Durchbruch in der englischen Politik gegenüber Hitler-Deutschland gebracht worden sein.

Winston Churchill hielt nämlich schon längst nichts mehr von Bemühungen um einen Ausgleich mit Adolf Hitler und stand mit dieser Auffassung diametral zur bisherigen Befriedungspolitik des amtierenden Premierministers Chamberlain. Das brachte er — mehr oder minder verdeckt — auch in seinen Reden in Manchester am 9. Mai 1938 und am

28. Juni 1939 vor dem City Carlton Club in London
zum Ausdruck. Nicht von ungefähr nahm US-
Präsident Roosevelt dann hinter dem Rücken
Chamberlains mit Winston Churchill Kontakt auf
und führte mit ihm eine hochpolitische Korrespondenz, die den Dechiffrierer in der amerikanischen
Botschaft in London, Tyler Kent, in blankes Entsetzen über seinen kriegsentschlossenen Präsidenten
stürzte. Über die Köpfe der beiden polnischen
Botschafter in Washington (Graf Potocki) und in
Paris (Graf Lukasiewicz) hinweg dürfte der Ermun-
terungsruf aus dem Weißen Haus auch die maßgebli-
chen polnischen Persönlichkeiten, von Marschall
Rydz-Smigly bis Außenminister Beck, erfaßt und zu
abweisender Haltung gegenüber Berlin veranlaßt haben. Das belegen die selbstbewußten Reden des polnischen Oberstkommandierenden ebenso wie die
auffallend kritischen Äußerungen des polnischen
Außenamtschefs über Deutschland.

Dazu kam das große Vertrauen Polens und seiner
Verbündeten zur eigenen militärischen Stärke, welches sich im wesentlichen aus einem für die deutsche
Wehrmacht ungünstigen beiderseitigen Kräftever-
gleich nährte. Danach standen bei einem Kriegsaus-
bruch knapp 89 deutschen Divisionen insgesamt 158
anglofranzösische bzw. polnische Divisionen gegenüber; und zwar Kampfeinheiten, die nicht erst — wie
das Gros der Deutschen Wehrmacht — seit knapp
vier Jahren aufgestellt und ausgebildet worden sind,
sondern die ganze Zeit hindurch auf der Höhe der
kriegstechnischen Entwicklung gehalten worden wa-

ren. So waren die Staaten der „*Anti-Aggressionsfront*" im einzelnen auf dem Gebiet der Artillerie mit ihren 14 000 Geschützen den 7 500 deutschen Kanonen fast doppelt überlegen, konnten sie den rund 3 500 deutschen Kampfflugzeugen 4 500 eigene Flugzeuge gegenüberstellen und waren schließlich zur See der deutschen Kriegsmarine mehr als viermal überlegen. Nicht einmal in der Panzerrüstung hatte die Deutsche Wehrmacht einen Gleichstand mit den potentiellen Gegnern erreicht, sondern hatte mit ihren (teilweise nur bedingt einsatzfähigen) 3 500 gepanzerten Fahrzeugen immer noch 950 weniger als die Alliierten.

Bei diesem militärischen Vergleichsstand konnte der britische Botschafter dem deutschen Führer in der Tat begründet ins Gesicht schreien, daß Großbritannien einen möglichen Krieg „*ein wenig länger aushalten würde*", wie er dies in der Nacht vom 29. August 1939 getan hatte. Und Hitler schien die tatsächliche deutsche Unterlegenheit auf wichtigen militärischen Bereichen durch demonstrative rhetorische Drohgebärden überspielen zu wollen, wenn er den „*deutschen Westwall*" als das „*gigantischste Bauwerk der Geschichte*" hinstellte oder das Schlachtschiff „*Bismarck*" als schier „*unversenkbares Kampfschiff*" feierte. Wenn er sich dabei nicht bewußt in die Tasche log, verfolgte er mit solcherlei Kraftmeiereien offensichtlich die Absicht, bei den potentiellen Gegnern Eindruck zu machen. Ein Trick, der allerdings nicht immer verfing, wie die Reaktionen der Anglofranzosen und der Polen in den

Augusttagen des Jahres 1939 bewies. Selbst nach dem deutschen Blitzsieg in Polen nahmen die Westalliierten die militärische Schlagkraft der Wehrmacht noch nicht ganz ernst und verlegten Elite-Einheiten in den Vorderen Orient, um von dort aus die russischen Ölfelder im Kaukasus anzugreifen und damit Deutschland von wichtigen Rohstoffquellen abzuschneiden. Der schnelle militärische Zusammenbruch Frankreichs im Juni 1940 offenbarte dann den Anglofranzosen das ganze Ausmaß ihrer Täuschung und hätte Hitler-Deutschland fast den Endsieg gebracht.

Von diesen Erfahrungen waren jedoch die Akteure an der Themse, der Seine und der Weichsel in den späten Augusttagen geistig noch meilenweit entfernt und rechneten damals noch fest mit einem baldigen Sieg über NS-Deutschland. Damit nicht genug. Engländer und Polen verbanden mit dem Ausbruch des Krieges auch die ganz konkrete Hoffnung auf einen baldigen Zusammenbruch Deutschlands bzw. auf den Sturz des Hitler-Regimes. Das geht aus einer Aufzeichnung hervor, die Neville Henderson am 31. August machte und am frühen Nachmittag dieses Tages nach London kabelte. Danach hatte der polnische Botschafter in Berlin, Josef Lipski, dem britischen Legationsrat George Arthur Ogilvie-Forbes am 31. August eröffnet, daß er auf Grund seiner langen Erfahrung in Deutschland *„seinen ganzen Ruf auf die Behauptung"* setze, *„daß die deutsche Moral im Zerbrechen sei, und daß das gegenwärtige Regime rasch zusammenbrechen würde".* Aus diesem Grunde wäre es geradezu ein Verhängnis, *„wenn Mr.*

Beck oder ein polnischer Vertreter nach Berlin käme". Vielmehr müßten die Engländer *„um Himmels willen festbleiben und eine einzige Front zeigen",* schließlich sei das deutsche Verhandlungsangebot nichts weiter als *„eine Falle"* und auch *„ein Zeichen deutscher Schwäche, was auch durch die Einschätzung der Lage seitens des Botschafters bestätigt würde".*

Diese ebenso unerhörte wie ungewürdigte Erwartung der Polen wird auch durch den Bericht des immer noch als Vermittler tätigen Birger Dahlerus belegt. Dieser führt in seinem Buch *„Der letzte Versuch. London-Berlin, Sommer 1939"* u. a. über Lipski und dessen Einstellung zu den deutschen Vermittlungsbemühungen aus: *„Auf dem Rückweg* (aus der polnischen Botschaft in die Residenz des englischen Botschafters) *erzählte mir Forbes etwas, das mich erschreckte: Während ich der Sekretärin diktierte, hatte Lipski mitgeteilt, daß er in keiner Weise Anlaß habe, sich für Noten oder Angebote von deutscher Seite zu interessieren. Er kenne die Lage in Deutschland nach seiner fünfeinhalbjährigen Tätigkeit als Botschafter gut und habe intime Verbindung mit Göring und anderen aus den maßgebenden Kreisen; er erklärte davon überzeugt zu sein, daß im Falle eines Krieges Unruhen in diesem Land ausbrechen und die polnischen Truppen erfolgreich gegen Berlin marschieren würden..."*

Der englische Außenminister Halifax schwankte damals offenkundig noch zwischen sicherer Kriegserwartung und seiner Berlin gegebenen Zusage, die

Polen zu Verhandlungen mit der deutschen Regierung zu bewegen. Entsprechend fiel sein Telegramm
am 30. August 1939 an den britischen Botschafter in
Warschau, Howard Kennard, aus. Darin wies er den
Missionschef an, die polnische Regierung zu direkten Gesprächen mit Hitler zu ermuntern, ihr aber
gleichzeitig zu bestätigen, daß die britische Garantie
zu Beistandsleistungen im Falle eines deutschen
Angriffs weiterhin gelte.

Diese britische „Polen-Garantie" vom 31. März
bzw. 25. August 1939 war für die Warschauer Politik
ein schier unschätzbares Pfand. Sie sicherte nämlich
Warschau den Beistand Englands bereits in dem
Falle zu, „daß irgendeine Aktion einer europäischen
Macht direkt oder indirekt die Unabhängigkeit
Polens bedroht oder so geartet ist, daß (Polen) den bewaffneten Widerstand als von lebenswichtiger Bedeutung betrachtet". Großbritannien hatte demnach
Polen zu Hilfe zu kommen, wann immer man sich in
Warschau bedroht fühlte. Und daß sich die polnische Regierung eindeutig gegen Berlin gestärkt fühlen konnte, bestätigte ihr das „Geheime Zusatzprotokoll" zum Beistandsabkommen, in dessen Artikel 1
es eindeutig hieß: „Unter dem Ausdruck ‚eine europäische Macht', der in diesem Abkommen angewandt wird, soll Deutschland verstanden werden ...
Im Falle einer Aktion ... durch eine andere europäische Macht als Deutschland werden die vertrag-
schließenden Parteien miteinander in Beratungen
über die gemeinsam zu ergreifenden Maßnahmen
eintreten".

So sehr sich Warschau im August 1939 durch diese
Auslegung beruhigt fühlen konnte, so tragisch wirkte
sich diese Eingrenzung auf Deutschland aus, als am
17. September 1939 die Rote Armee in Ostpolen einmarschierte und England sich in diesem Falle nicht
zu einer Kriegserklärung gegen die Sowjetunion veranlaßt sah. Es bedarf noch einer Untersuchung, um
zu klären, ob hinter der Eingrenzung der *„europäischen Macht"* auf Deutschland die Einflußnahme
Roosevelts stand, welcher es nicht zu einer Auseinandersetzung der Engländer mit Stalin kommen lassen wollte, da er diesen für eine spätere Allianz zu
schonen gedachte. Der deutschen Seite blieben diese
Absprachen und Eingrenzungen wie auch die heimlichen Erwartungen der Polen und Engländer hinsichtlich eines alsbaldigen Zusammenbruchs des
NS-Regimes naturgemäß verborgen. Sie hatte daher
den mit London am 25. August 1939 eröffneten Part
weiterzuspielen und sich auf die Möglichkeit einer
tatsächlichen Kontaktnahme mit der polnischen Regierung einzurichten.

Das letzte deutsche
Verhandlungsangebot

Zu diesem Zweck trat sie nicht nur in einen Notenwechsel mit der britischen Regierung ein, sondern erarbeitete auch einen 16 Punkte umfassenden
Vorschlag zur Lösung der deutsch-polnischen Krise

um Danzig, den Korridor und die deutschen Minderheiten in Polen. Dieser Lösungsvorschlag sollte zur Grundlage direkter deutsch-polnischer Gespräche gemacht und mit einer hochrangigen polnischen Persönlichkeit — gedacht war wohl an Außenminister Beck — erörtert werden. Daß dieser aber ganz und gar nicht daran dachte, nach Berlin zu fahren und „auf den Spitzen von Bajonetten" zu verhandeln, wußte man zwar in London und in Warschau, nicht aber in Berlin. In London spätestens seit Eingang des Telegramms Botschafter Kennards vom 30. August 1939, in welchem der britische Missionschef klipp und klar an das Foreign Office kabelte: „Ich bin sicher, daß es unmöglich wäre, die Polnische Regierung zu veranlassen, Herrn Beck oder irgendeinen anderen Vertreter sofort nach Berlin zu schicken... Sie würden zweifellos eher kämpfen und untergehen, als daß sie eine solche Demütigung hinnähmen, besonders nach den Beispielen der Tschechoslowakei, Litauens und Österreichs..."

Die direkten Kontakte zwischen Berlin und Warschau waren trotz bestehender Botschaften seit Tagen wie abgeschnitten. Der polnische Missionschef an der Spree, Josef Lipski, setzte bekanntlich seit Ende August auf eine kriegerische Lösung und war seit 30. August bereits dabei, die Koffer zu packen und nach Polen heimzukehren. Und der deutsche Botschafter in Warschau, Hans Adolf Graf von Moltke, war durch das Berliner Beharren auf das Kommen eines hochrangigen polnischen Vertreters nach Deutschland weitgehend aus dem politischen

Entwicklungsprozeß ausgeklammert und konnte auf den Gang der Dinge keinen Einfluß nehmen. So schien die Weichenstellung für die nächste Zukunft außer in London hauptsächlich in Warschau zu liegen. Die deutschen Führer in Berlin hatten sich mit ihrem 16-Punkte-Vorschlag gewappnet und *„warteten"* auf die *„polnische Persönlichkeit".*

Dem um die britische Vermittlung bemühten englischen Botschafter Henderson brachte Reichsaußenminister von Ribbentrop den Inhalt der deutschen Vorschläge zwar mündlich zur Kenntnis, händigte ihm aber nicht den schriftlichen Text aus. Er wurde dann am Abend des 31. August 1939 um 21.00 Uhr über die deutschen Rundfunkstationen bekanntgegeben und hatte folgenden Wortlaut:

„1. Die Freie Stadt Danzig kehrt auf Grund ihres rein deutschen Charakters sowie des einmütigen Willens ihrer Bevölkerung sofort in das Deutsche Reich zurück.

2. Das Gebiet des sogenannten Korridors, das von der Ostsee bis zur Linie Marienwerder-Graudenz-Kulm-Bromberg (diese Städte einschließlich) und dann etwa westlich nach Schönlanke reicht, wird über seine Zugehörigkeit zu Deutschland oder zu Polen selbst entscheiden.

3. Zu diesem Zweck wird dieses Gebiet eine Abstimmung vornehmen. Abstimmungsberechtigt sind alle Deutschen, die am 1. Januar 1918 dort wohnhaft waren oder bis zu diesem Tage dort geboren wurden und desgleichen alle an diesem Tage in diesem Gebiet wohnhaft gewesenen Polen, Kaschuben usw.

Die aus diesem Gebiet vertriebenen Deutschen keh-
ren zur Erfüllung ihrer Abstimmung zurück. *Zur
Sicherung einer objektiven Abstimmung sowie zur
Gewährleistung der dafür notwendigen umfangrei-
chen Vorarbeiten wird dieses erwähnte Gebiet ähn-
lich dem Saargebiet einer sofort zu bildenden inter-
nationalen Kommission unterstellt, die von den vier
Großmächten Italien, Sowjetunion, Frankreich,
England gebildet wird. Diese Kommission übt alle
Hoheitsrechte in diesem Gebiet aus. Zu dem Zweck
ist dieses Gebiet in einer zu vereinbarenden kürzesten
Frist von den polnischen Militärs, der polnischen
Polizei und den polnischen Behörden zu räumen.*

4. Von diesem Gebiet bleibt ausgenommen der
*polnische Hafen Gdingen, der grundsätzlich polni-
sches Hoheitsgebiet ist, insoweit er sich territorial auf
die polnische Siedlung beschränkt. Die näheren
Grenzen dieser polnischen Hafenstadt wären zwischen Deutschland und Polen festzulegen und nötigenfalls durch ein internationales Schiedsgericht
festzusetzen.*

5. Um die notwendige Zeit für die erforderlichen
umfangreichen Arbeiten zur Durchführung einer gerechten Abstimmung sicherzustellen, wird diese Abstimmung nicht vor Ablauf von zwölf Monaten stattfinden.

6. Um während dieser Zeit Deutschland seine Verbindung mit Ostpreußen und Polen seine Verbindung
mit dem Meere unbeschränkt zu garantieren, werden
Straßen und Eisenbahnen festgelegt, die einen freien
Transitverkehr ermöglichen. Hierbei dürfen nur jene

Abgaben erhoben werden, die für die Erhaltung der Verkehrswege, beziehungsweise für die Durchführung der Transporte erforderlich sind.

7. *Über die Zugehörigkeit des Gebietes entscheidet die einfache Mehrheit der abgegebenen Stimmen.*

8. *Um nach erfolgter Abstimmung — ganz gleich, wie diese ausgehen möge — die Sicherheit des freien Verkehrs Deutschlands mit seiner Provinz Danzig-Ostpreußen und Polen seine Verbindung mit dem Meere zu garantieren, wird, falls das Abstimmungsgebiet an Polen fällt, Deutschland eine exterritoriale Verkehrszone, etwa in Richtung von Bütow-Danzig, beziehungsweise Dirschau gegeben zur Anlage einer Reichsautobahn sowie einer viergleisigen Eisenbahnlinie. Der Bau der Straße und der Eisenbahn wird so durchgeführt, daß die polnischen Kommunikationswege dadurch nicht berührt, das heißt, entweder über- oder unterführt werden. Die Breite dieser Zone wird auf einen Kilometer festgesetzt und ist deutsches Hoheitsgebiet. Fällt die Abstimmung zugunsten Deutschlands aus, erhält Polen zum freien und uneingeschränkten Verkehr nach seinem Hafen Gdingen die gleichen Rechte einer ebenso exterritorialen Straßen- beziehungsweise Bahnverbindung, wie sie Deutschland zustehen würden.*

9. *Im Falle des Zurückfallens des Korridors an das Deutsche Reich erklärt sich dieses bereit, einen Bevölkerungsaustausch mit Polen in dem Ausmaß vorzunehmen, als der Korridor hierfür geeignet ist.*

10. *Die etwa von Polen gewünschten Sonderrechte im Hafen von Danzig würden paritätisch ausgehan-*

delt werden mit gleichen Rechten Deutschlands im
Hafen von Gdingen.

11. Um in diesem Gebiet jedes Gefühl einer Bedrohung auf beiden Seiten zu beseitigen, würden Danzig
und Gdingen den Charakter reiner Handelsstädte
erhalten, das heißt, ohne militärische Anlagen und
militärische Befestigungen.

12. Die Halbinsel Hela, die entsprechend der Abstimmung entweder zu Polen oder zu Deutschland
käme, würde in jedem Fall ebenfalls zu demilitarisie-
ren sein.

13. Da die deutsche Reichsregierung heftigste Beschwerden gegen die polnische Minderheitenbehand-
lung vorzubringen hat, die polnische Regierung ihrerseits glaubt, auch Beschwerden gegen Deutschland
vorbringen zu müssen, erklären sich beide Parteien
damit einverstanden, daß diese Beschwerden einer
international zusammengesetzten Untersuchungs-
kommission unterbreitet werden, die die Aufgabe
hat, alle Beschwerden über wirtschaftliche und physische Schädigungen sowie sonstige terroristische
Akte zu untersuchen. Deutschland und Polen verpflichten sich, alle seit dem Jahre 1918 etwa vorge-
kommenen wirtschaftlichen und sonstigen Schädigungen der beiderseitigen Minoritäten wieder gutzumachen, beziehungsweise alle Enteignungen aufzu-
heben oder für diese und sonstige Eingriffe in das
wirtschaftliche Leben eine vollständige Entschädi-
gung den Betroffenen zu leisten.

14. Um den in Polen verbleibenden Deutschen sowie den in Deutschland verbleibenden Polen das

Gefühl der internationalen Rechtlosigkeit zu nehmen und ihnen vor allem die Sicherheit zu gewähren, nicht zu Handlungen, beziehungsweise zu Diensten herangezogen werden zu können, die mit ihrem nationalen Gefühl unvereinbar sind, kommen Deutschland und Polen überein, die Rechte der beiderseitigen Minderheiten durch umfassende und bindende Vereinbarungen zu sichern, um diesen Minderheiten die Erhaltung, freie Entwicklung und Betätigung ihres Volkstums zu gewährleisten, ihnen insbesondere zu diesem Zweck die von ihnen erforderlich gehaltene Organisierung zu gestatten. Beide Teile verpflichten sich, die Angehörigen der Minderheit nicht zum Wehrdienst heranzuziehen.

15. Im Falle einer Vereinbarung auf der Grundlage dieser Vorschläge erklären sich Deutschland und Polen bereit, die sofortige Demobilisierung ihrer Streitkräfte anzuordnen und durchzuführen.

16. Die zur Beschleunigung der obigen Abmachungen erforderlichen weiteren Maßnahmen werden zwischen Deutschland und Polen gemeinsam vereinbart."

Im Begleitkommentar zur Vermeldung dieser 16 Verhandlungspunkte erklärte die deutsche Regierung ihre Weigerung, diese Vorschläge dem britischen Botschafter schriftlich auszuhändigen, mit dem Hinweis, daß zwischen London und Berlin eine direkte deutsch-polnische Fühlungnahme vereinbart worden sei, welche keines schriftlichen Umweges über England bedurft hätte. In diesem Sinne habe man bis zum Abend des 30. August 1939 auf einen autorisierten

Unterhändler aus Warschau gewartet. Statt seiner sei
aus Polen am 30. August die Nachricht der polnischen
Mobilmachung gekommen und damit die Voraussetzung entfallen, der britischen Regierung noch eine
genauere Kenntnis über die Auffassung der Reichsregierung im Bezug auf mögliche Verhandlungsgrundlagen zu geben, zumal das Londoner Kabinett
ja selbst für direkte Verhandlungen zwischen Berlin
und Warschau eingetreten war. Nachdem sich auch
der polnische Botschafter Lipski nicht bevollmächtigt sah, *„in irgendeine Diskussion einzutreten oder
gar zu verhandeln"*, fühlte sich die deutsche Seite
zwei Tage lang von der polnischen Regierung *„versetzt"* und sah ihre unterbreiteten Vorschläge *„auch
diesmal"* als *„praktisch abgelehnt"* an. Dabei hielt sie
ihre 16 Verhandlungspunkte für *„mehr als loyal, fair
und erfüllbar"*. Eine Bewertung, die subjektiv, aber in
der Rückschau annehmbar erscheint; vor allem
wenn man bedenkt, was aus ihrer Ablehnung schließendlich herausgekommen ist.

Die Kampfbereitschaft und Siegeszuversicht hatten sich aber an der Weichsel wie an der Spree offenbar schon dermaßen mit nationaler Empfindlichkeit
und Prestigesucht gepaart, daß an ein Mißlingen des
erwarteten Waffengangs weder hier noch dort ein
ernsthafter Gedanke verschwendet worden ist. Dazu
kamen die beiderseitigen deutsch-britischen Unterstellungen, welche das deutsch-polnische Verhältnis
noch weiter belasteten und komplizierten. Während
man in London spätestens seit der Errichtung des
deutschen *„Reichsprotektorates Böhmen und Mäh-*

ren" im März 1939 den Versicherungen des deutschen Führers nicht mehr glaubte trauen zu dürfen und sich zu entsprechenden Eindämmungsmaßnahmen gehalten fühlte, meinte man in Berlin, das englische Verhalten mit britischer Mißgunst und Bevormundung Deutschlands erklären zu sollen. In diesem Sinne hatte Hitler in seiner Unterredung mit dem englischen Botschafter am 25. August auch die Behauptung, daß Deutschland die Welt erobern wolle, für *„lächerlich"* erklärt und darauf hingewiesen, daß das Britische Weltreich 40 Millionen Quadratkilometer, Rußland 19 Millionen und USA 9,5 Millionen Quadratkilometer umfaßten, während Deutschland nicht einmal 0,6 Millionen Quadratkilometer ausmache, um dann zu folgern: *„Wer also die Welt erobern will, ist klar."*

Als erklärten Deutschlandfeind glaubte man in Berlin Winston Churchill erkennen zu können. Ihm verübelte man insbesondere das beharrliche Festhaltenwollen am Versailler Vertrag und die strikte Ablehnung des nationalsozialistischen Regimes. Als öffentlichen Ausdruck seines dezidierten Antigermanismus kreidete man dem nachmaligen britischen Premierminister beispielsweise dessen Unterhausrede vom 13. April 1933 an, in welcher er *„die Gerechtigkeit des Versailler Vertrages"* verteidigt hatte, sowie Churchills Radioansprache vom 16. Oktober 1938 an das amerikanische Volk. Darin hatte er für alle *„friedlliebenden und gemäßigten Kräfte in Deutschland"* geworben, *„gemeinsam mit den Führern des deutschen Heeres eine große Anstrengung zur Wiedereinführung zivi-*

lisierter Zustände zu machen", damit die „Diktatur, die götzenhafte Anbetung eines Mannes" beseitigt werde. Als probates Mittel, dieses Ziel zu erreichen, nannte Churchill „die schnelle organisierte Zusammenfassung von Kräften ... das entschlossene und nüchterne Aufsichnehmen von Pflichten durch die englischsprechenden Völker und durch alle großen und kleinen Staaten — von denen es viele gibt —, die Seite an Seite mit ihnen zu marschieren wünschen". Und damit sich die Vereinigten Staaten, insonderheit ihr interventionsbereiter Präsident, Franklin Delano Roosevelt, nochmals direkt angesprochen fühlten, schloß Winston Churchill seine Ansprache an die Amerikaner mit den Worten: „Ihre treue und innige bewaffnete und wirksame Kameradschaft würde fast über Nacht den Weg des Fortschritts frei machen und unser aller Leben von der Furcht befreien, die für Hunderte von Millionen Menschen bereits Gottes Sonnenlicht verdunkelt."

Hitler nannte diese Ausführungen in seiner Rede auf dem Gauparteitag in Weimar am 6. November 1938 schlicht „Kriegshetze" und sah ihre Gedankengänge im Laufe des Jahres 1939 immer mehr verbreitet. Entsprechend qualifizierte man in Berlin die Vermittlungsbemühungen Londons in den späten Augusttagen als „offenkundig hinhaltende Taktik" und „britisches Falschspiel". In London mußte man wiederum die Erklärung Berlins vom 31. August 1939, daß die Lage zwischen Deutschland und Polen inzwischen sich so weit zugespitzt habe, „daß jeder weitere Zwischenfall zu einer Entladung der beider-

seits in Stellung gegangenen militärischen Streitkräfte führen kann", als weiterer Beweis für die Expansionspolitik NS-Deutschlands auffassen; dies um so mehr, als dann der *„Überfall auf den Sender Gleiwitz"* in der Nacht vom 31. August auf den 1. September 1939 den deutschen Einmarsch in Polen zu rechtfertigen hatte. Ein Vorgang, der wie bestellt wirkte und später auch als solcher erkannt worden ist. Angesichts tatsächlich vorgekommener Grenzverletzungen wäre dieser *„Überfall"* eigentlich nicht nötig gewesen, hätte er nicht den bereits vorher von Berlin erteilten Angriffsbefehl noch nachträglich zu decken gehabt. Bei der allgemeinen Mobilisierungswelle in Europa bzw. bei den nachmaligen Kriegsgegnern glaubte der deutsche Führer seiner Wehrmacht den strategischen Vorsprung der Angriffszeitbestimmung sichern zu sollen und setzte mit seinem Angriffsbefehl auf den Überraschungseffekt; freilich mit der nachmaligen Folge, daß der deutsche Einmarsch in Polen als Überfall deklariert und bis heute als Zeichen deutscher Alleinschuld gedeutet wird.

Die mit dem Zusammenbruch der nationalsozialistischen Diktatur neu ermöglichte Freiheit der Wissenschaft und Forschung vermochte sich auf dem Felde der Zeitgeschichte nur mühsam durchzusetzen, zumal der Zugang zu den Geheimarchiven der Sieger immer noch nicht ganz und vorbehaltlos erschlossen ist. So ist der Geschichtswissenschaft Planung und Strategie der sowjetischen Politik des Jahres 1939 in ihren Erwartungen und Begründungen ebenso unerhellt wie den Deutschen am 1. September 1939 der genaue Ablauf des angeblichen polnischen Überfalls auf den deutschen Sender Gleiwitz. Sie hörten am Vormittag des 1. September nur den Hinweis Hitlers in seiner Reichstagsrede, daß *„Polen heute nacht zum ersten Mal auf unserem eigenen Territorium durch reguläre Soldaten geschossen"* habe, und daß daher *„ab 5.45 Uhr zurückgeschossen"* werde. Daß sich Hitler in der Zeitangabe geirrt hatte und die Kampfhandlungen gegen Polen bereits um 4.45 Uhr eröffnet worden waren, stellte sich bald heraus; nicht jedoch der wahre Sachverhalt um den *„Überfall"* auf den Sender Gleiwitz; er wurde erst nach Ende des Krieges vor dem Siegertribunal von Nürnberg bekannt. Daß man ihn für echt hielt und Polen einen solchen Übergriff zutraute, mochte durch die bald nach Ausbruch des Krieges erfolgten Massaker an den Volksdeutschen, den sogenannten Bromberger Blutsonntag, denen über fünftausend Menschen zum Opfer fielen, wesentlich mitbewirkt worden sein. Wer imstande war, Tausende von unschuldigen Menschen grausam zu erschlagen und zu verstümmeln, wurde auch für fähig gehalten, einen blutigen Überfall durchzuführen.

Angesichts solcher chauvinistischer Missetaten hielt man im Reich die pathetisch-beschwörenden Reden der polnischen Führer für scheinheiliges Wortgeklingel und blanken Hohn; etwa als Präsident Moscicki am 1. September 1939 in einer Botschaft an seine Landsleute ausführte: *„In der verflossenen Nacht hat unser Erbfeind mit Angriffen auf den polnischen Staat begonnen. Ich stelle dies vor Gott und der Geschichte fest. In diesem historischen Augen-*

blick wende ich mich an alle Bürger der polnischen Republik, tief überzeugt, daß das ganze Volk sich in der Verteidigung seiner Freiheit, seiner Unabhängigkeit und seiner Ehre, um den obersten Chef und um die Armee scharen und dem Angreifer die gebührende Antwort erteilen wird, wie es in der Geschichte der polnisch-deutschen Beziehungen schon öfter der Fall war. Vom Allmächtigen gesegnet im Kampfe für die heilige und gerechte Sache, mit der Armee vereint, werden wir Schulter an Schulter in den Kampf ziehen bis zum Endsieg." Da glaubten die Deutschen schon eher, was ihr Führer am 1. September an die Adresse der Wehrmacht mit den Worten ausdrückte: „Der polnische Staat hat die von mir erstrebte friedliche Regelung nachbarlicher Beziehungen verweigert. Er hat statt dessen an die Waffen appelliert. Die Deutschen in Polen werden mit blutigem Terror verfolgt, von Haus und Hof vertrieben. Eine Reihe von für eine Großmacht unerträglichen Grenzverletzungen beweist, daß die Polen nicht mehr gewillt sind, die deutsche Reichsgrenze zu achten. Um diesem wahnwitzigen Treiben ein Ende zu bereiten, bleibt mir kein anderes Mittel, als von jetzt ab Gewalt gegen Gewalt zu setzen. Die deutsche Wehrmacht wird den Kampf um die Ehre und Lebensrechte des wiedererstandenen deutschen Volkes mit harter Entschlossenheit führen. Ich erwarte, daß jeder Soldat, eingedenk der großen Tradition des ewigen deutschen Soldatentums, seine Pflicht bis zum Letzten erfüllen wird. Bleibt euch stets und in allen Lagen bewußt, daß ihr die Repräsentanten Großdeutschlands seid!"

Etwa zur gleichen Zeit gab Premierminister Chamberlain vor dem britischen Unterhaus eine Erklärung ab, in welcher er betonte, daß Hitler die Welt ins Unglück gestürzt habe, um seinen *„sinnlosen Ambitionen zu frönen"*. Die britische Regierung habe nichts unterlassen, um der deutschen Führung klarzumachen, daß England entschlossen sei, deutschen Gewaltaktionen mit Gewalt zu begegnen. Entsprechend sei die Reichsregierung aufgefordert worden, binnen 48 Stunden die nach Polen eingedrungenen Truppen zurückzunehmen, um einen kriegerischen Konflikt mit Großbritannien zu vermeiden. Chamberlain wörtlich: *„Wenn unsere letzte Warnung unbeachtet bleibt, hat der Botschafter Seiner Britischen Majestät in Berlin den Auftrag, von der deutschen Regierung die Pässe zu verlangen. Wir sind für diesen Fall gerüstet."*

Schließlich war Chamberlain überzeugt, daß die militärische Lage Englands *„weit ermutigender"* sei als im Jahre 1914. Die Wehrpflicht für alle Männer zwischen 18 und 41 Jahren werde ein übriges tun, um die Schlagkraft Großbritanniens noch weiter zu erhöhen. Nach Worten des Dankes an Ministerpräsident Mussolini, der sich bis zum letzten Tag um eine friedlich-schiedliche Lösung der deutsch-polnischen Streitfragen bemüht habe, schloß Chamberlain vieldeutig mit den Worten: *„Was uns betrifft, so müssen wir nun die Zähne zusammenbeißen und in den Kampf ziehen, den abzuwenden wir ernst und aufrichtig bemüht waren. Wir müssen den Kampf bis zu Ende durchhalten. Wir gehen reinen Gewissens in* den *Kampf, Schulter an Schulter mit den britischen Dominien und den übrigen Teilen des britischen Imperiums, moralisch unterstützt vom größeren Teil der Erdkugel. Wir haben keinen Konflikt und keinen Kampf mit dem deutschen Volk, sondern nur mit seinen Machthabern. Solange diese Regierung am Ruder ist und sich der Methoden bedient, die sie unaufhörlich in den letzten Jahren angewendet hat, gibt es keinen Frieden in Europa. Wir sind fest entschlossen, dazu beizutragen, daß diesen Methoden ein Ende gemacht werde. Wenn wir durch unseren Kampf das internationale Vertrauen und den Glauben ans Recht wiederherstellen können, wenn wir dadurch erreichen können, daß man der Gewaltanwendung entsagt, dann werden auch die größten Opfer, die wir vielleicht bringen müssen, nicht umsonst gebracht sein.”*

Aus der Distanz eines halben Jahrhunderts und mit der Erfahrung des Kriegsausgangs mögen drei Anspielungen Chamberlains gewichtiger sein als sie seinerzeit den Zuhörern aufgefallen sein dürften: Nämlich zum einen die Ankündigung, *„den Kampf bis zu Ende”* durchzuhalten; zum andern die Versicherung, den Kampf nicht mit dem deutschen Volk zu haben, und zum dritten die Feststellung, daß es keinen Frieden in Europa geben werde, *„solange diese Regierung* (Hitler) *am Ruder ist”.* Die nachmalige Forderung nach bedingungsloser Kapitulation und die Erwartung, das NS-Regime in Deutschland alsbald zusammenbrechen zu sehen, scheinen in diesen Worten bereits vorgeprägt. Die Hoffnung auf einen Sturz Hitlers, sobald ein Krieg ausbreche, dürfte

Chamberlain auch den Sinn geführt haben, als er schließlich am 4. September 1939 in einer Ansprache an das deutsche Volk in deutscher Sprache ausführte: „*Ich bedauere, sagen zu müssen, daß in England niemand mehr das geringste Vertrauen in das Wort eures Führers hat. Er versprach, den Locarnopakt zu respektieren, doch hat er sein Versprechen nicht gehalten. Er versprach weiter, daß er weder den Wunsch noch die Absicht habe, Österreich zu annektieren, auch hier hat er sein Wort gebrochen. Er erklärte, er wünsche nicht, die Tschechen dem Reich einzuverleiben, und er tat es dennoch. Er erklärte weiter, daß er nach München keine anderen territorialen Forderungen mehr in Europa zu stellen habe, und er hat auch hier sein Wort gebrochen. Er versprach, daß er keine polnische Provinz zu annektieren beabsichtige, und hat wieder sein Wort nicht gehalten. Während vieler Jahre schwor er, er sei der Todfeind des Bolschewismus, jetzt ist er der Verbündete der Sowjetunion. Könnt ihr euch unter diesen Umständen wundern, daß sein Wort für uns nicht mehr wert ist als das Papier, auf dem er es gibt. Dein Führer setzt dich, deutsches Volk, jetzt den Zufällen des Krieges aus, um sich aus der unmöglichen Stellung zu befreien, in die er sich selbst und dich versetzt hat. In diesem Kriege bekämpfen wir nicht das deutsche Volk, demgegenüber wir keine Bitternis empfinden, sondern wir kämpfen gegen ein tyrannisches und wortbrüchiges Regime, das nicht nur das eigene Volk, sondern mit ihm die gesamte westliche Kultur und das, was uns und euch teuer ist.*"

Die Tatsache, daß sich Chamberlain direkt an das deutsche Volk wandte und sich dabei auch noch der Mühe unterzog, eine deutsche Ansprache zu halten, hebt den britischen Regierungschef nicht nur von allen anderen alliierten Politikern ab, sondern unterstreicht die gehegte Erwartung, daß sich die Deutschen bei Ausbruch eines Krieges von ihrem Führer abwenden würden und das NS-Regime auf diese Weise zusammenbräche. Hoffnungen, welche an der Themse besonders von oppositionellen und Exilkreisen genährt wurden und die Chamberlains Entspannungs- und Befriedungspolitik letztlich beendeten.

Als sich aber nach den großen Siegen der Deutschen Wehrmacht in Polen diese Hoffnungen zerschlugen und sich Hitler seinem Volke als erfolgreicher Kriegsherr zeigte, dehnten die Briten ihre Kampfbereitschaft auch auf das deutsche Volk aus. Das bestätigt auch ein Geheimtelegramm des amerikanischen Botschafters in London, Joseph Kennedy, vom 30. September 1939. Darin wird als Tatsache hingestellt, daß *„das englische Volk nicht Hitler bekämpft, sondern gegen das deutsche Volk Krieg führt"*, wie das schon 1914 der Fall gewesen sei. Waren es damals die *„Junker"*, die es zu bekriegen galt, seien es jetzt die *„Nazis"*. In Wirklichkeit ginge es darum, daß 45 Millionen Briten weiterhin das größte Seereich der Welt kontrollieren möchten und die 80 Millionen Deutschen, welche Kontinentaleuropa beherrschten, *„nicht gelernt hätten, friedvoll miteinander zu leben"*. Nach außen hielt man aber in London wie in Paris die Parole bei, daß man außer

für die Freiheit der von den Deutschen unterworfe-
nen Völker in erster Linie gegen das nationalsozialistische Regime in Deutschland kämpfe. In diesem
Sinne beantworteten die englische und die französische Regierung auch die Friedensangebote Hitlers
vom 6. Oktober 1939, indem sie neben der Wiederherstellung des besiegten Polen auch den Rücktritt
der nationalsozialistischen Staatsführung forderten.
Nach neu zugänglich gewordenen amerikanischen
Akten habe der französische Ministerpräsident Daladier auch gesonderte Friedensvorschläge Berlins
zugeleitet bekommen, welche der Pariser Regierungschef nicht postwendend zurückwies, sondern
zum Schein lange überprüfte, um für sein Land Zeit
zu gewinnen und einen deutschen Angriff auf Frankreich im Herbst 1939 zu verhindern. In einem Gespräch mit dem amerikanischen Botschafter William C. Bullit am 11. Dezember 1939 bescheinigte
sich Daladier den Erfolg seiner Hinhaltetaktik und
meinte, daß Frankreich und England „*im nächsten
Frühjahr in einer viel besseren Lage wären, einem
deutschen Angriff zu begegnen*". Dabei ging der
französische Regierungschef davon aus, daß der
deutsche Angriff im Monat März (1940) erfolgen und
„*auf dem Weg über Holland und Belgien stattfinden*"
würde. Eine Erwartung, die bekanntlich im Frühjahr
1940 zum großen Teil zutraf. Im übrigen verknüpften
die Westmächte ihre Siegesaussichten mit der Bereitschaft der Vereinigten Staaten, ihnen tatkräftig zu
helfen. Das machte Daladier dem amerikanischen
Botschafter bereits in einem Gespräch am 8. Septem-

ber 1939 klar und traf sich in dieser Einschätzung nicht nur mit Bullitt, sondern auch mit amerikanischen Militärs, die sogar daran zweifelten, *„daß die Briten und Franzosen durchhalten können, bis eine transatlantische Produktion in den Kampf eingebracht werden kann".* Unter dem Eindruck der deutschen *„Blitzsiege"* in Polen sagte Bullitt seinem Präsidenten ein baldiges Ende des Krieges in Osteuropa voraus und prophezeite, daß Deutschland danach England und Frankreich Frieden anbieten werde; Engländer und Franzosen würden aber ein solches Angebot ausschlagen *„und kämpfen"* — wie sie es dann auch taten. Freilich mit der Folge, daß sich der Krieg im Frühjahr 1940 auch über die neutralen Staaten Dänemark, Norwegen, Niederlande, Belgien und Luxemburg ausbreitete und Frankreich schließlich im Juni 1940 eine schmerzliche Niederlage brachte. Aus dem deutsch-polnischen Konflikt wurde der europäische Krieg, in dem sich nur noch Großbritannien unter der entschlossenen Führung Winston Churchills behaupten konnte. Seine Rettung und die deutschen Völkerrechtsbrüche riefen schlußendlich die Vereinigten Staaten auf den Plan und gaben dem Krieg seine endgültige Wendung, die in die bedingungslose Kapitulation der Deutschen Wehrmacht mündete.

So wurde 1939 zum deutschen Schicksalsjahr und markierte die erste Station auf dem Wege des Reiches in die Katastrophe.

Nachgedanken

**Wessen man nach 50 Jahren gedachte
und was es darüber hinaus noch für
die Nachwelt zu bedenken gäbe**

Während im August 1989 kaum ein Tag verging,
da nicht an die Ereignisse vor 50 Jahren
erinnert und die deutsche Verantwortung für den
Ausbruch des Zweiten Weltkriegs hervorgehoben
wurde, trat mit dem 3. September 1989 fast schlagartig
absolute Stille in der Medienwelt ein. Dabei hatte gerade der 3. September für die Deutschen einen überaus schmerzlichen Erinnerungswert. An diesem Tag
erklärten vor 50 Jahren England und Frankreich den
Krieg an das Deutsche Reich — und begannen Polen
in Bromberg und anderen Orten ihre blutigen Massaker gegen die volksdeutsche Bevölkerung. Standen
hohe katholische Geistliche noch monatelang unter
dem Eindruck dieser Ausschreitungen und schrieben ihren Mitbrüdern im Reich am 29. Januar 1940

über den „*polnischen Terror jener Tage*", waren die
annähernd fünftausend deutschen Toten kaum
einem Gedenkredner eine Erwähnung wert. Erst
recht nicht mochten sie den Tagesbefehl des General-
obersten von Brauchitsch vom 6. September 1939 erwähnen, in dem es u. a. hieß: „*Mit der Einnahme von
Krakau hat das deutsche Heer auch das Grab des ersten Marschalls von Polen, Pilsudski, in seine Obhut
genommen. Sein Ziel war der Friede mit Deutschland ... Das deutsche Heer achtet und ehrt diesen
großen Soldaten. Auf Anordnung des Führers ist
heute an seinem Grabmal in feierlicher Form eine
Ehrenwache aufgezogen.*" Vermutlich kannten sie
ihn auch nicht. Auf alle Fälle scheinen sie die geheimen Botschaften nicht zu kennen, die Roosevelts
wichtigsten Botschafter in Europa, William C. Bullitt
(Paris) und Joseph Kennedy (London), nach Ausbruch
des Krieges ins Weiße Haus sandten. Sonst wären
ihnen die populären Schuldzuweisungen nicht so
leichtgefallen, die sie gerade in den letzten Wochen bei
jeder Gelegenheit verbreiteten.

Da hätten sie nämlich dem in der Anlage doku-
mentierten Botschafts-Telegramm Joseph Kennedys
vom 30. September 1939 entnehmen können, daß das
öffentlich von der britischen Regierung verkündete
Ziel, ausschließlich gegen das „*meineidige nationalsozialistische Regime in Deutschland*" zu Felde zu
ziehen, mehr Vorwand als Wahrheit war. Kennedy telegraphierte dazu seinem Präsidenten: „*Natürlich ist
es in Wirklichkeit so, daß England für seine Besitztü-
mer und seinen Platz an der Sonne kämpft, genau so*

wie in der Vergangenheit. Ich nahm die Ausgabe der ,Times' vom 5. August 1914 vor und verglich sie mit jener vom 4. September 1939, und sie sind praktisch identisch, abgesehen von dem Ersatz des Wortes ,Nazi' für „Junker". Ungeachtet des entsetzlich furchtbaren Verhaltens der Nazis ist es sicher Tatsache, daß die Engländer nicht gegen Hitler Krieg führen, sondern gegen die Deutschen kämpfen; gerade wie sie vor 25 Jahren gegen sie kämpften, weil 45 Millionen Briten, die die größte und weitest ausgedehnte Seeherrschaft der Welt innehaben, und die 80 Millionen Deutsche, die das Kontinentaleuropa beherrschen, nicht gelernt haben, in Frieden miteinander auszukommen."

Wie scharfsichtig dieser Spitzendiplomat der Roosevelt-Administration und Vater des späterem US-Präsidenten die Lage zu beurteilen vermochte, verraten auch andere Passagen seines Telegramms an den amerikanischen Staatschef. Da prophezeite er, daß die Regierung Chamberlain schon beim ersten Rückschlag stürzen werde — wie im Mai 1940 geschehen; da zweifelte er daran, „daß dieser Krieg ein heiliger Krieg ist, wie die meisten Leute hier (in London) glauben"; da konstatierte er, daß „England seinen Höhepunkt als Weltmacht vor einigen Jahren überschritten und seither ständig im Abstieg ist"; da merkte er kritisch an, daß „sich die sogenannten Demokratien Europas so betragen haben, daß die Autokratie blüht", wobei Kennedy ausdrücklich die Begründung angab, nämlich „weil die Demokratie den Besiegten nach dem letzten Krieg aufgezwungen wurde"; da sah er voraus, daß „die Führung der

englisch-sprachigen *Welt nolens volens den Vereinigten Staaten zufallen wird"*, wie es nach dem Krieg
dann auch gekommen ist. Kennedy tat es geradezu
weh, dies alles kommen zu sehen und dabei beobach-
ten zu müssen, mit *„welcher Leichtigkeit die
Angelsachsen Machtpolitik spielen"*, wie er sich im
gleichen Telegramm an Roosevelt ausdrückte. Resü-
mee seiner zutreffenden Analyse: den drohenden
Abstieg der europäischen Demokratien möglichst zu
vermeiden und einen nichtkriegerischen Ausweg aus
der eingetretenen Lage zu suchen. Das bedeutete
letztlich, mit dem Deutschen Reich einen Ausgleich
zu finden und Frieden zu schließen. Dies um so
mehr, als Joseph Kennedy in seinem Kabel an Präsident Roosevelt die Fragwürdigkeit einer Fortsetzung
des Krieges mit den Worten hervorhebt: *„Während
zu Beginn des Krieges der Schutz der Unabhängigkeit und die Erhaltung der territorialen Integrität
Polens als unmittelbare Ursache des Krieges und als
Grund für den Versuch, Hitler zu stürzen, bezeichnet
wurde, wird nun die Wiederherstellung Polens —
sicherlich des russischen Polens — sanft, aber sehr
bestimmt, ins Dunkel gestoßen."* Da Berlin ausge-
wiesenermaßen gegenüber England und Frankreich
kein Kriegziel verfolgte, schien einem Friedensschluß
zwischen dem Reich und den beiden Westmächten
auch kein Hindernis entgegenzustehen.

Das sah auch Roosevelts *„heimlicher Außenminister"*, Botschafter William C. Bullitt, so, wie er in seinem *„persönlichen und vertraulichen"* Telegramm an
den US-Staatschef vom 8. September 1939 bekannte:

„Ich erwarte, daß die Deutschen ihre Zerstörung Polens bald abschließen, um dann Frankreich und England den Frieden anzubieten." Nun redete der Roosevelt-Vertraute — ganz im Sinne seines Chefs — einem helfenden Eingreifen der USA zugunsten der beiden Westmächte entschieden das Wort. Entsprechend telegraphierte er dem Präsidenten: „Natürlich ist es offensichtlich, daß, falls der Neutralitätsbeschluß (des amerikanischen Kongresses) in seiner gegenwärtigen Form bleibt, Frankreich und England rasch besiegt werden."

Statt mit einem von Berlin initiierten Friedensschluß wollten Bullitt und Roosevelt den Krieg mit einem klaren Sieg der Alliierten beenden. Deswegen bauten sie darauf, daß Paris und London die Berliner Friedensvorschläge ablehnen und weiterkämpfen würden, wie es die Kabinette an der Seine und an der Themse dann auch taten.

Hitlers Appell vom 6. Oktober 1939 schien damit bereits von Anfang an keine Aussicht auf Annahme beschieden, als er damals in seiner Rede vor dem Deutschen Reichstag meinte: „Weshalb soll nun der Krieg im Westen stattfinden? Für die Wiederherstellung Polens? Das Polen des Versailler Vertrages wird niemals wieder erstehen ... Was soll also sonst der Grund sein? Hat Deutschland an England irgendeine Forderung gestellt, die etwa das britische Weltreich bedroht oder seine Existenz in Frage stellt? Nein, im Gegenteil. Weder an Frankreich noch an England hat Deutschland eine solche Forderung gerichtet. Soll dieser Krieg aber wirklich nur geführt werden, um Deutschland ein neues Regime zu geben, das heißt: um das jetzige Reich wieder zu zerschlagen und mithin ein neues Versailles zu schaffen, dann werden Millionen Menschen zwecklos geopfert... Nein, dieser Krieg im Westen regelt überhaupt kein Problem, es sei denn die kaputten Finanzen einiger Rüstungsindustrieller und Zeitungsbesitzer oder sonstiger internationaler Kriegsgewinnler."

Statt des Eintritts in echte Kampfhandlungen im Westen regte Hitler den Zusammentritt einer internationalen Konferenz an, auf welcher dann eine Friedensordnung beschlossen werden sollte. Als Voraussetzung für eine ersprießliche Arbeit einer derartigen Konferenz sah er die Klärung der außenpolitischen Ziele der europäischen Staaten an und erklärte für Deutschland: *„Insoweit es sich um Deutschland handelt, ist die Reichsregierung bereit, eine restlose und volle Klarheit über ihre außenpolitischen Absichten zu geben. Sie stellt dabei an die Spitze dieser Erklärung die Feststellung, daß der Versailler Vertrag für sie als nicht mehr bestehend angesehen wird, beziehungsweise daß die deutsche Reichsregierung und mit ihr das ganze deutsche Volk keine Ursache und keinen Anlaß für irgendeine weitere Revision erblicken. Außer der Forderung nach einem dem Reich gebührenden und entsprechenden kolonialen Besitz, in erster Linie also die Rückgabe der deutschen Kolonien. Diese Forderung nach Kolonien ist begründet nicht nur im historischen Rechtsanspruch auf die deutschen Kolonien, sondern vor allem in dem elementaren Rechtsanspruch auf eine Beteiligung an* *den Rohstoffquellen der Erde."* Abschwächend fügte er hinzu: *„Diese Forderung ist keine ultimative und sie ist keine Forderung, hinter der die Gewalt steht, sondern eine Forderung der politischen Gerechtigkeit und der wirtschaftlichen allgemeinen Vernunft."* Im Sinne einer ungestörten Arbeit dieser internationalen Konferenz forderte der Reichskanzler den vorherigen Abschluß eines Waffenstillstandes, zumindest die Vereinbarung einer Waffenruhe, denn es *„ist unmöglich, daß eine solche Konferenz, die das Schicksal gerade dieses Kontinents auf Jahrzehnte hinaus bestimmen soll, tätig ist unter dem Dröhnen der Kanonen oder auch nur unter dem Druck mobilisierter Armeen"* und er fuhr fort: *„Wenn aber früher oder später diese Probleme doch gelöst werden müssen, dann wäre es vernünftiger, an diese Lösung heranzugehen, ehe noch erst Millionen an Menschen zwecklos verbluten und Milliarden an Werten zerstört sind. Die Aufrechterhaltung des jetzigen Zustandes im Westen ist undenkbar. Jeder Tag wird bald steigende Opfer erfordern. Einmal wird dann vielleicht Frankreich zum erstenmal Saarbrücken beschießen und demolieren. Die deutsche Artillerie wird ihrerseits als Rache Mühlhausen zertrümmern. Frankreich wird dann selbst wieder als Rache Karlsruhe unter das Feuer der Kanonen nehmen und Deutschland wieder Straßburg. Dann wird die französische Artillerie nach Freiburg schießen und die deutsche nach Kolmar oder Schlettstadt. Man wird dann weitreichende Geschütze aufstellen, und nach beiden Seiten wird die Zerstörung immer tiefer*

um sich greifen, und was endlich von den Fernge-
schützen nicht mehr zu erreichen ist, werden die
Flieger vernichten... Und dieser Kampf der Vernichtung wird sich nicht nur auf das Festland be-
schränken. Nein, er wird weit hinausgreifen über die
See. Es gibt heute keine Inseln mehr. Und das europäische Volksvermögen wird in Granaten zerbersten
und die Volkskraft wird auf den Schlachtfeldern verbluten. Eines Tages aber wird zwischen Deutschland
und Frankreich doch wieder eine Grenze sein, nur
werden sich an ihr dann statt der blühenden Städte
Ruinenfelder und endlose Friedhöfe ausdehnen."
Schließlich brach Hitler in die Beschwörung aus:
„Als Führer des deutschen Volkes und als Kanzler
des Reiches kann ich in diesem Augenblick dem
Herrgott nur danken, daß er uns in dem schweren
Kampf um unser Recht so wunderbar gesegnet hat,
und ihn bitten, daß er uns und alle anderen den rich-
tigen Weg finden läßt, auf daß nicht nur dem deut-
schen Volk, sondern ganz Europa ein neues Glück
des Friedens zuteil wird."
   Der britische Premierminister nannte in seiner
Antwort auf die Rede Hitlers die Friedensvorschläge
des Reichskanzlers „vage und unbestimmt". Wört-
lich führte Neville Chamberlain vor dem britischen
Unterhaus am 12. Oktober 1939 aus: „Sie (die Frie-
densvorschläge) enthalten keine Anregung über die
Wiedergutmachung des der Tschechoslowakei und
Polen zugefügten Unrechts. Aber auch wenn die
Friedensvorschläge Anregungen enthielten, dieses
Unrecht wieder gutzumachen, würde es notwendig

sein zu fragen, durch welche praktischen Mittel die deutsche Regierung die Welt zu überzeugen beabsichtigte, daß Angriffshandlungen jetzt aufhören und Versprechungen eingehalten würden. Die letzten Erklärungen haben bewiesen, daß auf Zusicherungen der gegenwärtigen deutschen Regierung kein Verlaß ist."

Und der französische Ministerpräsident Daladier sekundierte seinem britischen Kollegen mit den Worten: „Ich weiß wohl, daß man auch heute vom Frieden spricht, vom deutschen Frieden, von einem Frieden, der lediglich die durch List oder Gewalt gemachten Eroberungen sanktionieren und die Vorbereitung weiterer Eroberungen in keiner Weise verhindern würde", um dann seinen Franzosen emphatisch zuzurufen: „Ich erkläre deshalb in eurem Namen, daß wir kämpfen und weiterkämpfen werden, um endgültige Sicherheitsgarantien zu erlangen."

Damit schien die erste Friedensinitiative auf höchster Ebene vorläufig gescheitert, obwohl sich in England noch ein Mann zu Wort meldete, dessen Ansicht nach wie vor Gewicht hatte: Lloyd George. Der ehemalige britische Premierminister und Mitgestalter des Versailler Vertrages veröffentlichte am 11. Oktober 1939 im „Journal American" und in der „Sunday Times" zwei Aufsätze, in denen er schrieb: „Die letzte Rede Hitlers kann als Grundlage einer Friedenskonferenz dienen. Der richtige Krieg zwischen Großbritannien und Frankreich einerseits und Deutschland andererseits hat noch gar nicht begonnen. Alle Völker wünschen aufrichtig die Vermeidung eines neuen Weltkrieges. *Eine ablehnende und überstürzte Antwort würde eine Entfremdung der öffentlichen Meinung hervorrufen, statt sie für unsere Sache zu gewinnen. Im (Ersten) Weltkriege konnte man die Wiederherstellung ganz Belgiens verlangen. Wir können heute jedoch nicht die gleiche Forderung im Hinblick auf Polen erheben. Das würde eine Herausforderung Rußlands bedeuten . . . Weshalb also keine Konferenz der wichtigsten Weltmächte vorschlagen, um die Lage zu untersuchen. Hitler scheint einen solchen Gedanken zu hegen. Rußland kann ihn nicht zurückweisen . . . Es ist wesentlich, daß die Vereinigten Staaten dazu gebracht werden, die Teilnahme an einer solchen Konferenz anzunehmen. Hitler hat schon einige Diskussionspunkte angeführt, so die Abrüstung, die Kolonien, den polnischen Staat. Wir haben die Freiheit, andere Diskussionspunkte vorzuschlagen. Nichts kann verloren sein, und vieles kann mit Hilfe einer solchen Konferenz gewonnen werden."*

Chamberlain hörte jedoch nicht auf seinen Landsmann und großen Vorgänger, sondern schloß sich den „*Falken*" in Paris und im britischen Foreign Office an, die vertrauensvoll auf die Entscheidung der Waffen — und die amerikanische Schützenhilfe — setzten.

In dieser Kampfesentschlossenheit schienen sie auch nicht wankend zu werden, als Ende Oktober deutschfreundliche Worte aus Moskau zu hören waren. Da hielt der sowjetische Außenminister Molotow auf der 5. außerordentlichen Tagung des

Obersten Sowjets eine bedeutsame Rede, in welcher er über den Krieg ausführte: *„Dieser Krieg begann zwischen Deutschland und Polen und erweiterte sich zu einem Krieg Deutschlands mit England und Frankreich. Der deutsch-polnische Krieg hat infolge des vollständigen Versagens der polnischen Führung ein rasches Ende genommen. Wie man weiß, bildete die britische und französische Garantie keine Hilfe für Polen . . . Wenn man heute von den europäischen Großmächten spricht, so befindet sich Deutschland in der Lage eines Staates, der möglichst rasch das Ende des Krieges und den Frieden erstrebt, während England und Frankreich, die sich gestern noch gegen jeden Angriff aussprachen, sich für die Weiterführung des Krieges und gegen den Abschluß des Friedens einsetzen. Die Rollen haben also gewechselt. Die Versicherung der britischen und französischen Regierung zur Rechtfertigung ihrer neuen Einstellung, wobei sie auf ihre Verpflichtungen gegenüber Polen hinweisen, verfehlt vollständig ihren Zweck. Es kann, wie jedermann einsehen wird, von der Wiederherstellung des alten Polens nicht die Rede sein. Die britische und die französische Regierung wissen das, wollen aber trotzdem nicht den Krieg beenden, und sie suchen deshalb nach einer neuen Rechtfertigung für die Weiterführung des Krieges gegen Deutschland. So hat die britische Regierung proklamiert, daß der Krieg gegen Deutschland nichts mehr oder weniger als die Vernichtung des Hitlertums zum Ziele habe. Daraus ergibt sich, daß sowohl in England wie in Frankreich die Befür-*

worter des Krieges gegen Deutschland eine Art weltanschaulichen Krieg nach der Art der alten Religions-
kriege erklärt haben. *Aber diese haben bekanntlich
die bösesten Auswirkungen für die Volksmassen, den
wirtschaftlichen Ruin und den Niedergang der
Kultur der Völker zur Folge gehabt ... Deshalb ist es
unsinnig und sogar verbrecherisch, einen solchen
Krieg zur Vernichtung des Hitlertums zu führen,
indem man dem Krieg das Mäntelchen des Kampfes
für die Demokratie umhängt.*" Dann kritisierte
Molotow die Praktiken in England und in Frankreich, indem er feststellte: *„Als Kampf für die Demokratie können unmöglich Maßnahmen bezeichnet werden, wie das Verbot der kommunistischen
Partei in Frankreich, die Verhaftung französischer
Kammerabgeordneter oder die Einschränkung der
politischen Freiheit in England bzw. die stets
gleichbleibende Unterdrückung in Indien usw. ..."*
Premierminister Chamberlain zeigte sich von der
Rede Molotows nicht sonderlich beeindruckt, sondern nannte sie sogar eine *„Enttäuschung"* für Berlin
und gab sich in seiner Stellungnahme vor dem
Unterhaus am 2. November 1939 recht zufrieden.
In der Ablehnung der Berliner Friedensanregungen fand sich Chamberlain offenbar in nahtloser
Übereinstimmung mit seinem Marineminister Winston Churchill. Dieser hatte nicht nur schon früher
wiederholt kritische Worte über das nationalsozialis-
tisch geführte Deutschland gesprochen und zu entsprechenden Aktionen aufgerufen, sondern bereits
am 2. Oktober 1939 bei einem Essen mit Joseph Ken-

nedy etwaige Friedensvorschläge Hitlers als unannehmbar bezeichnet. Nach Meinung des nachmaligen englischen Premierministers war *„die russische Macht, die sich möglicherweise über die ganze Welt ausbreitet nicht gefährlicher als jene der Deutschen"*; daher müßten *„zunächst die Deutschen unter dem Nazi-Regime erledigt werden"*. Möglich, daß von dieser Äußerung später die Churchill zugeschriebene Korrektur, daß man *„das falsche Schwein geschlachtet"* habe, stammt. Verbürgt ist freilich weder das eine noch das andere, wie überhaupt die Zahl *„geflügelter Aussprüche"* ohne Beleg mittlerweile Legion ist.

Im Gegensatz zu Chamberlain und Daladier, welche Deutschland immerhin Bedingungen stellten, lehnte Churchill ein Friedensgespräch mit Hitler rundweg ab, obwohl er im gleichen Gespräch mit Botschafter Kennedy die militärische Lage Englands als nicht gerade rosig schilderte und die Schlagkraft der Deutschen unterstrich. Wenn er trotz der schwierigen Kriegslage für eine Fortsetzung des Kampfes gegen Deutschland eintrat, dann ist dies nur vor dem Hintergrund seiner heimlichen Kontakte zu Präsident Roosevelt, der ihm moralische und handfeste Unterstützung zusagte, zu verstehen. Die hierzulande noch weitgehend ungewürdigte *„Tyler-Kent-Affaire"* mit der Enthüllung der heimlichen Korrespondenz Roosevelts mit Churchill hinter dem Rücken des amtierenden Premierministers liefert für diese Rückenstärkung Londons durch Washington gewichtige Hinweise. Manche bis ins Jahr 2015 unter

Verschluß zu haltende Geheimpapiere erhärten den
Verdacht der Konspiration zwischen Roosevelt und
Churchill, welche sowohl zur Ablehnung der deutschen Friedensofferte vom 6. Oktober 1939 als auch
weiterer Verständigungsbemühungen Berlins führten.

Bemühte sich Roosevelt im Falle Englands selber
um die direkte Einflußnahme auf die britische
Politik mittels einer wichtigen Verbindungsperson,
besorgte die Wahrnehmung dieses Zieles in Paris
sein persönlicher Vertrauter, Botschafter William C.
Bullitt. Er hatte so enge Kontakte zum amtierenden
Ministerpräsidenten Daladier, daß er fast sein
Freund sein konnte. Die von Bullitt an Roosevelt gerichteten Schreiben und Telegramme bezeugen dies
sehr eindrücklich, besonders das *„persönliche und
streng vertrauliche"* Telegramm vom 27. August 1939
mit seinem hochexplosiven Inhalt, das der US-
Botschafter gerade wegen dieses Nachrichtengehalts
auf außerdienstlichem Wege seinem Chef im Weißen
Haus zuleitete.

Daladier teilte Bullitt nicht nur am 26. August 1939
jene *„entsetzliche Tatsache"* massenhafter Verhaf-
tungen von Militärspionen mit, sondern berichtete
ihm bekanntlich auch am 11. Dezember 1939 *„beim
Frühstück sehr ausführlich"* von einem *„diplomatischen Manöver, das ihm große persönliche Befriedigung gewährt"* habe. Es handelte sich um die Tatsache,
*„daß bis vor ungefähr einer Woche die deutsche Re-
gierung ihm regelmäßig Emissäre mit Friedensvor-
schlägen geschickt"* habe. Da alle diese Vorschläge
„die absolute deutsche Herrschaft über Polen und

die *Tschechoslowakei enthielten"*, sei er (Daladier) *„absolut entschlossen"* gewesen, *„keinen dieser Vorschläge anzunehmen"*, wie Bullitt Präsident Roosevelt *„persönlich und vertraulich"* am 11. Dezember 1939 mitteilte. Um aber einen deutschen *„Angriff in diesem Herbst aufzuschieben"*, wollte Daladier die Deutschen weiterhin glauben machen, daß er den einen oder anderen dieser Vorschläge annehmen könnte und hat deshalb *„alle diese Vorschläge in Betracht gezogen"* und *„jeden von ihnen soviele Tage und Wochen lang wie möglich überlegt und dann mit irgendeiner Rückfrage weiter in die Länge gezogen, um die Besprechungen hinauszuschieben"*. Daladier begründete seine Hinhaltetaktik mit dem Ziel, die Deutschen dadurch von einem möglichen Angriff auf Frankreich schon im Herbst 1939 abzuhalten und damit für die beiden Westmächte bis zum Frühjahr 1940 Zeit zu gewinnen, was ihm offensichtlich auch gelungen ist. Bullitt in seinem Telegramm an Roosevelt über Daladier: *„Er war überzeugt, daß seine Vorspiegelung der Bereitschaft, die deutschen Vorschläge zu überlegen, der Hauptgrund dafür war, die Deutschen von einem Angriff in diesem Herbst abgehalten zu haben. Er war völlig zufrieden mit sich selbst, da er meinte, Frankreich und Großbritannien wären in einer viel besseren Lage, einem deutschen Angriff im nächsten Frühjahr zu begegnen."*

Wie Daladier seinem amerikanischen Gesprächspartner weiter mitteilte, *„waren die deutschen Vorschläge alle von Goering gekommen"*. Gerade Anfang Dezember 1939 sei wieder ein Abgesandter von ihm aus Berlin dagewesen und hätte jetzt freilich darauf gedrängt, auch bald eine definitive Antwort von Daladier zu erhalten. Daladiers Gegenfrage, welchen Beweis er denn dafür habe, *„daß Goering bereit ist, Hitler hinauszuwerfen"*, muß den nachmaligen Reichsmarschall dann so entmutigt haben, daß er seine Friedensbemühungen in Paris aufgegeben hat. Nachdem sein Führer im Oktober bereits in London gescheitert war und von Paris seinerzeit auch nur eine offizielle Absage bzw. Zusage mit schwer erfüllbaren Bedingungen zu hören war, suchte man jetzt in Berlin nach anderen Wegen zu möglichen Friedensgesprächen. Dabei rückten die Vereinigten Staaten in den Vordergrund. Ihr Präsident hatte sich ja im Laufe des Jahres wiederholt zu Wort gemeldet und die europäischen Großmächte zu Mäßigung und Zurückhaltung ermahnt, um einen Krieg zu vermeiden. Diese augenscheinliche Friedensvermittlerrolle Roosevelts und die gesetzlich verankerte Neutralität der Vereinigten Staaten luden in den Augen deutscher Politiker geradezu ein, den US-Präsidenten um die Vermittlung von Friedensgesprächen zu bitten. Dies um so mehr als Roosevelt Anfang 1940 seinen Unterstaatssekretär Sumner Welles auf Europa-Erkundungsreise zu schicken gedachte.

Da kam Hermann Göring der Besuch eines alten Fliegerkameraden (von der Gegenseite) aus dem Ersten Weltkrieg in Berlin zupaß. Ihn hatte Professor Wilhelm Keilhau, ein Berater des Nobel-Instituts in Oslo, nach Deutschland geschickt, *„um über ge-*

genwärtige Ansichten in deutschen Führungskreisen zu ermitteln". Da Trygve Gran, der 1914 als erster Flugzeugführer die Nordsee überquert und dann als Offizier in der Royal Air Force gedient hatte, enge freundschaftliche Beziehungen zu Göring unterhielt, schien er der geeignete Mann für eine solche Mission. Schließlich wußte man in Oslo, daß Göring hinter Hitler der wichtigste Mann des Dritten Reiches war, wie es der deutsche Führer am 1. September 1939 vor dem Reichstag öffentlich verkündet hatte ("Sollte mir in diesem Kampf etwas zustoßen, so ist mein erster Nachfolger Parteigenosse Göring") und sah daher in Göring auch den geeigneten Ansprechpartner für Trygve Gran. So kam es Mitte Dezember 1939 zu einem Gespräch zwischen dem prominenten Norweger und der Nummer Zwei hinter Adolf Hitler. Dabei ließ Göring deutlich durchblicken, daß man im Auswärtigen Amt dem norwegischen Besucher Wichtiges mitzuteilen hätte, was er, Göring, auch meine und befürworte. So begab sich Trygve Gran ins deutsche Außenministerium und erfuhr dort zunächst einmal die Begründung für den Pakt mit Rußland ("Hitler-Stalin-Pakt"). Danach habe ihn die deutsche Seite nur deswegen geschlossen, weil sie von einer schlagkräftigen polnischen Armee ausgegangen sei. Hätte man freilich die Schwäche Polens schon vorher gekannt, wäre es nicht zu einem solchen Vertrag gekommen, denn man habe ihn teuer erkaufen müssen, wobei besonders schmerze, daß man den Finnen, für welche "das deutsche Volk und die Wehrmacht volle Sympathie empfinden", nicht helfen könne. Gelänge aber eine Verständigung Deutschlands mit den Westmächten, dann sei das Reich *„willens, völlig mit Rußland zu brechen und sogar Finnland militärische Hilfe zukommen zu lassen, sofern die Lage dieses zuläßt";* denn Stalin habe *„soviele Maßnahmen ergriffen, mit denen Hitler nicht einverstanden ist",* daß leicht ein *Casus Belli* gefunden werden könnte. Voraussetzung sei aber eine Beendigung des Kriegszustandes im Westen. Dazu wörtlich die *„hohen Beamten des Auswärtigen Amtes"* nach der Überlieferung des vorliegenden Dokumentes: *„Deutschland ist willens, in Friedensverhandlungen einzutreten, sofern die Initiative grundsätzlich von den Vereinigten Staaten ausgeht ... und sofern Großbritannien und Frankreich vorderhand keine Bedingungen stellten; denn Deutschland wünscht auf derselben Grundlage wie die anderen Staaten in Verhandlungen einzutreten. So stellt Deutschland für seinen Teil weder einen Waffenstillstand noch eine Unterbrechung der britischen Seeblockade als Vorbedingung für die Verhandlungen."*

Weil man in Berlin sowohl von der offiziellen Reaktion Londons und Paris her wußte, daß man dort auch deutsche Vorstellungen über das künftige Schicksal Polens und der Tschechoslowakei erwartete und nicht nur *„vage"* Friedensvorschläge hören wollte, hatte man sich an der Wilhelmstraße in Berlin auch über die weitere Zukunft dieser beiden Länder Gedanken gemacht und gab Trygve Gran dazu folgende Überlegungen mit auf den Weg: *„In diesem Falle* (einer friedlichen Verständigung mit den

Westmächten) *sollte Gesamtpolen als völlig unab-hängiger Staat hergestellt werden, wobei freilich Danzig und der Korridor beim Reich verbleiben, Polen aber im Osten einen neuen Korridor zugestan-den erhalten kann.* Die Tschechoslowakei sollte auch wieder errichtet werden, vorausgesetzt, daß Be-nesch nicht wieder zurückgerufen wird." In einem solchen friedlichen Arrangement sah man in Berlin *„für Großbritannien die einzige Möglichkeit, Polen wieder herzustellen, ohne Krieg gegen eine deutsch-russische Allianz zu riskieren".*
Aus verschiedenen Gründen glaubten die deut-schen Gesprächspartner Trygve Grans eine Bedin-gung stellen zu müssen, nämlich zu verlangen, daß ihr abermaliges Angebot nicht vorzeitig bekannt ge-macht werden dürfe, sonst *„würden sie eine solche gegebene Information ableugnen",* wie es im überlie-ferten Dokument heißt. Diese absolute Vertraulich-keit verlangte auch Grans Auftraggeber Wilhelm Keilhau, als er diese Informationen an die amerika-nische Gesandtin in Oslo, Francis Harriman, am 22. Dezember 1939 weitergab. Die amerikanische Di-plomatin hielt sich an diese Bedingung und versah ihre Mitteilung mit dem üblichen Geheimvermerk, als sie die Berliner Vorschläge noch am gleichen Tage *„streng vertraulich"* nach Washington kabelte. Sie fügte ihrer Depesche noch die Bemerkung hinzu: *„Keilhau stellte fest, daß Gran annimmt, Deutschland sei stark genug, während einer langen Zeit Wider-stand zu leisten, so daß, falls jetzt der Frieden zustande käme, der Welt unvorherzusehende Leiden*

erspart blieben und vielleicht das einzige Mittel wäre, Finnland zu retten und ganz Skandinavien vor Kriegsverwüstungen zu bewahren. Er ist der Meinung, daß diese Information gewissenhafter offizieller amerikanischer Betrachtung unterzogen werden sollte."

Die deutschen Gesprächspartner hatten nämlich Trygve Gran ihre Befürchtung mitgeteilt, daß Sowjetrußland über Finnland hinaus auch Schweden und Norwegen bedrohen würde und somit ganz Skandinavien in eine Katastrophe geraten könnte. Ein Argwohn, der sich dann bekanntlich bei Molotows Berlin-Besuch im November 1940 vollauf bestätigen sollte. Wie die Fundstelle, die *National Archives/Diplomatic Branch* in Washington, ausweist, ist diese Nachricht richtig in der amerikanischen Hauptstadt angekommen. Wie gleichzeitig der Ablauf der Geschichte beweist, haben die Vereinigten Staaten die ihnen von Berlin angetragene Rolle des Friedensvermittlers nicht übernommen, sondern die Bereitschaft des Reiches zum Gespräch ignoriert. England, Frankreich und die USA gingen dabei auch über die Empfehlungen des Alt-Premiers Lloyd George hinweg, der als einzige gesprächsbereite Stimme auf der Seite der Alliierten vor 50 Jahren öffentlich zu vernehmen war.

Zwei Tage nach Eintreffen des deutschen Gesprächsangebots in Washington, am 24. Dezember 1939, rief bekanntlich auch Papst Pius XII. zur Einstellung des Krieges auf, da er *„auf moralischem, geistigem, wirtschaftlichem und sozialem Gebiet beson-*

ders *böse Folgen des Krieges"* sehe. Die *„für das Schicksal der Völker Verantwortlichen sollten es daher nicht von vornherein ablehnen zu verhandeln, wenn sich Gelegenheit dazu biete".* Pius XII. fand sich mit dieser Empfehlung in Übereinstimmung mit Lloyd George. Er ging aber über dessen Ratschlag noch hinaus, indem er auch *„Richtlinien für einen gerechten internationalen Frieden"* gab. Sie enthielten die folgenden Punkte: Sicherung des Rechtes auf eigenes Staatsleben und auf Unabhängigkeit für alle Nationen; Befreiung der Völker von der Sklaverei des Rüstungswettlaufes; Reorganisation des zwischenstaatlichen Lebens unter Berücksichtigung aller Fehler der Vergangenheit; Berücksichtigung der berechtigten Bedürfnisse und Forderungen der Nationen und Völker sowie der völkischen Minderheiten und *„vollbewußtes Verantwortungsgefühl der Leiter der Völker".*

Geradezu klassisch objektiv faßte der Papst die Vorschläge und Möglichkeiten zusammen, die sich im Herbst 1939 für einen Friedensschluß boten. Er unterstützte die öffentlich gewordenen Friedensanregungen vom Oktober und geißelte zugleich die Verantwortlichen für den *„vorbereiteten Angriff auf ein fleißiges und friedliches Volk".* Es mußten sich also die Politiker an der Spree ebenso betroffen und angesprochen fühlen wie die Staatsführungen in London und in Paris.

Hätten sie sich darüber hinaus auch zur Tat entschlossen und die päpstlichen Empfehlungen gar zur Richtschnur ihrer Handlungen gemacht, wäre der Menschheit der Zweite Weltkrieg erspart geblieben und hätten über 50 Millionen Menschen ihr Leben nicht verloren.

Ingolstadt, im Herbst 1989

Dr. Alfred Schickel

Dokumente

Aus dem Bericht des deutschen Botschafters Dirksen in London

vom 5. Januar 1939

Ich habe den angeordneten Schritt erst heute ausgeführt, um den bisher auf Weihnachtsurlaub abwesenden Lord Halifax persönlich sprechen zu können. Ich habe schärfste Verwahrung gegen die in dem Aufsatz von Wells im "News Chronicle" ausgesprochenen schweren Beleidigungen des Führers und leitender Staatsmänner Deutschlands eingelegt und darauf hingewiesen, daß die Botschaft in den letzten Monaten leider in immer größerem Umfange derartige Beschwerden wegen Verunglimpfungen des Führers hätte vorbringen müssen; ich führte Lord Halifax diese Beschwerden und ihren Anlaß vor Augen, indem ich die einzelnen Fälle zitierte. Die schwerste Beschimpfung aber enthalte der Neujahrsaufsatz von Wells im "News Chronicle", der weniger von der Absicht einer Kritik auszugehen schiene, die Beleidigungen nicht scheue, als lediglich zu dem Zweck geschrieben schiene, eine Häufung von schweren Kränkungen auf den Führer und Reichskanzler und auf dessen nächste Mitarbeiter auszusprechen.

Es sei mir bekannt, daß die Englische Regierung die Möglichkeiten einer unmittelbaren Einflußnahme auf die Presse als nicht gegeben ablehne und daß sie auch auf den Mangel an gesetzlichen Handhaben hinweise. Ich hätte auch gesehen, daß die beiden Aufsätze von Wells nicht einmal vor einer herabsetzenden Kritik des englischen Königspaares haltmachten und daß sie Chamberlain schwer beleidigten.

Diese Tatsachen aber könnten nichts an der Feststellung ändern, daß die zahlreichen Schmähungen des deutschen Staatsoberhauptes und die Unmöglichkeit einer entsprechenden Genugtuung das deutsche Volksempfinden schwer verletzten und nachteilige Folgen auf die englisch-deutschen Beziehungen haben müßten. Ich wollte daher erneut die Frage zur Erörterung stellen, ob nicht wenigstens für die Zukunft in irgendeiner Form Abhilfe geschaffen werden könnte.

Lord Halifax erwiderte, daß er nicht anstehe, den genannten Artikel, der ihm bekannt sei, als die empörendste Schmähung des Führers zu kennzeichnen, er sei bisher in der Presse gelesen habe. Er wolle mir daher auch sein uneingeschränktes Bedauern über diese Beleidigungen des Führers aussprechen und bäte mich, dieses Bedauern der Deutschen Regierung zum Ausdruck zu bringen. Es sei höchst bedauerlich, daß in den letzten Monaten wieder zahlreiche Entgleisungen zu verzeichnen gewesen seien; eine Erklärung, wenn auch keine Entschuldigung dafür, sei in der Tatsache zu suchen, daß derartige Schmähartikel, wie z. B. auch der vorliegende, vorwiegend aus innerpolitischen Gründen geschrieben seien, um die Englische Regierung zu treffen. Auch die allgemeinpolitische gereizte Stimmung, die jetzt vorherrsche, sei in Betracht zu ziehen.

Ich erwiderte Lord Halifax, daß der bisherige Zustand nicht so fortdauern könne. Ich müsse ernstlich ersuchen, auf irgendeine Weise eine Besserung herbeizuführen, um unerfreuliche politische Folgerungen zu vermeiden.

Lord Halifax stellte in Aussicht, daß er sein möglichstes im Rahmen der ihm zur Verfügung stehenden Einflußmöglichkeiten tun wolle, um in Zukunft solche Beschimpfungen des Führers zu unterbinden.

Dirksen

**Botschaft
der Republik Polen
in Washington**

Nr. 3/SZ—tjn—3.

Betr.: Innerpolitische Lage in USA. (Die
Stimmung gegen Deutschland, Judenfrage)

Washington, den 12. Januar 1939.

G e h e i m !

An den

Herrn A u ß e n m i n i s t e r

in Warschau

Die Stimmung, die augenblicklich in den Vereinigten Staaten herrscht, zeichnet sich durch einen immer zunehmenden Haß gegen den Faschismus aus, besonders gegen die Person des Kanzlers Hitler und überhaupt gegen alles, was mit dem Nationalsozialismus zusammenhängt. Die Propaganda ist vor allem in jüdischen Händen, ihnen gehört fast zu 100 Prozent das Radio, der Film, die Presse und Zeitschriften. Obgleich diese Propaganda sehr grob gehandhabt wird und Deutschland so schlecht wie möglich hinstellt — man nutzt vor allem die religiösen Verfolgungen und die Konzentrationslager aus —, wirkt sie doch so gründlich, da das hiesige Publikum vollständig unwissend ist und keine Ahnung hat von der Lage in Europa. Augenblicklich halten die meisten Amerikaner den Kanzler Hitler und den Nationalsozialismus für das größte Uebel und die größte Gefahr, die über der Welt schwebt.

Die Lage hierzulande bildet ein ausgezeichnetes Forum für alle Art Redner und für die Emigranten aus Deutschland und der Tschechoslowakei, die an Worten nicht sparen, um durch die verschiedensten Verleumdungen das hiesige Publikum aufzuhetzen. Sie preisen die amerikanische Freiheit an, im Gegensatz zu den totalen Staaten. Es ist sehr interessant, daß in dieser sehr gut durchdachten Kampagne, die hauptsächlich gegen den Nationalsozialismus geführt wird, Sowjetrußland fast ganz ausgeschaltet ist. Wenn es überhaupt erwähnt wird, so tut man es in freundlicher Weise und stellt die Dinge so dar, als ob Sowjetrußland mit dem Block der demokratischen Staaten zusammenginge. Dank einer geschickten Propaganda ist die Sympathie des amerikanischen Publikums ganz auf seiten des Roten Spaniens.

Außer dieser Propaganda wird auch noch künstlich eine Kriegspsychose geschaffen: Es wird dem amerikanischen Volk eingeredet, daß der Frieden in Europa nur noch an einem Faden hängt, ein Krieg sei unvermeidlich. Dabei wird dem amerikanischen Volke unzweideutig klargemacht, daß Amerika im Falle eines Weltkrieges auch aktiv vorgehen müßte, um die Lösungen von Freiheit und Demokratie in der Welt zu verteidigen.

Der Präsident Roosevelt war der erste, der den Haß zum Faschismus zum Ausdruck brachte. Er verfolgte dabei einen doppelten Zweck: 1. Er wollte die Aufmerksamkeit des amerikanischen Volkes von den innerpolitischen Problemen ablenken, vor allem vom Problem des Kampfes zwischen Kapital und Arbeit. 2. Durch die Schaffung einer Kriegsstimmung und die Gerüchte einer Europa drohenden Gefahr wollte er das amerikanische Volk dazu veranlassen, das enorme Aufrüstungsprogramm Amerikas anzunehmen, denn es geht über die Verteidigungsbedürfnisse der Vereinigten Staaten hinaus.

Zu dem ersten Punkt muß man sagen, daß die innere Lage auf dem Arbeitsmarkt sich dauernd verschlechtert, die Zahl der Arbeitslosen beträgt heute schon 12 Millionen. Die Ausgaben der Reichs- und Staatsverwaltung nehmen täglich größere Ausmaße an. Nur die großen Milliardensummen, die der Staatsschatz für die Notstandsarbeiten ausgibt, erhalten noch eine gewisse Ruhe im Lande. Bisher kam es nur zu den üblichen Streiks und lokalen Unruhen. Wie lange aber diese Art staatliche Beihilfe durchgehalten werden kann, kann man heute nicht sagen. Die Aufregung und Empörung der öffentlichen Meinung und die schweren Konflikte zwischen den Privatunternehmungen und enormen Trusts einerseits und der Arbeiterschaft andererseits haben Roosevelt viele Feinde geschaffen und bringen ihm viele schlaflose Nächte.

Zum zweiten Punkt kann ich nur sagen, daß der Präsident Roosevelt als geschickter po-
litscher Spieler und als Kenner der amerikanischen Psychologie die Aufmerksamkeit des
amerikanischen Publikums sehr bald von der innerpolitischen Lage abgelenkt hat, um es für
die Außenpolitik zu interessieren. Der Weg war ganz einfach, man mußte nur von der
einen Seite die Kriegsgefahr richtig inszenieren, die wegen des Kanzlers Hitler über der
Welt hängt, andererseits mußte man ein Gespenst schaffen, das von einem Angriff der
totalen Staaten auf die Vereinigten Staaten faselt. Der Münchener Pakt ist dem Präsidenten
Roosevelt sehr gelegen gekommen. Er stellte ihn als eine Kapitulation Frankreichs und
Englands vor dem kampflustigen deutschen Militarismus hin. Wie man hier zu sagen
pflegt, hat Hitler Chamberlain die Pistole auf die Brust gesetzt. Frankreich und England
hatten also gar keine Wahl und mußten einen schändlichen Frieden schließen.

Ferner ist das brutale Vorgehen gegen die Juden in Deutschland und das Emigranten-
problem, die den herrschenden Haß immer neu schüren gegen alles, was irgendwie mit dem
deutschen Nationalsozialismus zusammenhängt. An dieser Aktion haben die einzelnen jüdischen Intellektuellen teilgenommen, z. B. Bernard Baruch, der Gouverneur des Staates
New York, Lehmann, der neuernannte Richter des Obersten Gerichts Felix Frankfurter,
der Schatzsekretär Morgenthau und andere, die mit dem Präsidenten Roosevelt persönlich
befreundet sind. Sie wollen, daß der Präsident zum Vorkämpfer der Menschenrechte wird,
der Religions- und Wortfreiheit, und er soll in Zukunft die Unruhestifter bestrafen. Diese
Gruppe von Leuten, die die höchsten Stellungen in der amerikanischen Regierung einnehmen und die sich zu den Vertretern des „wahren Amerikanismus" und als „Verteidiger
der Demokratie" hinstellen möchten, sind im Grunde doch durch unzerreißbare Bande mit
dem internationalen Judentum verbunden. Für diese jüdische Internationale, die vor allem
die Interessen ihrer Rasse im Auge hat, war das Herausstellen des Präsidenten der Vereinigten Staaten auf diesen „idealsten" Posten eines Verteidigers der Menschenrechte ein
genialer Schachzug. Sie haben auf diese Weise einen sehr gefährlichen Herd für Haß und
Feindseligkeit auf dieser Halbkugel geschaffen und haben die Welt in zwei feindliche Lager
geteilt. Das Ganze ist als meisterhafte Arbeit aufgemacht worden: Roosevelt sind die Grundlagen in die Hand gegeben worden, um die Außenpolitik Amerikas zu beleben und auf
diesem Wege zugleich die kolossalen militärischen Vorräte zu schaffen für den künftigen
Krieg, dem die Juden mit vollem Bewußtsein zustreben. Innerpolitisch ist es sehr bequem,
die Aufmerksamkeit des Publikums von dem in Amerika immer zunehmenden Antisemitismus
abzulenken, indem man von der Notwendigkeit spricht, Glauben und individuelle Freiheit
vor den Angriffen des Faschismus zu verteidigen.

Jerzy Potocki
der Botschafter der Republik Polen

Aus der Reichstagsrede Adolf Hitlers vom 30. Januar 1939 [1]

"... Deutschland hat gegen England und Frankreich keine territorialen Forderungen außer der nach Wiedergabe unserer Kolonien. So sehr eine Lösung dieser
Frage zur Beruhigung der Welt beitragen würde, so wenig handelt es sich dabei
um Probleme, die allein eine kriegerische Auseinandersetzung bedingen könnten.

Wenn überhaupt heute in Europa Spannungen bestehen, so ist dies in erster Linie dem unverantwortlichen Treiben einer gewissenlosen Presse zuzuschreiben,
die kaum einen Tag vergehen läßt, ohne durch ebenso dumme wie verlogene Alarm-
nachrichten die Menschheit in Unruhe zu versetzen.

Was sich hier verschiedene Organe an Weltbrunnenvergiftung erlauben, kann nur
als kriminelles Verbrechen gewertet werden. In letzter Zeit wird versucht, auch
den Rundfunk in den Dienst dieser internationalen Hetze zu stellen.

Ich möchte hier eine Warnung aussprechen: Wenn die Rundfunksendungen aus gewissen Ländern nach Deutschland nicht aufhören, werden wir sie demnächst beantworten.

Hoffentlich kommen dann nicht die Staatsmänner in kurzer Zeit mit dem drin-
genden Wunsch, zum normalen Zustand wieder zurückzukehren. Denn ich glaube nach
wie vor, daß unsere Aufklärung wirksamer sein wird als die Lügenkampagne dieser
jüdischen Völkerverhetzer.

Auch die Ankündigung amerikanischer Filmgesellschaften, antinazistische, das
heißt antideutsche Filme zu drehen, kann uns höchstens bewegen, in unserer deutschen Produktion in Zukunft antisemitische Filme herstellen zu lassen. Auch hier
soll man sich nicht über die Wirkung täuschen. Es wird sehr viele Staaten und
Völker geben, die für eine so zusätzliche Belehrung auf einem so wichtigen Gebiet großes Verständnis besitzen werden!

Ich glaube, daß, wenn es gelänge, der jüdischen internationalen Presse- und
Propagandahetze Einhalt zu gebieten, die Verständigung unter den Völkern sehr
schnell hergestellt sein würde.

Nur diese Elemente hoffen unentwegt auf einen Krieg. Ich aber glaube an einen
langen Frieden!

Denn welche Interessengegensätze bestehen z. B. zwischen England und Deutschland? Ich habe mehr als oft genug erklärt, daß es keinen Deutschen und vor allem
keinen Nationalsozialisten gibt, der auch nur in Gedanken die Absicht besäße,
dem englischen Weltreich Schwierigkeiten bereiten zu wollen.

Und wir vernehmen auch aus England Stimmen vernünftig und ruhig denkender Menschen, die die gleiche Einstellung Deutschland gegenüber zum Ausdruck bringen.
Es würde ein Glück sein für die ganze Welt, wenn die beiden Völker zu einer ver-
trauensvollen Zusammenarbeit gelangen könnten ..."

1)Quelle: Verhandlungen des Reichstags, Bd. 460, S. 2 ff.

Aus der Unterhauserklärung des britischen Premierministers

Chamberlain vom 21. Februar 1939 [1]

Der Premierminister: Wenn ich glauben könnte, daß eine solche Friedenskonferenz gegenwärtig ein positives Ergebnis zeitigen könnte, würde ich nicht zögern, sie einzuberufen. Aber eine gescheiterte Konferenz wäre schlechter als gar keine. Ich glaube, wir müssen, bevor wir mit dem Erfolg einer solchen Konferenz rechnen können, sicher sein, daß die Teilnehmer einen guten Willen und die Entschlossenheit mitbringen, zu dem gewünschten Ergebnis zu kommen. Ich glaube nicht, daß bisher genügend Vertrauen geherrscht hat, um die Konferenz schon heute als einen praktischen Vorschlag erscheinen zu lassen.

Mr. Maxton: Der Premierminister sagte, daß sich die Einberufung einer Konferenz nicht lohnt, wenn unter den Teilnehmern nicht ein Geist des guten Willens herrsche. Aber waren diese Vorbedingungen denn gegeben, als der Premierminister nach Berchtesgaden, Godesberg und München fuhr?

Der Premierminister: Ja, ich glaube, daß die Teilnehmer der Konferenz von München mit der Absicht dorthin gingen, die Konferenz zu einem Erfolg zu führen. Doch das war ein Einzelfall. Wenn ich genau so vertrauensvoll in bezug auf den befriedigenden Abschluß einer Abrüstungskonferenz sein könnte, würde ich der erste sein, der sie befürwortet. Aber ich glaube, wir müssen, bevor die Zeit für eine solche Konferenz gekommen ist, in bezug auf das Vertrauen noch etwas größere Fortschritte machen.

Vielleicht würde es gar nicht so schlecht sein, wenn wir selbst etwas mehr Vertrauen zeigen und nicht jede Nachricht glauben würden, die uns über die Angriffsabsichten anderer erreicht. Ich bin nicht sicher, ob die ehrenwerten Mitglieder sich darüber klar sind, wie diese Haltung des Mißtrauens anderswo ihre Parallele findet.

---

1) Quelle: E: Parliamentary Debates. House of Commons. Bd. 343.
No. 49. Sp. 227 ff.

Aus dem Bericht des tschechischen Vertrauensmannes in London,

Prof. F. Dvornik, vom 12. März 1939 [1]

"... Wir haben schon früher auf die Taktik Chamberlains aufmerksam gemacht, Hitler ständig irgendwelche Knüppel unter die Füße zu werfen, über welche er auf seinem Wege zu seinen Zielen stolpern würde, ihn nervös zu machen und ihn abzurackern durch unaufhörliche Schwierigkeiten und Komplikationen. Nur daß sich dieses Interesse Englands und Chamberlains - leider - nicht völlig mit dem unsern deckt. Es ist nämlich möglich, daß Hitler den Knüppel, über welchen er stolperte, im Zorn völlig zerhackte, so daß niemals mehr jemand mit ihm ein solches Spiel aufführen könnte.

Die Engländer würden keinen Fuß rühren, daß dieser Knüppel, der eine Weile in der englischen Politik eine untergeordnete Rolle gespielt hat, aus Hitlers Händen gerissen und vor dem Zerhacken bewahrt würde. Ich denke, daß der Sinn dieses 'Gleichnisses' klar ist und keiner langen Erläuterung bedarf ..."

---

1) Quelle: Aus den Akten des tschechoslowakischen Außenministeriums

323

T № 669   Paryż, dnia 27 marca 1939 r.

AMBASADA
ZECZYPOSPOLITEJ POLSKIEJ
W PARYŻU
AMBASSADE DE POLOGNE A PARIS
R₂/3

Ściśle tajne.

Do

Pana Ministra Spraw Zagranicznych

_w_Warszawie_

        Dnia 24 b.m. w normalnej przyjacielskiej roz-
mowie z Ambasadorem Bullitem powiedziałem mu mniej więcej
co następuje:

        Nie znam ani tekstu propozycji angielskiej co
do deklaracji 4-ch Państw, ani naszej na nią odpowiedzi
/co zresztą odpowiadało prawdzie/. Orjentując się jednak
wiadomościami prasowymi i echami, które dochodzą mnie
z różnych stron, oceniam sytuację w sposób następujący:
propozycja angielska w formie i treści, w których była
zrobiona, wydaje mi się być posunięciem, obliczonym co
najmniej w trzech czwartych na politykę wewnętrzną angielską i pochodzącym nie z chęci reagowania na wypadki
międzynarodowe ostatnich dni, ale z trudności, które
Chamberlain spotkał od strony Parlamentu i opinji angiel-
skich. Jest rzeczą dziecinnie naiwną, a jednocześnie
niemożliwą proponować Państwu, znajdującemu się w tych

/./

- 2 -

warunkach oo Polska, aby skompromitowało swoje stosunki
z tak silnym sąsiadem jak Niemoy i naraziło świat na
katastrofę wojenną dla dogodzenia potrzebom polityki
wewnętrznej Rządu Chamberlaina. Byłoby jeszcze bardziej
naiwnym przypuszczać, że Rząd Polski nie zrozumie istoty
tego manewru i jego konsekwencji.

Jest dalej rzeczą w najwyższym stopniu nieostroż-
ną podejmować taką akcję, którą zainicjował Rząd Angielski w sposób publiczny i na pierwszy plan wysuwać udział
w niej Rosji Sowieckiej, który zniekształca zarówno
oblicze polityczne grupy Państw, mających działać soli-
darnie, jak cel ich akcji. Manifestacyjne szukanie
współpracy Rosji w formie i zakresie, odpowiadającym je-
dynie potrzebom polityki wewnętrznej Rządu Chamberlaina,
stwarza niesłuszne pozory, że nie chodzi tu tylko o obro-
nę państw zagrożonych przez nowe metody polityki niemiec-
kiej, ale także o walki ideologiczne z hitleryzmem i że
celem akcji nie jest pokój, lecz wywołanie przewrotu w
Niemczech. Ktokolwiek zna dawno i mocno ustalone zasady
polityki polskiej, nie może przypuszczać, aby Rząd Polski
mógł ustosunkować się pozytywnie do tak lekkomyślnie
niebezpiecznych posunięć politycznych p. Chamberlaina.

Po doświadczeniach ostatnich lat dwudziestu,
w ciągu których ani Anglia, ani Francja nietylko nie
dotrzymały ani jednego z zobowiązań międzynarodowych,
ale nie potrafiły nigdy bronić w sposób właściwy swoich

- 5 -

własnych interesów, jest rzeczą absolutnie niemożliwą,
aby którokolwiek z państw Środkowej i Wschodniej Europy
jak również po stronie przeciwnej - Berlin i Rzym, po-
traktowały poważnie jakąkolwiek propozycję angielską
przedtym, niż Anglia zdobędzie się na akty, które stwier-
dzą niewątpliwie i kategorycznie jej zdecydowanie aktyw-
nego narażenia swoich stosunków z Niemcami.

Gdyby kilka dni temu, przed złożeniem propozycji deklaracji w Warszawie, Rząd Angielski zmobilizował
swoją marynarkę wojenną, wprowadził obowiązek służby woj-
skowej, a Rząd Francuski zarządził w większym zakresie
mobilizację swej armii, propozycje angielskie nawet tak
niedostateczne, jak te, które były zrobione mogły być
potraktowane jako dowód szczerej i poważnej ochęci lojalnej współpracy. Ponieważ jednak stało się wręcz odwrotnie
należy przypuszczać, że dopóki Rząd Angielski nie zdobędzie się na zdecydowanie zaciągnięcia zobowiązań konkret-
nych, i sprecyzowanych, popartych realnymi posunięciami
w dziedzinie sił zbrojnych, którymi może dysponować,
tak długo żadna negocjacja dyplomatyczna podejmowana przez
Londyn nie będzie miała szans powodzenia.

Smutnym, niemal tragicznym jest to, że w sytuacji obecnej nie chodzi o interesy poszczególnego
kraju, ale bez żadnej przesady o uniknięcie katastrofal-
nego konfliktu wojennego. Biorę za przykład wypadek Polski
Nie znam ani tekstu propozycji angielskiej, ani intencji

./.

Hitlera, rozumuję jednak na podstawie niewątpliwych
aspektów sytuacji realnej. Nieostrożna, lekkomyślna w
formie, niedociągnięta w treści inicjatywa angielska
każe Rządowi Polskiemu wybierać pomiędzy skompromitowaniem
stosunków z Niemcami, albo niepowodzeniem negocjacji z
Londynem. W pierwszym wypadku Hitler może czuć się zmu-
szonym spróbować w stosunku do nas presji, na którą nie
będziemy mogli odpowiedzieć inaczej, jak zbrojnie. Wy-
niknie z tego konflikt ogólno-europejski, w pierwszym
etapie którego, wobec niezdecydowania Francji i Anglii,
będziemy musieli wytrzymać nacisk całej siły Niemiec.
Cały nasz przemysł wojenny będzie nietylko zagrożony,
ale możemy być nawet pozbawieni go. Stworzy to w samym
początku konfliktu jaknajgorsze warunki nietylko dla nas,
ale również dla Francji i Anglii. W wypadku drugim nie-
powodzenie negocjacji z Londynem będzie dla Hitlera do-
wodem nieszczerości i słabości polityki Anglii i Francji
i zachęci go do dalszych poczynań ekspansyjnych w stosunku do Europy Wschodniej i Środkowej, które prędzej czy
później doprowadzą do katastrofy wojennej. W tych warunkach jest rzeczą dziecinnie zbrodniczą czynić Polskę od-
powiedzialną za pokój lub wojnę. Trzeba raz na zawsze
zrozumieć, że gros odpowiedzialności leży na Francji i
Anglii, których polityka albo nonsensowna, albo śmiesznie
słaba doprowadziła do sytuacji i wypadków, w których
żyjemy. Jeżeli dzisiaj Rząd Angielski tego nie zrozumie,

- 5 -

ogólno-europejski, a może światowy konflikt wojenny,
jest nieunikniony i musi przyjść prędko, bo wybór momentu
wywołanego należy do Hitlera.

Ambasador Bullit przejął się tak moim rozumo-
waniem, że prosił o powtórzenie go. Widziałem, że notuje
w pamięci każdy jego ustęp.

Zapytał mnie później, czy, gdyby Anlia i
Francja zaproponowały nam wspólny sojusz jutro, przy-
jęlibyśmy go. Odpowiedziałem, iż na to pytanie nie mogę
dać odpowiedzi. Stwierdzam natomiast, że punkt ciężkości
nie leży w propozycjach, które będą nam zrobione, ale
w czynnych zarządzeniach, które muszą przyjść w pierwszym
rzędzie ze strony Anglii. Ambasador Bullit zgodził się
całkowicie z moim stanowiskiem. Nazajutrz, dn.25 b.m.
Ambasador Bullit poinformował mnie, iż korzystając z
przysługujących mu uprawnień i czyniąc swoim moje ro-
zumowanie, polecił Ambasadorowi Stanów Zjednoczonych w
Londynie Kennedy udać się w sobotę, tegoż dnia, do
Premiera Chamberlaina, do jego rezydencji w
i powtórzyo mu to wszystko z jaknajkategoryczniejszym
podkreśleniem momentu odpowiedzialności, spadającej
na Rząd Angielski. W niedzielę, dnie 26, Ambasador
Bullit otrzymał przy mnie telefoniczną relację Amba-
sadorn Kennedy z rozmowy, odbytej z Premjerem Chamber-
lainem, z czego zdam Panu Ministrowi sprawozdanie w
telegramie wysłanym natychmiast po bytności mojej u

Ambasadora Bullita.

Rozumiem, że Ambasador Bullit traktuje zapewne w sposób nieco przesadny znaczenie oświadczeń składanych przez jego kolegę Rządowi Angielskiemu. Uważam jednak za swój obowiązek poinformować Pana Ministra o wszystkim powyższym, ponieważ sądzę, że w tych trudnych i skomplikowanych czasach współpraca Ambasadora Bullita może nam oddać pewne usługi. Jest w każdym razie zupełnie pewnym, że podziela on całkowicie nasze stanowisko i jest gotów do najdalej posuniętej lojalnej i przyjacielskiej współpracy.

Aby zresztą wzmocnić akcję Ambasadora Amerykańskiego w Londynie, zwróciłem uwagę Ambasadorowi Bullitowi na to, iż nie jest wykluczone, że Anglicy traktują wystąpienie Stanów Zjednoczonych Ameryki Północnej z dobrze ukrytym, ale jednak lekceważeniem.

Odpowiedział mi, iż prawdopodobnie mam rację, że jednak Stany Zjednoczone rozporządzają środkami realnej presji na Anglię, o uruchomieniu których poważnie pomyśli.

AMBASADOR R.P.

Bericht des Polnischen Botschafters in Paris, Jules Lukasiewicz, an den

Polnischen Außenminister in Warschau vom 29. März 1939

Deutsche Übersetzung

Botschaft
der Republik Polen
in Paris

R 2/3

Paris, den 29. März 1939

S t r e n g   G e h e i m!

An den

Herrn Außenminister

in Warschau.

Am 24. d. M. sagte ich Botschafter Bullitt in einer normalen freundschaftlichen Unterredung ungefähr folgendes:

Ich kenne weder den Text des englischen Vorschlages hinsichtlich der Erklärung der vier Staaten noch unsere Antwort darauf (was im übrigen auch der Wahrheit entsprach). Indem ich mich jedoch nach Pressemitteilungen richte und deren Echos, die mich von verschiedener Seite erreichen, beurteile ich die Situation wie folgt: Der englische Vorschlag scheint mir der Form wie dem Inhalt nach ein Manöver zu sein, das wenigstens zu 3/4 für die englische Innenpolitik bestimmt ist und das nicht etwa dem Willen entstammt, auf die internationalen Ereignisse der letzten Tage zu reagieren, sondern vielmehr den Schwierigkeiten, auf die Chamberlain von seiten des Parlaments wie der englischen öffentlichen Meinung gestoßen ist. Es ist kindisch naiv und gleichzeitig unfair, einem Staat, der sich in einer solchen Lage wie Polen befindet, vorzuschlagen, er solle seine Beziehungen zu einem so starken Nachbarn wie Deutschland kompromittieren und die Welt der Katastrophe eines Krieges aussetzen, nur um den Bedürfnissen der Innenpolitik Chamberlains willfährig zu sein. Noch naiver jedoch wäre es, anzunehmen, die polnische Regierung verstände nicht den wahren Sinn dieses Manövers und seine Konsequenzen.

Es ist weiterhin im höchsten Grade unvorsichtig, eine Aktion zu unternehmen, wie sie von der englischen Regierung öffentlich angeregt wurde, und in ihr die Teilnahme Rußlands in den Vordergrund zu schieben, die ebenso das politische Gesicht der Staaten verunstaltet, die solidarisch handeln sollen, wie das Ziel ihrer Aktionen. Das ostentative Streben nach einer Zusammenarbeit mit Rußland in einer Form und einem Bereich, der lediglich den Bedürfnissen der Innenpolitik Chamberlains entspricht, läßt die unbillige Vermutung aufkommen, als handele es sich hier nicht nur um die Verteidigung derjenigen Staaten, die durch die neuen Methoden der deutschen Politik bedroht sind, sondern auch um einen ideologischen Kampf mit dem Hitlerismus, und daß das Endziel der Aktionen nicht der Friede ist, sondern die Hervorrufung eines Umsturzes in Deutschland. Wer die seit langem feststehenden Grundsätze der polnischen Politik kennt, kann nicht annehmen, die polnische Regierung werde sich zu so leichtsinnigen und gefährlichen Schachzügen des Herrn Chamberlain positiv einstellen.

Nach den Erfahrungen der letzten zwanzig Jahre, in deren Verlauf England und Frankreich nicht nur keine einzige internationale Verpflichtung gehalten haben, sondern auch niemals imstande waren, ihre eigenen Interessen auf gehörige Weise zu verteidigen, ist es völlig unmöglich, zu glauben, irgendein Staat in Mittel-

330

oder Osteuropa – wie ebenso auf der entgegengesetzten Seite Berlin-Rom – könnte auch nur einen einzigen englischen Vorschlag ernst nehmen, es sei denn, England schwingt sich zu Taten auf, die zweifellos und unabweisbar seinen Entschluß bestätigen, die Beziehungen zu Deutschland aufzugeben.

Hätte die englische Regierung einige Tage vor der Unterbreitung der vorgeschlagenen Deklaration in Warschau ihre Kriegsflotte mobilisiert wie die militärische Dienstpflicht eingeführt, und hätte die französische Regierung in größerem Umfang als bisher die Mobilisierung ihrer Armee angeordnet, dann hätte man sogar solche unzulänglichen englischen Vorschläge, wie die, die uns gemacht wurden, als einen Beweis für den aufrichtigen und ernsten Willen loyaler Zusammenarbeit ansehen können. Da es jedoch gerade umgekehrt gekommen ist, muß man annehmen, alle von London unternommenen diplomatischen Verhandlungen werden so lange keine Aussicht auf Erfolg haben, bis sich die englische Regierung endlich zu dem Entschluß aufrafft, konkrete, präzisierte Verpflichtungen zu übernehmen, die von realen Maßnahmen auf dem Gebiet der Streitkräfte, über die sie verfügt, unterstützt werden.

Traurig, ja fast tragisch ist es, daß es sich in der gegenwärtigen Situation nicht um die Interessen eines einzelnen Landes, sondern – ohne Übertreibung – um die Vermeidung eines katastrophalen kriegerischen Konflikts handelt. Zum Beispiel der Fall Polen. Ich kenne weder den Text des englischen Vorschlages noch die Absichten Hitlers, ich mache mir jedoch auf Grund zweifelloser Aspekte meine eigenen Gedanken über die wirkliche Lage. Die unvorsichtige, in der Form leichtsinnige, im Inhalt lückenhafte englische Initiative läßt die polnische Regierung zwischen der Kompromittierung der Beziehungen zu Deutschland oder dem Scheitern der Verhandlungen mit London wählen. Im ersten Fall kann Hitler sich gezwungen sehen, uns gegenüber die Anwendung von Zwang zu versuchen, worauf wir nicht anders werden antworten können als bewaffnet. Hierdurch wird ein allgemeiner europäischer Konflikt entstehen, in dessen erster Etappe wir den Druck der ganzen deutschen Macht werden aushalten müssen. Unsere gesamte Kriegsindustrie wird nicht nur bedroht sein, sondern wir können sie sogar verlieren. Hieraus werden sich schon zu Anfang des Konflikts nicht nur für uns, sondern ebenso für Frankreich und England die schlimmsten Bedingungen ergeben. Im zweiten Fall wird das Scheitern der Verhandlungen mit London für Hitler ein Beweis der Unaufrichtigkeit und Schwäche der Politik Englands und Frankreichs sein und ihn zu neuen Expansionsunternehmungen in Ost- und Mitteleuropa aufmuntern, die früher oder später zur Katastrophe eines Krieges führen müssen. Bei diesem Stand der Dinge ist es ebenso kindisch wie verbrecherisch, Polen für Krieg oder Frieden verantwortlich machen zu wollen. Es muß ein für allemal festgestellt werden, daß die Verantwortung zum größten Teil bei Frankreich und England liegt, deren unsinnige oder lächerlich schwache Politik zu der Situation und zu den Ereignissen führte, in denen wir leben. Wenn die englische Regierung dieses heute nicht einsieht, dann ist ein allgemein europäischer Konflikt, ja vielleicht sogar ein Weltkrieg unvermeidbar und muß schnell kommen, denn die Wahl des geeigneten Moments liegt bei Hitler.

Botschafter Bullitt nahm sich meine Ausführungen sehr zu Herzen und bat mich, sie noch einmal zu wiederholen. Ich sah, daß er jeden Absatz im Gedächtnis festzuhalten suchte.

Später fragte er mich, ob wir ein gemeinsames Bündnis annehmen würden, wenn England und Frankreich uns morgen ein solches vorschlagen sollten. Ich antwortete, ich könne hierauf keine Antwort geben. Dagegen stellte ich fest, daß der Schwerpunkt nicht bei den Vorschlägen liege, die uns gemacht würden, sondern bei den tatsächlichen Maßnahmen, die in erster Linie England ergreifen müsse. Botschafter Bullitt erklärte sich mit meinem Standpunkt völlig einverstanden. Am folgenden Tage, dem 25. d. M., teilte mir Botschafter Bullitt mit, er habe sich meine Anschauungen zu eigen gemacht und unter Ausnutzung der ihm zustehenden Rechte dem Botschafter der Vereinigten Staaten in London, Kennedy, den Auftrag gegeben, sich am heutigen Sonnabend zu Ministerpräsident Chamberlain in seine Residenz zu begeben und ihm dieses alles unter kategorischer Betonung der Verantwortlichkeit der englischen Regierung zu wiederholen. Am Sonntag, dem 26., erhielt Botschafter Bullitt in meiner Gegenwart von Botschafter Kennedy einen telefonischen Bericht über die Unterredung, die dieser mit Ministerpräsident Chamberlain gehabt hat. Hierüber habe ich Herrn Minister in einem Telegramm Bericht erstattet, das sofort nach meinem Aufenthalt bei Botschafter Bullitt aufgegeben war.

Ich verstehe, daß Botschafter Bullitt die Bedeutung der Erklärungen, die von seinem Kollegen der englischen Regierung abgegeben wurden, sicherlich etwas übertrieben behandelt. Ich erachte es jedoch als meine Pflicht, Herrn Minister über alles oben Gesagte zu informieren, weil ich glaube, daß die Mitarbeit des Botschafters Bullitt in so schwierigen und komplizierten Zeiten uns doch vielleicht gewisse Dienste erweisen kann. Es ist auf jeden Fall völlig sicher, daß er unseren Standpunkt restlos teilt und zu einer so weit wie möglichen loyalen freundschaftlichen Zusammenarbeit bereit ist.

Um übrigens die Aktion des amerikanischen Botschafters in London noch zu verstärken, machte ich Botschafter Bullitt darauf aufmerksam, es sei nicht ausgeschlossen, daß die Engländer den Schritt der Vereinigten Staaten von Nordamerika zwar mit gut verborgener, aber dennoch mit Geringschätzung behandeln.

Er antwortete mir, ich habe wahrscheinlich recht. Dennoch aber seien die Vereinigten Staaten im Besitz von Mitteln, mit denen sie einen wirklichen Zwang auf England ausüben könnten. An die Mobilisierung dieser Mittel werde er ernstlich denken.

Der Botschafter der Republik Polen.

(Juliusz Graf Lukasiewicz)

Schreiben des britischen Botschafters in Berlin, Sir Nevile
Henderson, an Außenminister Viscount Halifax

===

Britische Botschaft, Berlin, 4.Mai1939

Sehr geehrter Herr Staatssekretär,

Obwohl die Zeichen auf eine Periode der Windstille deuten, vorausgesetzt,daß
sich kein ernster, unerwarterer Zwischenfall ereignet, bin ich von den düsteren
Ahnungen für die Zukunft erfüllt, und ich fürchte einen Krieg mehr als im letzten September.
Wieder einmal ist die deutsche Sache, was die unmittelbare Frage angeht, weit
davon entfernt, ungerechtfertigt oder unmoralisch zu sein. Wenn ein unparteiischer Marsbewohner als Schiedsrichter amtieren müßte, so kann ich nicht glauben, daß er ein anderes Urteil fällen würde als eines, das mehr oder weniger
in Übereinstimmung mit dem Angebot Hitlers ist. Rechnete er damit, daß es abgelehnt werden würde?
Meine These war immer, daß Deutschland nicht zur Normalität zurückkehren kann -
was es unter dem Druck der öffentlichen Meinung gut tun könnte - solange nicht
seine (in Deutschlands Augen) legitimen Forderungen erfüllt worden sind. Die
Danzig-Korridor-Frage war zusammen mit dem Memelproblem eine von diesen.
Was im Auge behalten werden muß, ist, daß Danzig und der Korridor die große
Frage von 1935 war. Eine der unpopulärsten Handlungen Hitlers war sein 1934-
Vertrag mit Pilsudski. Heute stehen die gemäßigsten Deutschen, die gegen einen
Weltkrieg sind, hinter seinem Angebot an Polen. Nur die Radikalen (die mehr
wollen, d.h. den ganzen Korridor und Posen und Schlesien usw.) werden sich
freuen, wenn die Polen kompromißlos sind. Die Polen spielen derart nur das Spiel
der Radikalen in Deutschland. Nach Aussage meines belgischen Kollegen betrachten
fast alle diplomatischen Vertreter hier das deutsche Angebot als ein überraschend
günstiges. Der holländische Gesandte, der amerikanische Geschäftsträger, mein
südafrikanischer Kollege haben zu mir in diesem Sinne gesprochen. Ich frage mich
daher, ob wir gut beraten sind, zum Kampf gegen Deutschland auf Grund einer Frage anzutreten, bei der die Welt nicht über die Immoralität der deutschen Forderungen einig ist? Wird in dieser Frage auch nur unser Empire einig sein? Natürlich wird das zugrundeliegende Kriegsmotiv etwas viel Tieferes und Wichtigeres
als Danzig selbst sein, und selbst wenn eine Verständigung über Danzig erreicht
würde, ist es noch immer möglich und sogar wahrscheinlich, daß die radikalen
Elemente weitere Zugeständnisse verlangen werden, die dann Polen nicht mehr
in der Lage ist zu verweigern. Aber selbst unter diesen Umständen graut es mir
bei dem Gedanken, daß Danzig auch nur der Vorwand sein könnte, und es graut mir
noch mehr bei dem Gedanken, daß unser Schicksal in den Händen der Polen liegt.
Sie sind ohne Zweifel heroisch, aber auch Narren, und fragen Sie jemand, der
sie kennt, ob man ihnen trauen kann. Beck hat nicht einmal in London ein faires
Spiel in bezug auf das deutsche Angebot gespielt. Ribbentrop fragte mich gestern,
ob Beck die Regierung Seiner Majestät in London über das deutsche Angebot informiert habe. Ich war gezwungen, zu antworten, daß ich es - ehrlich gesagt - nicht
wisse, worauf Ribbentrop erklärte, daß seine Information aus London dahingehe,
daß Beck es nicht getan habe.

-2-

Wir müssen uns darüber klar sein, daß trotz äußerster Abneigung gegen einen
allgemeinen Krieg die Nation sehr viel einiger hinter Hitler stehen wird, als
sie es im vergangenen September tat, bevor wir unsere Angebote an Rußland machten und bevor der Einkreisungsschrei laut wurde. In der polnischen Frage wird
das deutsche Volk sehr viel begeisterter sein, als es wegen der Sudetendeutschen oder selbst wegen der Tschechen war.
Mir gefallen die Äußerungen Hitlers in seiner Rede am Mai-Tag nicht über die
Möglichkeit, daß die Nation aufgerufen werden könnte, Opfer zu bringen.[1]
Er hat sich an der Danzig-Frage festgebissen und wird sie nicht mehr loslassen.
Wir sind in die polnische Bresche gesprungen und haben unsere Garantie bedin-
gungslos gegeben, und ich zermartere mein Gehirn, wie wir aus unseren gegenwärtigen östlichen Verpflichtungen auf befriedigende Weise einen Ausweg finden
können. Ich vermute, daß es zu optimistisch ist, zu hoffen, daß irgendeine Entscheidung des Völkerbundes oder eine Form der Schiedsgerichtsbarkeit gefunden
werden könnte, um die Danzig- und die Korridor-Frage zu lösen.
Das deutsche Volk ist der Abenteuer müde, aber Polen und der Korridor mit dem
Gespenst der "Einkreisung" und "Sowjetrußland" im Hintergrund ist ein Schlacht-
ruf, der mehr Chancen hat als irgend etwas anderes, um die ganze Nation zusammenzuschließen. Es kann sehr wohl sein, daß es Hitler lieber ist, daß sein Angebot abgelehnt werde. Ich habe in der Tat solches aus mehreren Quellen gehört.
Wenn das stimmt, dann bestärkt mich das nur in meinem persönlichen Glauben,
daß die Polen genau so wie Schuschnigg und Benesch sich darauf versteifen, Hitlers Spiel zu spielen.
Persönlich neige ich dazu, zu glauben, daß Hitler, wie mir der italienische
Botschafter (Attolico) sagt, der Meinung ist, daß die Zeit auf seiner Seite ist,
und daß er lieber passen möchte. Wenn das so ist und wir die Dinge treiben
lassen, wie wir es 1938 taten, dann fürchte ich, daß wir bald einer neuen Herbstkrise gegenüberstehen werden. Wenn auf der einen Seite die Polen glauben, daß
dies Hitlers Absicht ist, dann werden sie es sein, die versuchen werden, die
Dinge durch einen Zwischenfall zu überstürzen. Beides sind unerfreuliche Aussichten.

1) Am 1. Mai 1939 hatte Hitler auf einer Massenkundgebung der Hitlerjugend im
   Berliner Olympiastadion geäußert: "Vor allem erwarte ich, daß, wenn einmal
   die Stunde kommen sollte, in der eine andere Welt glaubt, nach der deutschen
   Freiheit greifen zu können, aus dieser Jugend als Antwort ein millionen-
   facher Schrei ertönen wird, ein Schrei, so einmütig und deshalb so gewaltig,
   daß sie alle erkennen müssen, daß die Zeit auf eine innere deutsche Zer-
   splitterung endgültig vorbei ist, daß die harte Schule nationalsozialistischer
   Erziehung es fertig gebracht hat, endlich das deutsche Volk zu formen.

2016. Joseph P. Kennedy, Ambassador to Great Britain, to Cordell
Hull, Secretary of State, August 25, 1939. [PSF:Safe:Kennedy:M]

PAP
This telegram must be
closely paraphrased be-
fore being communicated
to anyone. (A)

LONDON

Dated August 25, 1939

Rec'd 2:50 p.m.

Secretary of State

Washington

1254, August 25, 7 p.m.

REGRADED
UNCLASSIFIED

~~STRICTLY CONFIDENTIAL~~

The Turkish Charge d'Affaires Mr. Kadri Rizan has in-
formed the Embassy in confidence that he has received following
circumstantial information regarding secret annexes of the
German-Soviet pact which came from trustworthy sources but
which naturally he states with "complete reserve":

(one) Russia is given a free hand against Japan in the
Far East.

(two) Probable partition of Poland and recognition of
the special interests of Soviet Russia in the Baltic states:
in effect a return to the Russian-German border of 1914.

(three) Territorial advantages to Turkey at the ex-
pense of Bulgaria and a kind of subprotectorate for Turkey
over whatever is left of Bulgaria.

(four) Division of the Balkans into spheres of in-
fluence between Germany and Russia, the German sphere to
include Hungary, Yugoslavia, and Greece, the Russian sphere
Rumania and Bulgaria.

Any

295

PAP   -2-   1254, August 25, 7 p.m. from London

Any so-called information regarding secret annexes to
the German-Russian agreement is purely speculative.

Neither the Foreign Office nor diplomatic circles
however, believe for one minute that Germany did not give
Russia something much more substantial than anything that
appears in the terms of the public agreement. The supposi-
tion above outlined by the Turkish Charge d'Affaires gives a
fairly representative consensus of this speculative opinion.
A Foreign Office official stated this morning that they had
received similar circumstantial information to that set out
in points (one) and (two) above.

                                        KENNEDY

CSB

NC
This telegram must be closely
paraphrased before being
communicated to anyone. (D)

PARIS

Dated August 30, 1939

Rec'd 2:02 p.m.

Secretary of State

   Washington

   RUSH

   1669, August 30, 6 p.m.

   STRICTLY CONFIDENTIAL.

   I have just read the full written text of the German
reply to the British proposals which was handed to
Henderson by Hitler in Berlin last night.

   This document repeats all the demands which Hitler
blurted out (reported in my 1660 of August 30, 11 a.m.)
except the demand with regard to Silesia but veils them in
such extremely clever diplomatic language that the public
or anyone ignorant of the duplicities of diplomacy might
consider it a comparatively reasonable document.

   Under the circumstances the French Foreign Office is
extremely glad that Hitler threw a verbal limelight on the
demands which his diplomats had carefully veiled in their note.

   (END SECTION ONE).

                                        BULLITT

PEG

RFP
This telegram must be
closely paraphrased be-
fore being communicated
to anyone. (D)

Paris

Dated August 30, 1939

Rec'd 2:05 p.m.

Secretary of State

    Washington

    RUSH

    1669, August 30, 6 p.m. (SECTION TWO)

    The note begins by stating that the German Government is
glad that the British Government agrees on the desirability of
good relations between Great Britain and Germany. It states that
the present dispute with Poland could have been solved at a
time when there were good relations between Poland and Germany
if the Poles had been willing to accept the offer which
Chancellor Hitler made to Poland last April.

    It goes on to say that Poland replied to this entirely
reasonable proposal by mobilization of military forces and a
persecution of the German population in Poland and a political
harassment and economic blockade of Danzig designed to drive
Danzig to political despair and economic destruction. These
activities of the Poles had become so terrible during the
past weeks that the question of ending them was no longer one
of months or weeks but of hours.

    (END SECTION TWO)

                    BULLITT

PEG

PARIS

Dated August 30, 1939

Rec'd 2:05 p.m.

Secretary of State

Washington

RUSH.

1669, August 30, 6 p.m. (SECTION THREE)

The revision of the Treaty of Versailles must be continued and Danzig and the Corridor must be returned to the Reich. The question of the protection of German minorities and economic interests in Poland must be solved.

The Reich had no intention of extinguishing the independence of Poland; but the question of guaranteeing those portions of the Polish state which should remain after Germany's claims had been satisfied could not be answered by the Reich before consultation with and the agreement of Germany's associate, the Soviet Union.

(END SECTION THREE)

BULLITT

PEG

CJ
This telegram must be
closely paraphrased be-
fore being communicated
to anyone. (D)

PARIS

Dated August 30, 1939

Rec'd 2:10 p.m.

Secretary of State,

Washington.

RUSH.

1669, August 30, 6 p.m. (SECTION FOUR).

The German Government had no confidence that direct
conversations between Germany and Poland would lead to any
result; but to accomplish its acquired love of peace and
in order to put an end to reports of the British Government
that there should be direct conversations the German Government would be glad to receive a plenipotentiary negotiator
in Berlin, if one should arrive from Warsaw today Wednesday
the 30th.

I have really rarely read a clearer piece of casuistry
than this note which in fact makes all the demands that
Hitler made verbally; but produces a surface appearance of
sweet reasonableness.

The French and British Governments are now in consultation as to the reply which should be made to this note.
The French Government has received from a number of sources
information that Germany may start war with Poland tonight.

(END SECTION FOUR).

BULLITT

PEG

RFP
This telegram must be
closely paraphrased be-
fore being communicated
to anyone.   (D)

Paris

Dated August 30, 1939

Rec'd 2:15 p.m.

Secretary of State

Washington

RUSH

1669, August 30, 6 p.m. (SECTION FIVE)

The French Government has also received information from
a number of sources that if war should begin in the immediate
future Italy would not at first enter the war but would try to
remain neutral until Poland had been crushed by Germany and until
the German forces concentrated against Poland could be returned
to the French frontier for an attack on France. At that moment
Italy and Germany together would attack France.

The single astounding feature of the note is the phrase
about the Soviet Union which seems to indicate that Germany has
promised to give the Soviet Union eastern Poland and may mean
that the Soviet Union will attack Poland. (END OF MESSAGE)

BULLITT

PEG

PSF : bulles
France

Paris, September 8, 1939.

Dear Mr. President:

Daladier said to me this afternoon, "If we
are to win this war, we shall have to win it on
supplies of every kind from the United States. We
can hold for a time without such supplies; but
England and ourselves can not possibly build up
sufficient production of munitions and planes to
make a successful offensive possible." That statement
is true.

Our military men in Paris are apt to go a step
further and say that they are not sure that the British
and French can hold out until trans-Atlantic production
can be brought into the struggle. There is a chance
that Hitler may defeat France and England quickly. The
German planes have completely disorganized the Polish
defense, and they may do as much when they are turned
loose on France and England this autumn. By next

Spring

The Honorable

Franklin Delano Roosevelt,

President of the United States of America,

The White House.

- 2 -

Spring the French and British aviation and anti-aircraft
guns will be able to hold the balance.

Thus far, in France, there is a curious unreality
about the war. The whole mobilization was carried out
in absolute quiet. The men left in silence. There
were no bands, no songs. There were no shouts of,
"On to Berlin!", and "Down with Hitler!"; to match the
shouts of "On to Berlin!", and "Down with the Kaiser!",
in 1914. There was no hysterical weeping of mothers,
and sisters and children. The self-control and quiet
courage has been so far beyond the usual standard of the
human race that it has had a dream quality.

I expect the Germans to complete soon their destruction of Poland; then to offer peace to France and
England. The French and British will reject this proposal
and go on fighting. Then the Germans will turn loose
on France and England their full air force with every-
thing, including gas and bacteria.

I do not exclude altogether the possibility that
Germany may be able to break the French line, but I
do not believe that this will happen.

It is, of course, obvious that if the Neutrality
Act remains in its present form, France and England will

bе

- 3 -

be defeated rapidly.

My work here has nearly ended. Even the problem
of Americans stranded in France has been handled
insofar as it can be handled on this shore. Very few
Americans are coming now to the Embassy, because we
have them all planted at safe places in western France
waiting for boats. The usual diplomatic work has stopped
since the Generals and their cannons have now taken the place
of the politicians and their notes. I pick up the customary quantities of information, military and political,
but I don't dare to send it by cable for fear that it
may be of use to the Germans. As a result, I'm feeling
rather useless.

I should like to stay in Paris through the period
when the Germans turn loose their air bombardment of the
city. We shall get the worst of that during the latter
part of this month and in the month of October.

By November, the war will, in the customary manner,
hibernate. If I'm still alive, that will be about the
time for you to set me to work in the United States of
America. Tony Biddle won't have a country any more, and
you can make him Ambassador in Paris.

                                        You

- 4 -

You can put me in the Cabinet.

    Otherwise, everything is all right.

    Love and good luck.

    Yours affectionately,

Bill

PSF: France
Bullitt

Paris, September 13, 1939.

PERSONAL AND ~~STRICTLY CONFIDENTIAL~~

Dear Mr. President:

As I have stopped cabling the lowdown because I do not wish to risk communicating anything
to the Boches, I am supplementing my cable of
today by this brief word.

Daladier said to me today that when he talked
to Chamberlain yesterday, he found himself in the
presence of a man who seemed to him broken. He
said that Chamberlain had aged terribly since last
he had seen him, and had made the impression of a
man who had passed from middle age into decrepitude.

He added that he felt that Chamberlain had a
virtue

The Honorable

    Franklin D. Roosevelt,

        The White House,

            Washington, D. C.

- 2 -

virtue for Great Britain at the moment. He was
as typical an Englishman as anyone in the pages
of Dickens and he might be, therefore, very useful
for a while; but before the war should be won
he would have to be replaced by a more vigorous
man.

Daladier was really shocked by the cynical
selfishness of Chamberlain's attitude toward the
bombardment of Poland and his refusal to use the
modern, excellent and numerous English bombing
planes for the bombardment of military objectives
in Germany.

On the other hand, he was pleased by certain
aspects of their conversation. He proposed to
Chamberlain the setting up of a complete organisation for purchases of France and England in the
United States during the war, and Chamberlain
accepted this proposal.

As you may remember, it was Jean Monnet who,
during the last war, set up the interallied pur-
chasing agency and also the interallied shipping
pool. Daladier intends to try to have Monnet ap-
pointed as the representative of both the French

and

- 3 -

and British Governments for purchases in the
United States.

I do not consider that it is impossible that
the British will accept this proposal. So many
Britishers know what Monnet did during the last
war for the common cause, and so many others know
how superbly efficient he was as the first Under
Secretary of the League of Nations, that he may
be accepted even by our British brethren.

Daladier said that if the British should reject Monnet to head this agency, he would like to
appoint Monnet French Ambassador in Washington.

I expressed the opinion that while Monnet
would do excellently in Washington, he could be
much more useful if he were relieved from the po-
lite duties of an Ambassador and charged with no-
thing but the serious business of supply.

You will have had from my telegram the news
of the change that Daladier is contemplating making
in his Cabinet long before this letter reaches you.
I did not say in the telegram that Daladier had
remarked that at all costs he must get rid of
Bonnet, who would otherwise continue to conspire

with

- 4 -

with Flandin, Pietri and other defeatists.

Daladier is in fine form, immensely burdened, of course, by the terrible responsibility that is on his shoulders; but carrying it like a man and by no means broken by it.

Most important! Daladier and I discussed the general question of the blockade. You will recall that from 1914 until the entry of the United States into the war in 1917, the Government of the United States hampered greatly the British and French blockade of Germany by maintaining a series of positions which were abandoned the moment the United States entered the war.

I believe that there is no way that we can help more at the present time than by taking at once the position vis-à-vis the blockade which we finally took after the entry into war of the United States in 1917. I believe that we should accept in toto the rules which we ourselves accepted then--some of which we invented. You will not need to take any affirmative action, but you will need to instruct the Department of State not to protest

in

- 5 -

in any way when the French and British begin to turn the screws.

So far as I am concerned, I hope the screws will be turned quickly and completely. This, I hope, in our own national interest as well as in the interest of decency in Europe. It is absolutely certain that if France and England should be unable to defeat Hitler in Europe, we shall have to fight him some day in the Americas. Please instruct the Department to get out our own blockade rules of 1918 and let the French and British apply them. You have probably done this already, so I apologize for an unnecessary reminder.

Love and good luck.

Bill

William C. Bullitt.

PSF: Kennedy

London, September 30, 1939

Dear Mr. President,

Although such officials as Vansittart anticipated
that the signing of the Russian-German Agreement meant,
as I reported in my telegrams of the time, the fourth
division of Poland, nevertheless, when the event took
place, it created a great shock here.   But the facility
with which the Anglo-Saxon can play power politics while
talking in terms of philanthropy is triumphing.   Whereas at the beginning of the war the protection of the
independence and preservation of the territorial integ-
rity of Poland was headlined as the immediate cause of
the war and the reason for attempting to overthrow Hitler,
now the restoration of Poland - certainly Russian Poland -
is being pushed gently but very firmly into obscurity.

Of course, the real fact is that England is fighting for her possessions and place in the sun, just as
she has in the past.   I got out The Times' editorial

The President,   of

The White House

-2-

of August 5, 1914 and compared it with the one on September 4, 1939, and they are practically identical, except for the substitution of the word "Nazi" for "Junker". Regardless of the God-awful behavior of the Nazis, surely the fact is that the English people are not fighting Hitler - they are fighting the German people, just as they fought them twenty-five years ago, because forty-five million Britons controlling the greatest far-flung maritime empire in the world and eighty million Germans dominating continental Europe haven't learned to live together peacefully.

I personally am convinced that, win, lose or draw, England never will be the England that she was and no one can help her to be.   Technicological changes, like the invention of the airplane and the increase in industrial power of other countries, have conspired with the decline in English ability and forcefulness to push her well past the peak and down to another level.

There are signs of decay, if not decadence, here, both in men and institutions.   For example, no one in power over the past dozen years has really told the English people where they stand politically, economically and financially - and they are reaping the result of that now.   Furthermore, the Parliamentary machine is not operating to throw up real, able leaders.   Many people
doubt,

352

doubt, and I share those doubts, whether the Chamberlain
Government can survive a single serious reverse, and who
is to replace the Prime Minister?   Possibly Halifax,
possibly Churchill.   But for all Halifax's mystical,
Christian character and Churchill's prophecies in respect
to Germany, I can't imagine them adequately leading the
people out of the valley of the shadow of death.   And
after that, who is there?   It is the question that all
the English are asking themselves and the answer seems
to be that there is no adequate person within the Parliamentary ranks.   And therefore it would not be surprising
if the maelstrom of war had to cast up extra-Parliamentary
leaders.

I am afraid that I can't conceive the results that
this war will bring as running counter to the evolution-
ary process.   England passed her peak as a world power
some years ago and has been steadily on the decline.
War, regardless of the outcome, will merely hasten the
process.   And even the concommitant changes which the
war will bring to all the world, such as the breakdown
of the international mechanism of trading and the substitution of barter and other state control arrangements,
were really started when Russia began to operate in this

wise

353

-4-

wise a couple of decades ago and have been the development
of the future ever since.

Nor do I think this war is a holy war, despite the
fact that most of the people I see here sincerely believe
that it is and they talk in public and in private equally
sincerely about the awfulness of force in international
affairs and how it must be forever done away with, as if
force hadn't always been the underlying basis in most all
international dealings of any vital, life and death importance, and as if any means had been found for peacefully settling vital, life and death international dis-
putes.   I regret it, but I can't honestly believe that
such will not still be the case long after Hitler's
"body lies amouldering in the grave."   I sometimes
feel that, living as we do in a sparsely inhabited
country with great natural resources and no natural
enemies, we attach too much importance to,say, the Ala-
bama Claims settlement as a precedent in international
procedure.   Enlightened nations, particularly those
where the pressure for existence isn't all powerful, can
emulate the behavior of more civilized individuals.   But
where there are two hungry dogs to eat a bone sufficient
for one, arbitration doesn't decide the issue.

In

354

In this connection, let me say two things about democracy - the only form of government I want to live under: First, that the so-called democracies of Europe have conducted themselves in such a way as to make autocracy flourish. By forcing democracy upon the conquered nations after the last war, they aligned democracy and the status quo together. By resisting change, they ensured that all the forces within those countries making for change should of necessity take on an anti-democratic character. Just as the force making for change after the Treaty of Vienna had to take on an anti-autocratic, i.e., democratic character. Since the dynamic always triumphs over the static, Fascism and Communism were left to move ahead. And moving ahead they are! Secondly, democracy as we now conceive it in the United States will not exist in France and England after the war, regardless of which side wins or loses. In fact, it hardly does now. France is ruled by a dictatorship which has just this week made illegal one of the largest Parliamentary parties, and England, which has always had a concentration of power in the so-called governing class, will certainly not be a democracy in our sense of the word, in the post-war world to come.

All

-6-

All this and more leads me to believe that we should curb our sentiments and sentimentality and look to our own vital interests. It may not be convenient for us to face a world without a strong British Empire. But whatever we do or don't do, we shall have to face it. Neither we nor any other Power can re-create what has disappeared, and the leadership of the English-speaking world will, willy-nilly, be ours. Certainly it is going to be a hard, difficult and dangerous world in which to live, and the United States will only be able to thrive in it by pulling itself together as a nation and being ready and prepared to protect its own vital interests. These, to my mind, lie in the Western Hemisphere.

With my warmest personal regards,

Sincerely yours,

Joe Kennedy

Aus der Rede des sowjetischen Außenministers Molotow
gehalten anläßlich der 5. außerordentlichen Sitzung
des Obersten Sowjets am 31. Oktober 1939

"... In der internationalen Lage haben sich während der letzten
zwei Monate wichtige Änderungen ergeben...
Der Abschluß des sowjetisch-deutschen Nichtangriffspaktes am
23. August hat den anomalen Beziehungen, die zwischen der
Sowjetunion und Deutschland jahrelang bestanden, ein Ende bereitet.
Anstatt einander anzufeinden, was von gewissen europäischen
Mächten in jeder Weise gefördert wurde, haben wir uns nunmehr
verständigt und freundschaftliche Beziehungen zueinander aufgenommen.
Die weitere Verbesserung dieser neuen und guten Beziehungen
fand ihren Niederschlag in dem am 28. September in Moskau unter-
zeichneten deutsch-sowjetischen Grenz- und Freundschaftsvertrag..
Des weiteren müssen wir die Tatsache der militärischen Niederlage Polens und den Zusammenbruch des polnischen Staates erwähnen. Die führenden Kreise in Polen haben sich oft und laut-
stark der "Stabilität" ihres Staates und der "Macht" ihres
Heeres gerühmt. Jedoch genügten zwei, erst von der deutschen
Wehrmacht und dann von der Roten Armee, rasch geführte Schläge
gegen Polen, und nichts blieb mehr übrig von diesem unschönen
Produkt des Versailler Vertrages, das die Unterdrückung nicht-
polnischer Nationalitäten zur Folge hatte. Die "Traditionelle
Politik" des prinzipienlosen Manövrieren zwischen Deutschland
und der UdSSR und das Ausspielen des einen gegen den anderen
haben sich als vernunftwidrig erwiesen und zum völligen Schiff-
bruch geführt...
In Anbetracht dieser bedeutsamen Veränderungen in der internationalen Lage stellen wir fest, daß gewisse althergebrachte
Schlagworte, die wir noch vor kurzem angewandt haben und die
vielen Leuten zur Gewohnheit geworden sind, heute unverkennbar,
überholt und nicht mehr anwendbar sind..."

Wir wissen zum Beispiel, daß in den gerade hinter uns liegenden
Monaten Begriffe wie "Aggression" und "Aggressor" einen neuen
konkreten Sinn, eine neue Bedeutung angenommen haben. Es dürfte
einleuchten, daß wir diese Begriffe nicht mehr in der Bedeutung
anwenden können, wie wir es - sagen wir vor drei oder vier Monaten - getan haben; heute nimmt Deutschland im Rahmen der
europäischen Großmächte die Position eines Staates ein, der
danach strebt, den Krieg so früh wie möglich zu beenden und
den Frieden wiederherzustellen, während Großbritannien und
Frankreich, die noch gestern gegen die Aggression gewettert
haben, heute für die Fortsetzung des Krieges und gegen einen
Friedensschluß sind. Die Rollen wechseln, wie Sie sehen.
Die Bemühungen der britischen und französischen Regierung, diese
ihre neue Haltung mit ihren Verpflichtungen Polen gegenüber zu
begründen, sind natürlich unsinnig. Jedermann sieht ein, daß
eine Wiederherstellung des alten Polen überhaupt nicht in Frage
kommt. Es ist daher absurd, den gegenwärtigen Krieg unter dem
Motto der Wiederherstellung des früheren polnischen Staates
fortzusetzen.
Obgleich sich die Regierungen Großbritanniens und Frankreichs
dessen bewußt sind, wünschen sie das Kriegsende und den Friedensschluß nicht, sondern suchen nach neuen Begründungen für die
Fortführung des Krieges gegen Deutschland. Die führenden Kreise
Großbritanniens und Frankreichs haben in letzter Zeit versucht,
sich als die Verfechter der demokratischen Rechte der Nationen
gegen den Hitlerismus hinzustellen, und die britische Regierung
hat verkündet, ihr Ziel im Kriege gegen Deutschland sei kein
geringeres als die "Vernichtung des Hitlerismus"...
Wie dem auch sei, unter dem "ideologischen" Banner hat jetzt
ein Krieg begonnen, der noch weitere Ausmaße annehmen wird und
noch größere Gefahren für die Völker Europas und der ganzen
Welt in sich birgt. Und doch gibt es keinerlei Rechtfertigung
für einen derartigen Krieg. Man kann die nationalsozialistische
Ideologie wie jedes andere ideologische System akzeptieren oder
ablehnen; das ist eine Frage der politischen Einstellung. Aber
jedermann sollte einsehen, daß sich eine Ideologie weder durch

- 3 -

Gewaltanwendung vernichten, noch durch Krieg ausmerzen läßt.
Es ist daher nicht nur sinnlos, sondern sogar verbrecherisch,
einen solchen Krieg mit dem Ziel der "Vernichtung des Hitlerismus", als Kampf für die "Demokratie" getarnt, zu führen. Somit
ist der imperialistische Charakter dieses Krieges offenkundig
für jeden, der die Gegebenheiten unvoreingenommen betrachtet..."

PSF: France
Bullitt

Personal and
~~Secret.~~

Paris, December 11, 1939.

Dear Mr. President:

At lunch today at my house Daladier asked
Guy La Chambre if he had been able to get the exact
figures of British airplane production. La Chambre
said that, thanks to Monnet, he had at last gotten the
true figures. They showed a startling difference from
the figures that had been given him previously.

La Chambre said that, at the present moment, the
British per month are producing two hundred bombing
planes and one hundred eighty-five pursuit planes.
In addition to these war planes for use on land, the
British are producing approximately five hundred planes
for naval use, training, and use in the colonies.

The actual figures, therefore, for the British
production of land battle planes per month are 385.
The French production per month of the same sort of
planes is 350.

Daladier

The Honorable

Franklin Delano Roosevelt,

President of the United States of America.

- 2 -

Daladier at great length described a diplomatic maneuver which gave him great personal satisfaction. It appears that until about a week ago the German Government had been sending him regularly emissaries with peace proposals. All the proposals involved absolute German domination of Poland and Czechoslovakia. He had been absolutely determined not to accept any of these proposals but, in order to stave off a German attack this autumn, he had wished to make the Germans continue to believe that he might accept one or another of these proposals. He, therefore, had taken all the proposals under consideration and considered each one for as many days or weeks as possible, and then invariably had replied by some question which enabled him to string out the conversations.

The German proposals had all come from Goering. A little more than a week ago, Daladier had put the question to the gentleman who had been running back and forth between Paris and Berlin: "What proof have I that Goering is prepared to throw out Hitler?" This question apparently had been a difficult one to answer and he now felt that he could no longer string the Germans.

He

- 3 -

He was convinced that his pretense of readiness
to consider German proposals had been the main factor
in keeping the Germans from attacking this autumn.
He was thoroughly pleased with himself since he felt that
France and Great Britain would be in a much better position
to receive a German attack next Spring.

He said that he was absolutely convinced that such
an attack would be made next Spring by way of Holland
and Belgium. He thought that the attack would be made
in the month of March. He went on to say that he had
kept Bonnet, whom he described as a coward, and several
worse things connected with rear ends, in his Government
in order to encourage the Germans to believe that there
was a possibility of a French surrender. He did not
know now how long he would keep either Bonnet or de
Monzie in his Government.

Good luck.

Yours affectionately,

Bill

362

CROSS-REFERENCE FILE

NOTE

SUBJECT Whole of Poland might be restored as completely
independent provided Danzig and the Corridor
remain German and Poland can be allowed a
new Corridor to the east.

mr

860C.01/518

For the original paper from which reference is taken

See ___Tel. #118, noon___
     (Despatch, telegram, instruction, letter, etc.)

Dated __Dec. 22, 1939__   From| Norway (Harriman)
                          To

File No. ____740.0011 European War, 1939/1314____

U. S. GOVERNMENT PRINTING OFFICE 1—1540

518

PM

TELEGRAM RECEIVED

This telegram must be
closely paraphrased be-
fore being communicated
to anyone. (br)

FROM

OSLO

Dated December 22, 1939

Rec'd 1:42 p. m.

Secretary of State,

Washington.

118, December 22, noon. (SECTION ONE)

STRICTLY CONFIDENTIAL. Legation's despatch No. 539,
December 12.

Professor Wilhelm Keilhau, adviser to the Nobel
Institute since 1922, told me today that in an effort
to ascertain present opinions in leading German circles
he recently sent to Berlin Tryggve Gran a world known
Norwegian pilot in whom he has complete confidence and
one who is a personal intimate friend of Goering through
their common interest in aviation. Gran made the first
flight across the North Sea in 1914 and was an officer
in the British air force during the last war.

Two, Gran returned to Oslo yesterday after a con-
ference alone with Goering following which the latter
after consultation with the German Foreign Office arranged
a meeting between himself, Gran and high officials of the
Foreign Office. Goering told him that as he was not
Foreign Minister he could not take the responsibility of
answering all Gran's questions but that what the Foreign
office

740.0011 EUROPEAN WAR 1939/1314 SEC. 1 AND 2 G/MF

REB -2-#118, From Oslo, Dec. 22, noon. (SECTION ONE)

Office officials, stated at the meeting were also his views.

Three. The following is the substance of the information Gran received at this meeting: the German pact with Russia was concluded in the belief that it was necessary but it would never have been negotiated if Germany had known the weakness of the Polish army. To obtain the pact with Russia, Germany was forced to promise inactivity in case of a Russian attack on Finland and of a probable Russian attack on Sweden and Norway if the latter two countries declared war on Russia to help Finland. Germany therefore considers 'Finland' as lost if the war in the west continues. This means an embarrassing position for the German Government as the German people and army are in full sympathy with Finland.

Four. The defeat of Finland will take six months whereas Russia believes that it can be accomplished in much less time. In the event of defeat of Finland, Russia will not claim in Norway as far south as Narvik (the important seaport terminal of Norwegian-Swedish railway connecting with Sweden's mines) but it would claim those Norwegian ports further north which might be dangerous to Murmansk and also Spitzbergen and in the latter case claiming that Spitzbergen has majority of Russian workmen.

HARRIMAN

KLP

_64_

TELEGRAM RECEIVED

MA   Oslo
This telegram
must be closely   FROM: Dated December 22, 1939
paraphrased before
being communicated   Rec'd 4:06 p.m.
to anyone. (C - Br)

Secretary of State

   Washington

   118, December 22, noon. (SECTION TWO).

   Five. Germany is willing to enter peace negotiations
if the initiative is taken principally by the United
States or failing that by Italy and if Britain or
France do not beforehand make any conditions, Germany wish-
ing to enter negotiations on the same footing as other
states. Germany on its part will not claim an armistice
or interruption of blockade as conditions for
negotiations. If peace could be obtained Germany is
willing to break completely with Russia and even
bring about a situation which might allow it to give
military support to Finland. Stalin has made so many
moves of which Hitler does not approve that there would
be a way to find a casus belli. In this case the whole
of Poland might be restored as completely independent provided Danzig and the Corridor remain German and Poland can
be allowed a new Corridor to the east. Czechoslovakia
might also be restored provided Benes be not recalled.
Such a peace would be the only possibility for Great

                                   Britain

MA -2- tell# 118, December 22, 1939, noon from Oslo

Britain to restore Poland without war against a German Russian alliance. Six, Keilhau states that in Gran's belief Germany is strong enough to resist for a long time so that if peace came now it would spare the world incalculable suffering and would perhaps be the only means of saving Finland and preventing the whole of Scandinavia from being devastated by war. He is of the opinion that this information should receive earnest official American consideration. Seven, Keilhau emphasized that Gran's mission to Berlin must be kept strictly confidential as the Germans have stated that they will deny that any such information had been given should it be published. *End of Message*

HARRIMAN

BK

Dr. phil. Alfred Schickel,

deutscher Historiker und Publizist, wurde am 18. Juni 1933 in Aussig
an der Elbe in Böhmen geboren. Er besuchte die Bürgerschule in
Aussig und nach der Vertreibung der Familie aus dem Sudetenland
das Jesuitenkolleg in St. Blasien/Schwarzwald, an dem er 1954 Abi-
tur machte. Anschließend studierte er 1954 - 1960 Geschichte und
Philosophie an der Universität München. Nach Abschluß des Stu-
diums war er bis 1967 als Studienpräfekt am Studienseminar St.
Canisius in Ingolstadt tätig und promovierte in dieser Zeit (1966)
mit einer Arbeit über römische Rechtsgeschichte bei Prof. S. Lauffer.
1974 wurde er zum Leiter des Katholischen Stadtbildungswerkes in
Ingolstadt berufen und seit 1981 leitet er die Zeitgeschichtliche Forschungsstelle Ingolstadt (ZFI, Schillerstr. 37, 8070 Ingolstadt). Er ist
Verfasser mehrerer Bücher und Autor zahlreicher wissenschaftli-
cher Abhandlungen über zeitgeschichtliche Fragen. Im Jahre 1989
wurde Dr. Alfred Schickel für sein Bemühen, *„gegen Unkenntnis,
Vorurteil und Desinformation anzuarbeiten"* und damit zur *„historischen Wahrheitsfindung"* beizutragen, mit dem Bundesverdienst-
kreuz ausgezeichnet und zugleich *„in Würdigung seines Wirkens in
der zeitgeschichtlichen Forschung"* mit dem Kulturpreis für Wissenschaft der Sudetendeutschen Landsmannschaft geehrt.

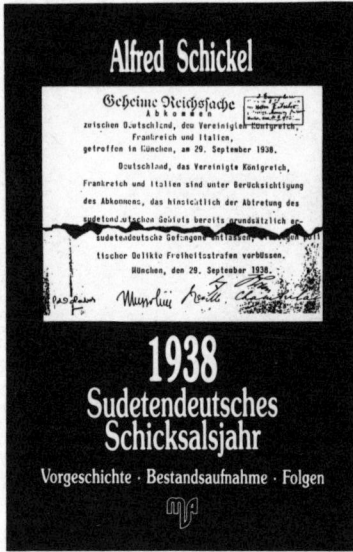

Dr. Alfred Schickel zeigt die Entwicklung des Jahres 1938 bis zum Abschluß des Münchener Abkommens auf, deutet den Münchener Vertrag anhand von Originaldokumenten und beschreibt das Schicksal der Sudetendeutschen von 1918 bis zur Vertreibung. Das Buch enthält den Telegrammaustausch zwischen Roosevelt und Hitler sowie das Münchener Abkommen in Faksimile, außerdem einen Aufruf der bayerischen Bischöfe zur Achtung der Menschenrechte und einen Hirtenbrief Bischof Schröffers von Eichstätt über die Not der Vertriebenen im Wortlaut.

KNA, Katholische Nachrichten Agentur, Rom — München

Ein Kapitel tragischer Geschichte unseres Jahrhunderts dürfte die verschleiert gebliebene, durch das Münchener Abkommen im Jahre 1938 verursachte Austilgung des Sudetendeutschen Gebietes sein; wozu — was bislang mit allen verfügbaren Mitteln verheimlicht worden war — Prag seine offizielle Abtretungserklärung gegenüber den drei beteiligten Mächten in München beigesteuert hat. Diese bisher verborgen gehaltenen historischen Daten hat Dr. Alfred Schickel in seinem neuesten Buch in unendlicher Kleinarbeit archivarisch erforscht. Das Buch ist über sämtliche Buchhandlungen erhältlich. **Der Heimkehrer, Bonn**

Hiermit bestelle ich . . . . Exemplar (e)

1939 — Deutsches Schicksalsjahr

Personen · Ereignisse · Dokumente

zum Stückpreis von 34,80 DM (öS 252,-). Der Rechnungsbetrag liegt bar/ als Scheck bei*, wird sofort nach Eingang der Rechnung überwiesen.*

Meine Adresse (bitte gut leserlich): ....

....

* * *

Senden Sie auf meine Rechnung (meine Adresse habe ich oben angegeben) an folgende Personen je ein Exemplar „1939 — Deutsches Schicksalsjahr".

Mein Name soll/ soll nicht genannt werden.*

*Unzutreffendes streichen!

1.) ....

2.) ....

3.) ....

4.) ....

Weitere Bücher von Dr. Alfred Schickel
im MUT-Verlag:

..... Expl. **Deutschland und die USA,** 120 S.,
DM 16,80 / öS 120,-
(ISBN 3-89182-007-0)

..... Expl. **Die Vertreibung der Deutschen,**
2. erweiterte Auflage, 256 S., Paperback, DM 26,80 / öS 190,-
(ISBN 3-89182-014-3)

..... Expl. **Von Großdeutschland zur Deut-
schen Frage, 1938 - 1946,** 304 S.,
Paperback, DM 30,- / öS 215,-
(ISBN 3-89182-023-2)

..... Expl. **1938 — Sudetendeutsches Schicksalsjahr,** 206 S., Paperback, DM 24,80
/ öS 180,- (ISBN 3-89182-035-6)

Absender: ....

....

Unterschrift: ....

MUT-Buchdienst
Postfach 1

D-2811 ASENDORF